Ciutadella

Alaior

Maó

Menorca

Pollença

Alcúdia

Inca

Artà

Capdepera

Manacor

Llucmajor

Felanitx

Campos

Colònia
de Sant Jordi

Santanyí

Mallorca

Cabrera   *Cabrera*

Nordosten
Seiten 114–131

Süden
Seiten 132–145

0 Kilometer   20

VIS-À-VIS

MALLORCA

VIS-À-VIS

MALLORCA

Autor **Gerhard Bruschke**

DK

London • New York • München
Melbourne • Delhi

Cap de Formentor, der nördlichste Punkt Mallorcas *(siehe S. 110)*

Penguin Random House

www.dorlingkindersley.de

Produktion DK Verlag GmbH, München
Programmleitung Dr. Jörg Theilacker, DK Verlag
Projektleitung Stefanie Franz, DK Verlag
Projektassistenz Sonja Baldus, Antonia Wiesmeier, DK Verlag
Text Gerhard Bruschke
Fotografien Gerhard Bruschke, Jürgen Roß
Illustrationen Michał Burkiewicz, Maltings Partnership, Bohdan Wróblewski, Monika Żylinska
Kartografie Suresh Kumar, Mohammad Hassan, Animesh Kumar Pathak, DK India
Gestaltung Ute Berretz, München
Redaktion Dr. Elfi Ledig, München
Schlussredaktion Philip Anton, Köln; Petra Zanner, Berlin
Satz und Produktion DK Verlag
Druck L. Rex Printing Co. Ltd., China
© 2017 Dorling Kindersley Verlag GmbH, München
Zuerst erschienen 2017 in Deutschland
bei Dorling Kindersley Verlag GmbH, München
A Penguin Random House Company

Aktualisierte Neuauflage 2017 / 2018

ISBN 978-3-7342-0110-3
1 2 3 4 5 6   19 18 17 16

Dieser Reiseführer wird regelmäßig aktualisiert. Angaben wie Telefonnummern, Öffnungszeiten, Adressen, Preise und Fahrpläne können sich jedoch ändern. Der Verlag kann für fehlerhafte oder veraltete Angaben nicht haftbar gemacht werden. Für Hinweise, Verbesserungsvorschläge und Korrekturen ist der Verlag dankbar. Bitte richten Sie Ihr Schreiben an:

DK Verlag GmbH
Redaktion Reiseführer
Arnulfstraße 124
80636 München
travel@dk-germany.de

Gerhard Bruschke

Gerhard Bruschke, Diplom-Geograf, lebt und arbeitet in München und im Allgäu.

Er ist Autor der Vis-à-Vis-Titel *Hamburg, Dresden, Straßburg & Elsass* und *Gardasee*, Co-Autor der Vis-à-Vis-Titel *Apulien* und *Südtirol & Trentino* sowie Redakteur der deutschen Ausgabe weiterer Reiseführer dieser Reihe. Darüber hinaus verfasste er zahlreiche Beiträge für Länderkunden, Atlanten und Enzyklopädien (Print und Digital).

Seine Begeisterung für Spanien und dessen Inselwelt, Land und Leute, Sprache und Kultur führt ihn häufig in den Süden. Vor allem Mallorca begeistert ihn, dort entdeckt er bei jeder Reise neue Facetten dieser Trauminsel.

Die Vielfalt der Natur und ihrer Farben, der Charme der Bewohner, die Einzigartigkeit des Lichts und die kosmopolitische Inselmetropole Palma mit ihrer spannenden Architektur sind nur einige seiner Motive, immer wieder nach Mallorca zurückzukehren – am liebsten im Frühling oder Herbst, wenn er manche besonders schönen Ecken (fast) für sich hat.

◀ Traumstrand an der Badia de Palma: Cala Portals Vells *(siehe S. 82)*
◀◀ Umschlag: Windmühle beim Puig de Galatzó im Südwesten Mallorcas *(siehe S. 92)*

Nordosten 114

Persönliche Favoriten **116**
Alcúdia **118**
Artà **120**
Coves del Drac **123**

Süden 132

Persönliche Favoriten **134**
Llucmajor **136**
Nationalpark Cabrera **142**

Zu Gast auf Mallorca

Hotels **148**
Restaurants **150**
Shopping **152**
Unterhaltung **156**
Aktivurlaub **158**
Wellness **164**
Mallorca mit Kindern **166**

Grundinformationen

Daten und Fakten **170**
Historischer Überblick **172**
Praktische Hinweise **174**
Reiseinformationen **180**
Textregister **184**
Danksagung, Bildnachweis **188**
Sprachführer **189**
Mallorca in Literatur und Film **192**
Fährverbindungen
Hintere Umschlaginnenseiten

Inhalt

Benutzerhinweise **6**

Mallorca stellt sich vor

Persönliche Favoriten **8**

Ein Porträt Mallorcas

Strände **12**
Kultur **18**
Höhlen **24**
Natur **28**
Aktivurlaub **34**
Genuss **38**
Wellness **44**
Shopping **48**
Fiestas **52**

Die Regionen Mallorcas

Mallorca auf der Karte **58**

Palma **60**

Persönliche Favoriten **62**
Catedral de Mallorca **72**
Abstecher **78**
Badia de Palma **82**

Serra de Tramuntana **88**

Persönliche Favoriten **90**
Andratx, Sa Dragonera **92**
Sa Granja **96**
Valldemossa **98**
Sóller **102**
Santuari de Lluc **108**
Pollença **110**

Kathedrale
Sa Seu in Palma
(siehe S. 72f)

Benutzerhinweise

Mit diesem Reiseführer wird Ihr Aufenthalt im Inselparadies Mallorca zum unvergesslichen Erlebnis. Das Kapitel *Mallorca stellt sich vor* präsentiert die attraktivsten Themen für Ihren Urlaub. Das Kapitel *Die Regionen Mallorcas* stellt Orte und alles Sehenswerte anhand von persönlichen Favoriten des Autors sowie Texten, Karten, Fotos und ganzseiti-

gen Features vor. Ausgewählte Restaurants, Cafés und Bars sowie Tipps für Shopping und Unterhaltung finden Sie jeweils am Ende einer Region sowie im Kapitel *Zu Gast auf Mallorca*. Die *Grundinformationen* bieten vielfältige Tipps und Hinweise für Anreise und Aufenthalt. Mit der *Extrakarte* finden Sie sich auf der Insel jederzeit bestens zurecht.

Die Regionen Mallorcas

Die größte Insel der Balearen wird in diesem Buch in vier Regionen unterteilt. Orte und Sehenswürdigkeiten sind nummeriert und auf den **Regionalkarten** eingetragen. Eine Karte mit Fährverbindungen finden Sie auf den hinteren Umschlaginnenseiten, eine Übersicht über Mallorca mit praktischen Tipps (z. B. für Autotouren) bietet die **Extrakarte** zum Herausnehmen.

1 Mallorca im Überblick
Diese Seite zeigt Mallorca, unterteilt in die drei Regionen plus die Hauptstadt Palma mit ihrer Farbcodierung.

Viele Fotos bieten einen Eindruck von der Schönheit und Vielfalt der Insel und ihrer Attraktionen.

2 Panoramen
Die spannendsten Themen für den Urlaub werden auf Doppelseiten mit großformatigen Fotos ausgesuchter Motive und kurzen animierenden Texten vorgestellt: Strände, Kultur, Höhlen, Natur, Aktivurlaub, Genuss, Wellness, Shopping und Fiestas.

*Die Verweise **Karte** im Buch beziehen sich auf die **Extrakarte** zum Herausnehmen.*

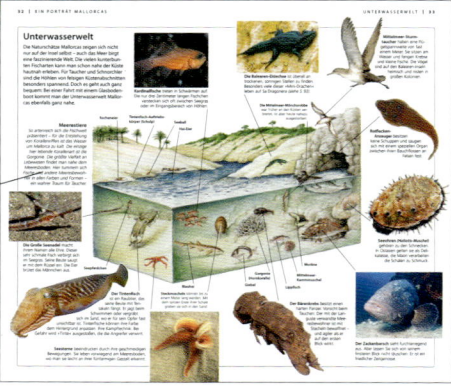

3 Porträtthemen
Im Porträt (im Anschluss an Panoramen) werden einzelne Themen vertieft: Strände, Künstler, Höhlen- und Unterwasserwelt, mallorquinische Küche und Getränke, Wellness-Retreats und vieles mehr.

Tabellen liefern den perfekten Überblick über Qualität und Ausstattung der Strände – Strandmöbel, Duschen, Sport-Equipment, Palmen etc.

Top 3 Strände zeigt Ihnen den jeweils besten Strand für Ihre ganz individuellen Ansprüche – ob Wassersport, Spaß für Kinder oder Ruhe.

4 Strände
Auf zwei Doppelseiten werden *Beliebte Strände* sowie *Strände für Individualisten* vorgestellt. Mit diesen Infos finden Sie garantiert »Ihren« Strand.

5 Highlights
Besonders spektakuläre Attraktionen werden mit Blick fürs Detail auf einer Doppelseite präsentiert, Illustrationen bieten ungeahnte Einblicke. Hier wird die Catedral de Mallorca mit eindrucksvollen Fotos und informativen Texten vorgestellt. Zudem finden Sie praktische Tipps für einen Besuch.

Routeninfos bündeln Wissenswertes zur Tour, z. B. Streckenlänge und Einkehrmöglichkeiten.

6 Touren
Die Tourenvorschläge werden mit Karten, Texten und Fotos illustriert – ob Stadtspaziergang, Bergwanderung, Zugfahrt oder Autotour.

Tourenkarten zeigen den Verlauf der Strecke und wichtige Orte entlang der Route.

7 Persönliche Favoriten
Auf diesen Seiten (Seite 8f sowie jeweils zu Beginn einer Region) präsentiert der Autor seine ganz persönlichen Highlights der Trauminsel – von Aktivitäten über Restaurants bis zu Kleinoden. Vertrauen Sie ihm!

Infoblöcke zeigen Kontaktdaten wie Adressen, Telefonnummern und Weblinks – kurz & knapp.

Zitate fassen den Reiz der vorgestellten Favoriten in wenigen treffenden Worten zusammen.

Persönliche Favoriten

Der Faszination Mallorcas erliegt man überall – auf einer Genusstour, bei einer bombastischen Veranstaltung oder beim Blick von oben. Bei den vorgestellten Entdeckungstouren erlebt man Pracht und Vielfalt der Insel aus unterschiedlichsten Perspektiven.

Im Helikopter über Mallorca

Wechseln Sie einfach mal den Blickwinkel! An Bord eines Helikopters genießen Sie unvergleichliche Aussichten. Faszination und Spannung sind garantiert.

Bei einem Heli-Flug über Mallorca erfahren Sie den Zauber der Insel aus luftiger Höhe. Start- und Zielort ist Palma. Sie haben die Wahl zwischen drei Varianten: Auf der »grünen Route« (15 Min.) fliegen Sie über die Inselmetropole Palma. Die »blaue Route« (20 Min.) entführt Sie in die Serra. Neben der Bergwelt genießen Sie die Aussicht auf den pittoresken Ort Vallde-mossa und das Tal von Sóller. Ein ultimatives Highlight ist der Flug über die Steilküste. Die »rote Route« (30 Min.) führt in den Südwesten der Insel über die Küstenorte Port d'Andratx und Santa Ponça sowie den Golfplatz Son Vida.

TRAUMINSEL VON OBEN

rotorflug helicopters SL
Aeródromo de Son Bonet, Palma. ☎ 971 593 069.
ⓦ rotorflug.com/de/standorte/palma-de-mallorca

Tast Avenidas – Tapas-Genuss in Vollendung

Auch auf Mallorca sind Tapas eine Institution. Im Tast erlebt man den Tapas-Kosmos.

Auswahl an Tapas – bunt, appetitlich, verführerisch

Das Konzept ist so einfach wie grandios: Gäste wählen an einer langen Theke (oder à la carte) Tapas, Tapas, Tapas *(siehe S. 41)* – zubereitet mit Esprit und Kreativität. Im Tast Avenidas ist jede Tapa ein kleines Kunstwerk. Die dazu passenden Weine und das typisch mallorquinische Ambiente überzeugen. Nehmen Sie Platz, und tauchen Sie ein in die weite (spanische) Welt der Tapas!

Tast Avenidas Palma
Avinguda Comte de Sallent 13, Palma. ☎ 971 101 540.
⊙ Mo–Sa 13–24 Uhr. ⓦ tast.com/tastavenidas

Es Firó – gigantisches Volksfest in Sóller

Kampfgeschrei, Böllerschüsse, Säbelrasseln und danach Riesenparty – die nachgestellte historische Schlacht zwischen Mauren und Christen ist ein Besuchermagnet.

Viele Ereignisse aus Mallorcas reicher und wechselvoller Geschichte werden noch heute in Szene gesetzt. Eingebettet in ein mehrtägiges Fest findet alljährlich am zweiten Sonntag im Mai in Port de Sóller und Sóller ein beispielloses Spektakel statt: Es Firó bzw. Moros i Cristians. Beide Orte werden an diesem Tag zum Schauplatz eines farbenprächtigen, aufwendig inszenierten Kampfspiels, das wahre Besuchermassen anzieht und begeistert.

HISTORIENSPEKTAKEL

Nachgestellt wird der Angriff maurischer Piraten auf die christliche Landbevölkerung Mallorcas am 11. Mai 1561. Die »Kämpfer« beider Seiten treten dabei in historischen Gewändern gegeneinander an. Der Verlauf folgt einem wiederkehrenden Ritual: Wie damals landet der Feind noch heute an der Küste und nimmt trotz heftiger Gegenwehr Sóller ein, wird aber in einem finalen Gefecht auf der Plaça Constitució von den Christen besiegt. Anders als vor fast einem halben Jahrtausend liegen sich hier Freund und Feind am Schluss in den Armen und feiern ausgelassen bis in die Morgenstunden – gemeinsam mit unzähligen Schaulustigen, die dem Spektakel beiwohnen. Ein unvergessliches Erlebnis.

Szene der nachgestellten Schlacht beim Fest Es Firó

Es Firó
2. So im Mai, Port de Sóller/Sóller. 🅦 esfiro.cat

Mercat de Santa Catalina – Markthalle und Food Lounge

Die Vielfalt spanischer Köstlichkeiten unter einem Dach: Der bunte Mercat ist eine Fundgrube und ein paradiesischer Ort zum Entdecken und Genießen.

Mercat de Santa Catalina: Köstliches in allen Farben

Obst und Gemüse, Fisch und Seafood, Fleisch-, Wurst- und Käsespezialitäten, Öle und Weine, Gebäck und Kräuter – alles frisch, gut sortiert, in beachtlicher Vielfalt und einfach zum Anbeißen. Auch wenn sie etwas im Schatten des größeren und weitaus bekannteren Mercat d'Olivar (siehe S. 86) steht – gerade durch ihre Abgelegenheit konnte sich die Markthalle in Palmas Trendviertel Santa Catalina ihre Originalität bewahren. Lebhaft ja, aber hektisch wird es hier nie. Besucher können sich in aller Ruhe ein Bild von den Köstlichkeiten machen, die auch das Herz von Feinschmeckern höherschlagen lassen. Kein Wunder, dass sich die Spitzenköche vieler Restaurants in Palma auf diesem Markt eindecken. Auch als Food Lounge hat der Mercat einen klangvollen Namen: Die Bar Joan Frau bietet u. a. eine grandiose Paella, die Bar La Tapita verwöhnt mit köstlichen Tapas, in der Bar Es Mercat kann man seine frisch eingekaufte Ware nach Gusto zubereiten lassen. Kostprobe gefällig?

FEST FÜR DIE SINNE

Mercat de Santa Catalina
Plaça Navegació s/n, Palma. 📞 971 730 710.
🕐 Mo–Sa 7–17 Uhr 🅦 mercatdesantacatalina.com

Beeindruckende Architektur im Castell de Bellver (siehe S. 79) ▶

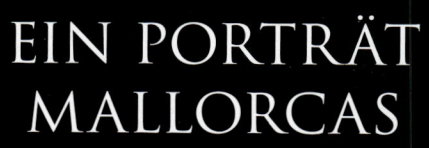

EIN PORTRÄT MALLORCAS

Strände	12 – 17
Kultur	18 – 23
Höhlen	24 – 27
Natur	28 – 33
Aktivurlaub	34 – 37
Genuss	38 – 43
Wellness	44 – 47
Shopping	48 – 51
Fiestas	52 – 55

STRÄNDE

Strandparadies Mallorca – egal, wo Sie sich auf der Insel befinden: Zum nächsten Strand ist es nie allzu weit. Das Besondere: Von der schmalen, abgelegenen Kiesbucht für Individualisten und Genießer bis zum kilometerlangen Sandstrand mit jeder Menge Komfort und Infrastruktur ist alles dabei. Die Badia de Palma ist an ihrer Ostseite eine einzige Strandzone.

Badespaß und Entertainment mit jeder Menge Wassersport, coolen Strandbars und Partyrummel bis in die Nacht bieten viele bestens ausgestattete Strände in der Nähe von Urlauberhochburgen. Die meisten von ihnen liegen sogar in Gehentfernung zu Hotels. Strandpromenaden mit zahlreichen Cafés, Restaurants und Shops locken zum Flanieren.

Wahre Chill-out-Areas hingegen findet man abseits von Bettenburgen und Ballermann in traumhaften, abgeschiedenen Buchten – ideal für Urlauber, die Entspannung pur in ruhiger, malerischer Umgebung suchen.

Beliebte Strände	14 – 15
Strände für Individualisten	16 – 17
Badia de Palma	82 – 83
Cala Millor	122
S'Arenal	136

Beliebte Strände

An vielen gut ausgebauten Stränden Mallorcas finden Sonnenhungrige, Wassersportler und Familien beste Bedingungen. Einige dieser wunderbar langen Sandstrände liegen in direkter Nähe zu Hotels – ideal für Kurzurlauber, die vor allem Sonne tanken wollen. Die Strände sind perfekt ausgestattet mit Liegen und Schirmen, Duschen und Snackbars. An manchen kann man sich seinen Drink auch an den Liegestuhl bringen lassen. Einige Strände der Badia de Palma sind Hotspots für Partys. Das Angebot an Wassersport ist so groß wie die Sandfläche, entsprechendes Equipment wird verliehen. Strandpromenaden locken mit Restaurants und Läden zum Flanieren. Oder Sie machen sich auf zu ausgedehnten Strandspaziergängen. Kurzum: Hier genießen Sie einen bequemen Urlaubstag mit spannenden Freizeitaktivitäten.

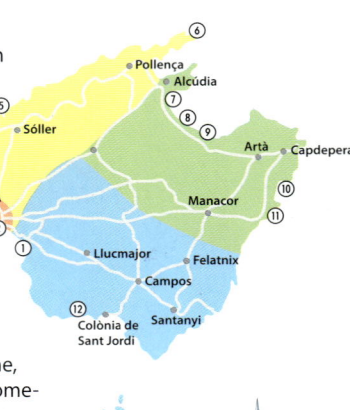

S'Arenal, ein Strand wie in der Karibik: weißer Sand, türkisfarbenes Wasser, Drinks von der Bar – alles gut.

Top 3 Strände

★ **Spaß und Sport**   Platja del Port de Pollença
★ **Familien mit Kindern**   Platja d'Alcúdia
★ **Ruhige Atmosphäre**   Es Trenc

Port de Pollença bietet alles für einen spannenden oder entspannten Strandtag.

① **S'Arenal** *siehe S. 83 und S. 136.*

② **Platja de Palma** *siehe S. 83.*

③ **Cala Major** *siehe S. 83.*

④ **Platja de Magaluf** *siehe S. 82.*

⑤ **Port de Sóller** Der Strand vor eindrucksvoller Bergkulisse zählt zu den populärsten an der Nordwestküste – nicht nur, weil er von Sóller aus mit einer nostalgischen Tram erreichbar ist *(siehe S. 103)*. Trotz seiner Beliebtheit kann man hier einen ruhigen Strandtag verbringen.

⑥ **Platja de Formentor** Ein wundervoller Mix aus schöner Natur und komfortabler Ausstattung: Der Strand auf der Halbinsel Formentor *(siehe S. 110)* bietet Urlaubsfeeling so weit das Auge reicht. Allein schon die Lage unterhalb von steil aufragenden Klippen zieht viele Urlauber an. Pinien spenden den wohltuenden Schatten.

⑦ **Platja del Port de Pollença** Der Strand von Port de Pollença bietet alle nur denkbaren Arten von Wassersport – einfach mal was Neues ausprobieren! An einem typisch mallorquinischen *chiringuito* (eine Art Strandbar) gibt es Erfrischungen aller Art. Für Selbstversorger steht ein Picknickplatz zur Verfügung.

◄ Platja d'Alcúdia – familienfreundlicher Strand mit Palmen

	①	②	③	④	⑤	⑥	⑦	⑧	⑨	⑩	⑪	⑫
Blaue Flagge			★	★				★	★	★	★	
Sauberkeit		★		★			★	★	★	★	★	★
Ruhe						★	★					★
Party		★	★		★							
Toiletten	★	★	★	★	★	★	★	★	★	★	★	★
Duschen	★	★	★	★	★	★	★	★	★	★	★	
Liegen und Schirme	★	★	★	★	★	★	★	★	★	★	★	★
Rettungsschwimmer	★	★	★	★	★	★	★	★	★	★	★	★
Wassersport	★	★	★	★	★	★	★	★	★	★	★	
Palmen	★			★	★	★		★				
Gastro/Shopping	★	★	★	★	★	★	★	★	★	★	★	★
Kinderfreundlich			★			★	★	★	★	★	★	★
Rollstuhlgerecht	★	★			★	★	★	★	★	★	★	★
Glasbodenboote	★	★		★			★	★	★	★	★	
Parken	★	★	★	★	★	★	★	★	★	★	★	★

Es Trenc ist trotz seiner Popularität eine Oase.

Platja de Formentor – ein Strand zwischen Wald und Meer. Eine wundervolle Option für alle, die auch gern mal ins Grüne blicken.

Infobox

Webcams
W seemallorca.com/webcams/port-de-pollensa
W seemallorca.com/webcams/port-de-soller
W livecam-pro.com/mallorca-port-alcudia.html

360°-Panoramafotos
W panodino.com

Perfekter Sonnenschutz

⑧ **Platja d'Alcúdia** Vor allem Familien mit kleineren Kindern kommen an den Strand Alcúdias. Feinster Sand, seichtes Wasser, ein nur schwacher Wellengang, ein großes Angebot an Spiel und Spaß (auch Wassersportkurse für Kinder) und aufmerksame Liveguards – da bleibt den Eltern Zeit für sich.

⑨ **Platja de Muro** Der an die Platja d'Alcúdia anschließende und bis Can Picafort reichende Strand bildet die längste Sandfläche auf Mallorca. Selbst in der Hochsaison findet sich hier immer noch ein Platz. Am Wellness Point werden Massagen angeboten.

⑩ **Platja de Cala Millor** Cala Millor ist der Ort mit der höchsten Hotelkonzentration an der Ostküste. Viele Urlauber schätzen die kurzen Wege. Für Frische sorgt der breite Grünstreifen gleich hinter dem Strand.

⑪ **Platja de Sa Coma** Die Sandflächen werden von felsigen Abschnitten unterbrochen, das Strandbild wird dadurch angenehm aufgelockert. Auch diese Platja bietet alles für einen unbeschwerten Strandtag.

⑫ **Es Trenc** Für Romantiker: Der Dünenstrand befindet sich in einem Naturschutzgebiet mit mehreren Seen. Latino-Rhythmen an den Strandbars sorgen am Abend für karibisches Flair.

Weitere Informationen siehe Seiten 158f

Strände für Individualisten

Wer abseits des Trubels die Seele baumeln lassen möchte hat an Mallorcas Küste viele Optionen. Als Alternativen zu touristisch geprägten Stränden gibt es eine ganze Reihe von Rückzugsorten vor grandioser Naturkulisse – oft in beschaulichen, abgeschirmten Buchten. Um diese Oasen mit Sand-, Kiesoder Felsstränden zu erreichen, muss man unter Umständen einen (kürzeren oder längeren) Fußmarsch bewältigen. Belohnt wird man mit Ruhe und Privatsphäre. Außerhalb der Hauptsaison und unter der Woche ist man an manchen der vorgestellten Strände manchmal (fast) allein. Auch wenn dies nicht der Fall ist: »Handtuch an Handtuch« bleibt Ihnen hier erspart. Viele dieser eher verborgenen Kleinode liegen fernab des Rummels. Die Infrastruktur mit Cafés etc. ist in der Regel weniger ausgebaut als an den populäreren Stränden. Packen Sie einfach alles (auch Proviant) in Ihre Badetasche, und genießen Sie einen wundervollen Strandtag.

Platja de Sant Elm – Strand mit Blick auf Sa Dragonera *(rechts)* und Es Pantaleu.

Cala Deià wird von einer Felswand umrahmt. Gute Schwimmer erreichen einige Höhlen in der Nähe. Die Restaurantterrassen bieten Schattenplätze.

Top 3 Strände

★ **Spaß und Sport**   Cala Santanyí
★ **Familien mit Kindern**   Platja de Sant Elm
★ **Ruhige Atmosphäre**   Cala Figuera

① **Cala Cap Falcó** Nahe an der Partyhochburg Magaluf und doch ganz anders – trotz der Ruhe muss man in der beschaulichen Bucht mit Pinienwald nicht auf Komfort verzichten. Auch in der Hochsaison ist dies ein hübscher Fleck.

② **Caló des Monjo** Natur pur, Ruhe und Entspannung – sonst gibt es an diesem Steinstrand zwischen Felswänden nichts. Was will man mehr?

③ **Platja de Sant Elm** Baden Sie mit Blick auf die »Dracheninsel« *(siehe S. 92)*. Auch wenn der Strand von Sant Elm nicht allzu abgelegen ist: Hier kann man glücklich sein.

④ **Cala Banyalbufar** Nur wenige Touristen verirren sich an diesen so schmalen wie urigen Kiesstrand mit steiler Felswand. Ein kühler Gebirgsbach fließt die Wand hinab – eine Duschmöglichkeit für Hartgesottene.

⑤ **Cala Deià** Anderswo mag es gemütlicher sein als auf den Steinen dieser Bucht. Dafür gibt es zwei kleine Fischlokale und einige Höhlen, zu denen man schwimmen kann. Das Publikum besteht überwiegend aus Einheimischen.

⑥ **Cala de Sa Calobra** Ein geradezu magischer Ort: Ob Lage, Anreise oder Ambiente – die beiden bezaubernden Kiesstrände am Ende der Schlucht

	①	②	③	④	⑤	⑥	⑦	⑧	⑨	⑩	⑪	⑫
Blaue Flagge			★								★	
Sauberkeit	★	★	★	★	★	★	★			★	★	
Ruhe	★	★	★	★	★	★	★	★	★	★	★	★
Party												
Toiletten	★		★	★		★					★	
Duschen	★		★		★						★	
Liegen und Schirme	★		★								★	
Rettungsschwimmer	★		★								★	
Wassersport			★								★	
Palmen	★										★	
Gastro/Shopping	★		★		★	★		★		★	★	
Kinderfreundlich	★		★								★	
Rollstuhlgerecht												
Glasbodenboote												
Parken	★			★	★	★			★	★		

Cala Figuera – so abgelegen, dass sich auch Bergziegen hertrauen.

Cala de Sa Calobra vor bizarrer Felskulisse – ein Strand von überwältigender Schönheit.

Infobox

Webcams
W yr.no/place/Spain/Baleares/Sant_Elm/

360°-Panoramafotos
W mallorca-panorama.de

Cala Santanyí: Blaue Flagge, blauer Himmel, blaues Wasser – ein Traumstrand.

Torrent de Pareis (siehe S. 107) sind in jeder Hinsicht speziell.

⑦ **Cala Figuera** Hier kann man sich wie ein Einsiedler fühlen. Der Steinstrand an der Nordspitze Mallorcas ist mühsam zu erreichen, doch die idyllische Lage entschädigt für alles.

⑧ **Platja S'Illot** Der Kiesstrand ist eine gute Alternative zu den Sandstränden der Umgebung. Restaurant und Picknicktische.

⑨ **Cala Morlanda** Dies ist wahrlich ein Strand für Individualisten. Treppen führen zur naturbelassenen Bucht hinab. Wer sich traut, kann von den Klippen ins Wasser springen. Achtung: Seeigel.

⑩ **Cala Varques** Ein Strand mit bis zu zehn Meter hohen Klippen – seine Bucht ist ein beliebter Ankerplatz. Für eine Erkundung der Höhle nehmen Sie die Schnorchelmaske mit.

⑪ **Cala Santanyí** Hier gibt es für jeden das richtige Ambiente: Flache Abschnitte wechseln mit Felsen. Trotz der guten Ausstattung findet man hier immer Platz für sein Handtuch.

⑫ **Platja d'es Carbó** Wer es ruhig mag, ist hier goldrichtig: Wasser, Sandstrand, bewaldete Dünen und eine grandiose Aussicht. Der etwa zwei Kilometer lange Fußmarsch garantiert Ruhe und Abgeschiedenheit.

Weitere Informationen siehe Seiten 158f

KULTUR

Muse Mallorca – Baumeister und Maler, Komponisten und Literaten von Weltruf hinterließen auf der »Insel der Farben« ihre Spuren. Das mediterrane Licht, die zauberhafte Landschaft, das angenehme Klima und die Lebensart der Mallorquiner zogen schon früh Künstler an. Begeben Sie sich auf eine Entdeckungstour zu Werken von Gaudí, Miró, Picasso und Co und zu den Ateliers zeitgenössischer Künstler.

Die Insel lädt zu einer Zeitreise durch die Kulturgeschichte ein: von Resten prähistorischer Siedlungen und Zeugnissen arabischer Gartenkunst über mittelalterliche Festungen und Windmühlen bis zu Bauwerken des *modernisme* und Museen zeitgenössischer Kunst. Überall finden sich grandiose Zeugnisse einer reichen Kultur.

Bewahrung kultureller Identität wird auf Mallorca großgeschrieben. Die Einheimischen pflegen ihren *mallorquí* genannten katalanischen Dialekt ebenso wie altes Kunsthandwerk und traditionsreiche Feste.

Künstler	20 – 21
Architektur	22 – 23
Fiestas	52 – 55
Frédéric Chopin und George Sand	99
Künstlerdorf Deià	101
Santuari de Lluc	108 – 109
Megalithkultur: Capocorb Vell	137

Künstler

Mallorcas zauberhafte Landschaft, sein Licht, das angenehme Klima und die Lebensart seiner Menschen inspirieren seit Jahrhunderten Künstler aus aller Welt. Viele kamen, manche blieben für immer und zogen weitere Gleichgesinnte an. So entwickelte sich etwa Deià zu einem Künstlerdorf. In Bauwerken, Kulturstätten und auf Festivals leben die Berühmtheiten weiter – ob in der Kathedrale von Palma, in der Fundació Pilar i Joan Miró, beim Festival Chopin in Valldemossa, im zum Museum umgestalteten Wohnhaus von Robert Graves oder in den Coves del Hams *(siehe S. 27)*, wo Jules Verne in einer Multimedia-Show gewürdigt wird.

Künstler auf Mallorca
Der Name der Insel ist untrennbar mit berühmten Künstlern verbunden. Hier lebten und wirkten Schriftsteller und Komponisten, Maler und Baumeister. Ihre Spuren finden sich in allen Regionen Mallorcas.

Jules Verne (1828 – 1905)

In seinem Roman *Die Reise zum Mittelpunkt der Erde* schickt der französische Autor seinen Protagonisten (und seine Leser) in eine unterirdische Welt voller Gefahren. Wie und wo erhielt der Mitbegründer der Science-Fiction-Literatur die Inspiration für seinen Bestseller? In der magischen Unterwelt Mallorcas – so behaupten Einheimische mit Verweis auf einen Eintrag Jules Vernes in einem Gästebuch der Coves d'Artà. Dieser stammt aus dem Jahr 1877, das Buch erschien jedoch bereits 1864. Andere halten Vernes angeblichen Mallorca-Aufenthalt für ein Touristenmärchen. Seine profunden Kenntnisse der Insel, die er auch in anderen Romanen offenbart, muss er demnach von einem kompetenten Informanten bezogen haben. Die Spur führt zu Erzherzog Ludwig Salvator *(siehe S. 100f)*, mit dem Jules Verne – nachweislich – befreundet war. So oder so: Noch lange nach seinem Tod regen nicht nur Vernes Werke, sondern auch sein Leben die Fantasie an.

Jules Verne, Science-Fiction-Autor

Antoni Gaudí (1852 – 1926)

Der aus Barcelona stammende Architekt erfüllte zwei Bedingungen: Er war Vorreiter einer neuen Stilrichtung *(modernisme; siehe S. 23)* und strenggläubig. Deshalb beauftragte ihn der damalige Bischof mit der Restaurierung des Innenraums von Palmas gotischer Kathedrale Sa Seu *(siehe S. 72f)* und der Basilika des Santuari de Lluc *(siehe S. 108f)*. Vor allem sein Wirken in Sa Seu (1904 – 14) mehrte Gaudís Ruhm. Der in Form einer Krone über dem Hochaltar schwebende Baldachin gilt als Höhepunkt seines dortigen Schaffens.

Knallbuntes Gaudí-Mosaik

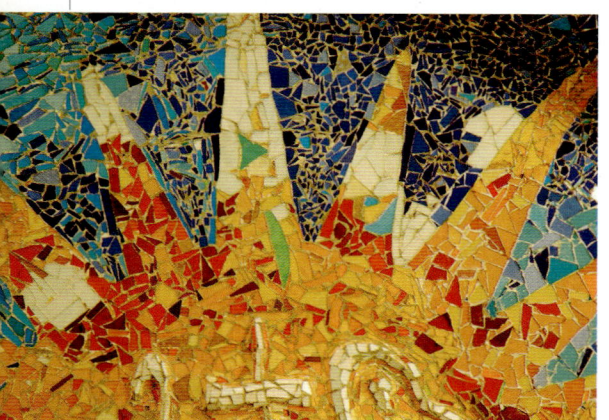

◄ Valldemossa – Ort der Gelehrsamkeit und Rückzugsort für Frédéric Chopin *(siehe S. 98f)*

Frédéric Chopin (1810–1849)

Ein unverheiratetes Paar in einem Kloster: Seiner Gesundheit zuliebe verbrachte der große polnische Pianist und Komponist den Winter 1838/39 im Kloster des Bergdorfs Valldemossa, begleitet von seiner Geliebten, der Autorin George Sand. Sie beschreibt diesen Aufenthalt in ihrem Reisebuch *Ein Winter auf Mallorca*. Chopin war trotz seiner angeschlagenen Gesundheit kreativ und komponierte hier u.a. das Regentropfen-Prélude. Die Romanze des ungleichen Paars – sie selbstbewusst und emanzipiert, er geschwächt von einer schweren Tuberkulose – vermarktet sich noch heute sehr gut *(siehe S. 98f)*.

Chopin-Klavier in Valldemossa

Joan Miró (1893–1983)

Poster mit seinen unverwechselbaren »Strichfiguren« sind als Wohndekor beliebt. Miró-Design ist einzigartig, seine Breitenwirkung enorm. Der Katalane gehört zu den einflussreichsten Künstlern des 20. Jahrhunderts. 1956 verlegte er seinen Wohnsitz nach Cala Major. Gemälde Mirós findet man in Museen, seine Skulpturen auf Plätzen Mallorcas, das von ihm gestaltete Logo des Spanischen Fremdenverkehrsamts an jeder Touristeninformation. Mirós Bilder wirken häufig mediterran-beschwingt, seine Spätwerke *(Verbrannte Leinwände)* teilweise düster-verstörend *(siehe S. 80)*.

Femme dans la rue (1973), Joan Miró

Robert Graves (1895–1985)

Es war eine illustre Gästeschar, die der englische Schriftsteller in seinem Haus im romantischen Deià versammelte: Ava Gardner *(siehe S. 101)*, Alec Guinness, Peter Ustinov, Gabriel García Márquez und viele andere kamen gern auf einen Sprung vorbei. Die Tantiemen für seine Bücher ermöglichten dem Verfasser des historischen Romans *Ich, Claudius, Kaiser und Gott* und seiner Lebensgefährtin Laura Riding ein sorgenfreies Leben auf Mallorca. Graves begründete den Mythos des Künstlerdorfs Deià: Nach seinem Vorbild ließen sich hier viele Künstler, Schriftsteller und Bohemiens nieder *(siehe S. 101)*.

Robert Graves, »Vorreiter« in Deià

Miquel Barceló (*1957)

Die Zeiten ändern sich: Im Unterschied zu Gaudí ist der aus Felanitx stammende Barceló bekennender Agnostiker, wirkte aber wie jener bei der Ausgestaltung von Palmas Kathedrale mit. Der Beitrag des Mallorquiners Barceló in Sa Seu, die Gestaltung der Kapelle des Allerheiligsten (Capella Barceló) im rechten Seitenschiff, gipfelt in einem überdimensionalen (ca. 300 m²) Keramikbild (2007). Das wegen der fantastischen Darstellung einer biblischen Szene kontrovers diskutierte Werk lockt viele Neugierige in die monumentale Kathedrale.

Gran Elefant dret (2009), M. Barceló

Agatha Christie (1890–1976)

Die erfolgreichste Krimiautorin der Welt war 1932 zu Gast in Pollença und schrieb dort die Kurzgeschichte *Problem at Pollensa Bay*. Doch auch ihr Aufenthalt auf Mallorca hätte das Zeug zu einem Krimi, zumal sie nur wenige Spuren an ihren Tatorten hinterließ. Mehrere Hotels nehmen für sich in Anspruch, sie bewirtet zu haben. Nur: Welches? Übrigens: Christies 1941 erschienener, auf Kreta spielender Roman *Evil under the Sun* wurde nach ihrem Tod mit Peter Ustinov in der Rolle des Hercule Poirot auf Mallorca verfilmt (1982).

Architektur

Von prähistorischen Anlagen der Talayot-Kultur *(siehe S. 137)* über arabische Festungen, repräsentative Landgüter und Adelspalais bis zu Bauten des *modernisme*: Das architektonische Erbe der Insel ist mehr als reich. Palma bietet die meisten Sehenswürdigkeiten. Stilbildend ist die gotische Kathedrale *(siehe S. 72f)*, die Antoni Gaudí modernisierte. Aber auch auf dem Land findet man überall steinerne Dokumente des Lebens verschiedener Epochen – von aufwendig gestalteten Adelssitzen über herrschaftliche Weingüter bis zu Windmühlen.

Windmühlen prägen noch heute den Charakter einiger Landstriche

Ländliche Häuser

Typische Dörfer sind von niedrigen, häufig weiß getünchten Häusern gekennzeichnet. Der Stein, mit dem sie gebaut sind, stammt aus der Region und nimmt mit der Zeit eine gelblich braune Färbung an. Dank dicker Mauern und weniger Öffnungen bleibt es in den Häusern auch im Sommer angenehm kühl. Zum Hof gehören meist schlichte Nebengebäude, alles ist von Gärten und Feldern umgeben.

Weiß getünchte Steinmauern

Kleines Fenster in einer Nische

Schmale Eingangstür

Einfache Wohnhäuser grenzen häufig an die Stallungen von Bauernhöfen und haben in vielen Fällen einen kleinen Kornspeicher obenauf. Dorfhäuser sind fast immer eingeschossig.

Landgüter

In der Mitte eines Anwesens steht traditionell eine prächtige *hacienda*. Rivalisierende Besitzer bauten immer extravagantere Häuser, um ihren Reichtum und ihre Bedeutung zu unterstreichen. Eingerichtet waren sie mit herrlichen Möbeln und Gemälden. Kleinere, funktionalere Varianten werden *fincas* genannt. Ob *haciendas* oder *fincas*: Viele wurden mittlerweile zu Feriendomizilen umgestaltet.

Große Landgüter wie Sa Granja in Mallorcas Südwesten gehörten wohlhabenden Landbesitzern – steinerne Zeugen des strengen Feudalsystems.

Villen

Dieser Gebäudetyp kam im 19. Jahrhundert auf. Die Villen, die in der Regel nur als Ferienresidenzen ihrer wohlhabenden, oft dem Adel entstammenden Eigentümer dienten, wurden im Stil des jeweiligen Zeitgeistes errichtet. Ihre Anzahl stieg mit der wachsenden Popularität der Insel.

Prachtvolle Villen sieht man in Stadtzentren und auf dem Land. Einige von ihnen sind begehrte (und teure) Urlaubsresidenzen.

Kirchen

Auf dem Land stehen die überwiegend kleinen Gotteshäuser entweder im Ortszentrum oder auf einem Hügel am Ortsrand. Weiß getünchte Kirchen leuchten schon von Weitem. Daneben gibt es auch Kirchen, deren Natursteinfassaden nicht verputzt wurden.

Dreifache Arkade

Typischer kleiner Glockenturm

Drei Kreuze an der Fassade – das Symbol von Golgatha

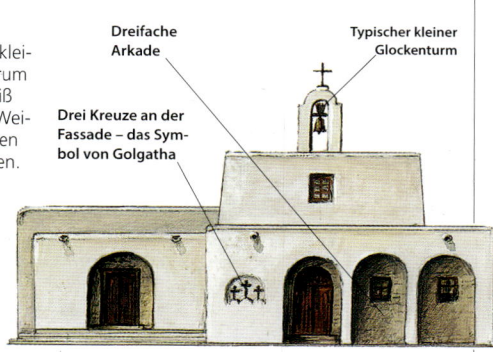

Der Glockenturm einer Dorfkirche ist auf Mallorca normalerweise schlicht gehalten. Er besteht meist aus einem einfachen Bogen über der Fassade und wird von einem Eisenkreuz gekrönt.

Kirchen besitzen oft ein einstöckiges Nebengebäude, den Gemeinderaum oder die Sakristei. Kirche und Vorhof sind häufig durch eine niedrige Steinmauer abgegrenzt.

Wachtürme

Die gemauerten Türme an den Küsten sollten die Insel vor Piratenangriffen schützen. Die zumeist aus Nordafrika kommenden Seeräuber überfielen Hafen- und Inselstädte. Die Türme standen an unzugänglichen Stellen, sodass sie leicht zu verteidigen waren. Die meisten von ihnen sind heute verschlossen, nur wenige dienen als Aussichtstürme.

Die Eingänge der Wachtürme lagen hoch über dem Boden. Oben befinden sich schmale Schießscharten.

Zum besseren Schutz vor Angreifern wurden einige Wachtürme mit festungsartigen Mauern umgeben.

Modernisme

Ende des 19. Jahrhunderts entwickelte sich vor allem in Kataloniens Metropole Barcelona der *modernisme*. Kennzeichen dieser Variante des Jugendstils sind verspielte, geschwungene Fassaden, florale Elemente und kräftige Farben. Innerhalb weniger Jahre erreichte die Stilrichtung auch Mallorca, wo man einige berühmte Zeugnisse bewundern kann. Vorreiter des *modernisme* auf der Insel war das von Lluis Domènech i Montaner üppig dekorierte Gran Hotel (1903) an der Plaça Weyler in Palma. Reizvolle Akzente im Stadtbild setzen auch die Edifici Casasayas an der Plaça Mercat und einige weitere Palais.

Bekanntester Vertreter des *modernisme* ist der Katalane Antoni Gaudí, der 1904–14 Palmas Kathedrale Sa Seu modernisierte. Joan Rubió i Bellver, ein Schüler Gaudís, schuf in Sóller einige bemerkenswerte Bauten *(siehe S. 102)*.

Typisches Element: geschwungene Formen

Modernisme-Fassade mit **Erkerfenster in Palma**

Edifici Casasayas in Palma

HÖHLEN

Den Zauber der »Unterwelt« Mallorcas erlebt man in spektakulären Höhlen. Diese steinernen Wunderwelten gehören zu den mysteriösesten Naturschätzen der Insel.

Wie aus dem Märchenbuch – die faszinierenden Höhlenlabyrinthe mit ihren bizarren Tropfsteinformen bringen Besucher zum Staunen. Jeder Stalagmit und Stalaktit – ob filigran oder wuchtig – ist in seiner Form einzigartig. Bei Führungen ist die Stimmung geradezu andächtig, nur der Aufprall vereinzelter Wassertropfen unterbricht die Stille.

Raffinierte Farbenspiele verstärken die Raumwirkung der unterirdischen Kathedralen. Weiße Beleuchtung erzeugt das Flair einer winterlichen Landschaft, farbiges Licht sorgt für grandiose Show-Effekte. In einigen Höhlen wird die eindrucksvolle Kulisse auch musikalisch untermalt. Kunterbunte Light-and-Sound-Shows wie in den Coves del Drac sind für Fans aufwendiger Inszenierungen ein absolutes Muss.

In der Unterwelt	26 – 27
Coves del Hams	27
Coves de Gènova	80
Coves de Campanet	106
Coves d'Artà	120
Coves del Drac	123

In der Unterwelt

Man muss schon unter die Erde, um eine magische Seite Mallorcas zu entdecken. Die Faszination unterirdischer Welten erlebt man in den Höhlen (katalanisch: *coves*; spanisch: *cuevas*), von denen einige zu den spektakulärsten in Europa gehören. Von ihren bizarren, mysteriösen Formen geht ein eigener Zauber aus. Die Ansichten sind grandios: weite Hallen und enge Gänge, zackige Stalagmiten und Stalaktiten, Seen mit glasklarem Wasser, Spuren prähistorischer Bewohner … Aufwendige Beleuchtung setzt das Ambiente wirkungsvoll, ja dramatisch in Szene. In manchen der unterirdischen Kleinode gibt es zudem kulturelle Darbietungen. Bei einer Höhlenbesichtigung in das Innenleben der Insel vorzudringen, ist ein unvergessliches Erlebnis.

Coves de Campanet – 50 Meter unter der Erde

① Coves de Gènova

Um diese Wunderwelt zu erleben, steigt man mehr als 30 Meter in die Tiefe. Die Höhlen südwestlich von Palma wurden 1906 entdeckt. Verglichen mit den anderen Coves der Insel scheinen sie weniger spektakulär, zudem sind sie kleiner. Dafür bestechen die Coves de Gènova durch natürliche Schönheit. Zudem sind sie weitaus weniger überlaufen als die größeren Höhlen. Die Teilnehmerzahl der Führungen ist angenehm überschaubar *(siehe S. 80)*.

② Coves de Campanet

In dem Höhlensystem am Fuß der Serra de Tramuntana steht das pure Höhlenerlebnis im Vordergrund, Stalagmiten und Stalaktiten zeigen sich hier in ursprünglicher Pracht – ohne Farb- und Sound-Effekte. Der Einsatz von Technik beschränkt sich auf weiße Beleuchtung, die faszinierende Schatteneffekte erzeugt und leichtes Wintergefühl aufkommen lässt. Besonders eindrucksvoll: Einige filigrane Tropfsteine sind bei einer Länge von etwa vier Metern nur vier Millimeter dick. Die Höhlen wurden erst 1945 entdeckt *(siehe S. 106)*.

Höhlen

Die vorgestellten Höhlen zeigen die ganze Welt wundersamer Tropfsteinformen: vom Boden emporwachsende Stalagmiten, von der Decke hängende Stalaktiten sowie einige seltenere Stalagnaten (Sintersäulen), die aus dem Zusammenwachsen beider Tropfsteinbildungen entstehen.

◀ Coves d'Arta, ein unterirdisches Naturwunder *(siehe S. 120)*

③ Coves d'Artà

Wer Inszenierungen liebt, aber gern auf künstliche Überhöhung verzichtet, ist in diesem Höhlensystem mit seinen bis zu 45 Meter hohen Sälen richtig. Hinter dem Eingang liegt die Vorhalle mit grandiosen Tropfsteinformen. Ein über 20 Meter hoher Stalagmit trägt den würdevollen Namen Reina de las Columnas, »Säulenkönigin« *(siehe links und unten)*. Bekannt war das Höhlenlabyrinth wohl schon in prähistorischer Zeit, als es seinen Bewohnern Schutz bot. Heutige Besucher genießen die kunterbunte Light-and-Sound-Show *(siehe S. 120)*.

Infobox

Coves de Gènova
Karte D6. Carrer Barranc 45, Gènova. 🅿 ♿

Coves de Campanet
Karte G3. Autopista Palma–Alcúdia, km 39. 🅿 ♿
Ⓦ covesdecampanet.com

Coves d'Artà
Karte M5. Canyamel, Capdepera. 🅿 ♿
Ⓦ cuevasdearta.com

Coves del Hams
Karte L6. Carretera Manacor–Porto Cristo, km 11.
🅿 ♿ Ⓦ cuevas-hams.com

Coves del Drac
Karte L7. Carretera Coves s/n, Porto Cristo. 🅿 ♿
Ⓦ cuevasdeldrach.com

360°-Panoramafotos
Ⓦ mallorca-panorama.de

Coves del Drac: in Rot getauchte Stalagmiten

⑤ Coves del Drac Atemberaubend präsentieren sich die Drachenhöhlen, das größte Höhlensystem Mallorcas. Der Llac Martel (177 m) zählt zu den weltgrößten unterirdischen Seen. Mit Musikern besetzte Boote gleiten ins Licht. Klassische Klänge füllen den Raum. Modernste Licht- und Tontechnik erhöht die Faszination der Wunderwelt. Besucher können eine Bootsfahrt unter dem Stalaktitengewölbe unternehmen. Ein Teil dieses Labyrinths war schon seit Jahrhunderten bekannt. Da man aber tief im Inneren einen Drachen vermutete, wagte man sich nicht allzu weit hinein. Der See wurde 1896 entdeckt *(siehe S. 123)*.

④ Coves del Hams Ihren Namen verdanken die 1905 entdeckten Höhlen der an Angelhaken *(hams)* erinnernden Form einiger Stalagmiten. Lichtspiele in LED-Technik beleuchten die Räume und geben der Kulisse etwas Traumhaftes. Steinerne Eiszapfen scheinen von den Decken zu hängen und spiegeln sich in einem See. Klassische Musik vom Band betont die Erhabenheit der imposanten Kulisse. Der Erlebniswert ähnelt dem in den nahe gelegenen Coves del Drac, die jedoch deutlich aufwendiger in Szene gesetzt werden.

Coves del Drac: filigrane Kalksteinnadeln

NATUR

Dem Paradies so nahe: Küsten mit bunter Unterwasserwelt, bis zum Horizont reichende Ebenen mit goldgelben Getreidefeldern, Feuchtgebiete mit rosafarbenen Flamingos und Bergketten mit grünen Wäldern und Terrassen bilden ein Landschaftsmosaik – ein Traum für Naturliebhaber. Die Insel bietet einen Nationalpark, mehrere Naturparks und mit der Serra de Tramuntana gar ein UNESCO-Welterbe.

»Ziegeninsel« und »Dracheninsel«: Auch die vorgelagerten Inseln Illa Cabrera und Sa Dragonera sind wahre Naturparadiese, ihre Namen tragen sie nicht von ungefähr. Bootsfahrten dorthin bieten zudem wundervolle Blicke auf Mallorcas Küste.

Tief in den Malkasten greift die Natur vor allem zur Blütezeit, wenn die Blumenwiesen in allen Farben leuchten. Betörende Aromen gibt es gratis dazu. Als besonders romantisch gilt die Zeit der Mandelblüte.

Höhlen	24 – 27
Landschaft, Flora und Fauna	30 – 31
Unterwasserwelt	32 – 33
Sa Dragonera	93
Serra de Tramuntana	106
Schlucht Torrent de Pareis	107
Naturschutzgebiete	121
Parc Nacional de Cabrera	142 – 143

Landschaft, Flora und Fauna

Bergland und Ebenen, Klippen und Sandstrände: So vielfältig wie die Landschaftsformen präsentieren sich auch Pflanzen- und Tierwelt Mallorcas. Ab dem Spätwinter überziehen bunte Blütenteppiche die Insel. In höheren Lagen nehmen Wälder größere Flächen ein. Weite Teile werden von Kulturpflanzen bedeckt, vor allem von Oliven-, Mandel- und Obstbäumen. Bei den Tieren sind vor allem Vögel, Fische und Reptilien artenreich vertreten.

Felsklippen oberhalb der Baumgrenze sind meist nur spärlich bewachsen.

Wälder gibt es vor allem in der Serra de Tramuntana. Zu den häufigsten Baumarten gehören Aleppokiefern und Steineichen.

Olivenhaine prägen weite Teile der Insel. Stämme und Äste der Bäume sind häufig bizarr verdreht. Im Gebirge erfolgt die Landnutzung im Terrassenfeldbau.

Landschaft

Mallorca besitzt eine sehr abwechslungsreiche Landschaft: Küsten mit abgeschiedenen Buchten, ausgedehnte Ebenen und die Bergkette der Serra de Tramuntana bilden markante Naturräume. Im Nationalpark Cabrera (siehe S.142f) und mehreren Naturparks stehen Flora und Fauna unter Schutz.

Gebirgsketten der Serra de Tramuntana reichen bis an die Küste. Nur in kleineren Buchten gibt es schmale Strände (meist Fels- und Kiesstrände). Die dramatische Landschaft erschließen Straßen sowie Wander- und Radwege.

Sandstrände wie aus dem Bilderbuch: Feiner Sand, klares Wasser und eine sanfte Brandung sind für viele Gäste der Inbegriff von Urlaub. Einige Strände liegen in unmittelbarer Nähe zu Hotels, andere sind etwas abgelegener.

◀ Olivenbäume bei Valdemossa *(siehe S. 98)*

Hohe Gipfel findet man vor allem im nördlichen Teil der Gebirgskette im Nordwesten. Der Puig Major ist mit 1445 Metern der höchste Berg Mallorcas.

Flora

Auf den Inseln gedeihen ungefähr 1500 Arten von Blütenpflanzen, einige davon kommen nur hier vor. Ab dem Spätwinter kann man eine wahre Farbenpracht bewundern. Nach der Blütezeit zeigt sich die Pflanzenwelt von einer völlig anderen Seite, trockene Regionen wirken im Sommer wie ausgedörrt – doch auch dies hat seinen Reiz.

Ginstersträuche sind auf der Insel weitverbreitet. Ihre gelben Blüten sieht man im März schon von Weitem leuchten.

Der Fingerhut mit seiner typischen Blütenform ist eine dekorative Blume. Aber so schön sie auch sein mag: Alle Pflanzenteile sind hochgiftig.

Steineichen zählen zu den dominierenden Baumarten. Ihre harten, immergrünen Blätter schützen sie vor dem Austrocknen.

Auf Buchten stößt man an gebirgigen Küsten häufig. Zu manchen kann man hinabsteigen.

Macchia, immergrünes Gebüsch, wächst an felsigen Berghängen.

Fauna

Auf Mallorca und den anderen Balearen-Inseln leben einige endemische Tierarten, darunter die Balearen-Eidechse. Zudem findet man seltene Vogelarten wie Mönchsgeier, Wanderfalke und Mittelmeer-Sturmtaucher. Kleine Säugetiere wie Kaninchen und Igel leben in den Ebenen.

Balearen-Eidechsen leben u. a. auf Sa Dragonera *(siehe S. 93)* zu Hunderttausenden.

Hasen haben sich an die unterschiedlichen Landschaften angepasst. Sie haben keine natürlichen Feinde.

Silbermöwen sieht man überall an den Küsten – vor allem dort, wo noch gefischt wird.

Unterwasserwelt

Die Naturschätze Mallorcas zeigen sich nicht nur auf der Insel selbst – auch das Meer birgt eine faszinierende Welt. Die vielen kunterbunten Fischarten kann man schon nahe der Küste hautnah erleben. Für Taucher und Schnorchler sind die Höhlen von felsigen Küstenabschnitten besonders spannend. Doch es geht auch ganz bequem: Bei einer Fahrt mit einem Glasbodenboot kommt man der Unterwasserwelt Mallorcas ebenfalls ganz nahe.

Kardinalfische treten in Schwärmen auf. Die nur drei Zentimeter langen Fischchen verstecken sich oft zwischen Seegras oder im Eingangsbereich von Höhlen.

Meerestiere

So artenreich sich die Fischwelt präsentiert – für die Entstehung von Korallenriffen ist das Wasser um Mallorca zu kalt. Die einzige hier lebende Korallenart ist die Gorgonie. Die größte Vielfalt an Lebewesen findet man nahe dem Meeresboden: Hier tummeln sich Fische und andere Meeresbewohner in allen Farben und Formen – ein wahrer Traum für Taucher.

Rocheneier

Tintenfisch-Auftriebskörper (Schulp)

Seeball

Hai-Eier

Die Große Seenadel macht ihrem Namen alle Ehre. Dieser sehr schmale Fisch verbirgt sich im Seegras. Seine Beute saugt er mit dem Rüssel ein. Die Eier brütet das Männchen aus.

Seepferdchen

Blauhai

Der Tintenfisch ist ein Raubtier, das seine Beute mit Tentakeln fängt. Er jagt beim Schwimmen oder vergräbt sich im Sand, wo er für sein Opfer fast unsichtbar ist. Tintenfische können ihre Farbe dem Hintergrund anpassen. Ihre Kampftechnik: Bei Gefahr wird »Tinte« ausgestoßen, die die Angreifer verwirrt.

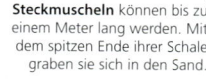

Steckmuscheln können bis zu einem Meter lang werden. Mit dem spitzen Ende ihrer Schale graben sie sich in den Sand.

Seesterne beeindrucken durch ihre geschmeidigen Bewegungen. Sie leben vorwiegend am Meeresboden, wo man sie leicht an ihrer fünfarmigen Gestalt erkennt.

Die Balearen-Eidechse ist überall an trockenen, sonnigen Stellen zu finden. Besonders viele dieser »Mini-Drachen« leben auf Sa Dragonera *(siehe S. 93)*.

Mittelmeer-Sturm-taucher haben eine Flügelspannweite von fast einem Meter. Sie sitzen am Wasser und fangen Krebse und kleine Fische. Die Vögel sind auf den Balearen-Inseln heimisch und nisten in großen Kolonien.

Die Mittelmeer-Mönchsrobbe war früher an den Küsten verbreitet, ist aber heute nahezu ausgestorben.

Rotflecken-Ansauger besitzen keine Schuppen und saugen sich mit einem speziellen Organ zwischen ihren Bauchflossen an Felsen fest.

Seeohren *(Haliotis-Muschel)* gehören zu den Schnecken. In Ostasien gelten sie als Delikatesse, die Maori verarbeiten die Schalen zu Schmuck.

Muräne

Gorgonie
(Hornkoralle)

Mittelmeer-
Kammmuschel

Giebel

Lippfisch

Der Bärenkrebs besitzt einen harten Panzer. Vorsicht beim Tauchen: Der mit der Languste verwandte Meeresbewohner ist mit Stacheln bewaffnet – und agiler als er auf den ersten Blick wirkt.

Der Zackenbarsch sieht furchterregend aus. Aber lassen Sie sich von seinem finsteren Blick nicht täuschen: Er ist ein friedlicher Zeitgenosse.

AKTIV-URLAUB

Sporturlaub liegt auch auf Mallorca im Trend – ob Golf, Wandern, Radfahren oder Reiten, organisiert oder individuell, ambitioniert oder genussvoll. Wer als Abwechslung zu Strand, Shopping oder Kultur aktiv werden möchte, wird hier glücklich. Einfach ausprobieren, schon mancher entdeckte so ein neues Hobby.

Ab ins Wasser – die Unterwasserwelt vor der Küste erlebt man beim Tauchen oder Schnorcheln im kristallklaren Wasser – Auge in Auge mit Zackenbarsch und Co. Wer eine frische Brise bevorzugt, greift zu Surf- oder SUP-Board, setzt die Segel oder paddelt mit einem Kayak … Vielleicht führt der Weg zu einer einsamen Bucht.

Mallorca von oben genießt man etwa bei einer Ballonfahrt, einem Gleitschirmflug oder an Bord eines Hubschraubers. Aus ganz ungewohnter Perspektive entdecken Sie Ihre Lieblingsorte neu oder finden weitere Traumziele.

Wandern und Radfahren	36 – 37
Schlucht Torrent de Pareis	107
Wassersport	158 – 159
Von Wandern bis Tennis	160 – 161
Golf	162 – 163

Wandern und Radfahren

Ob Küste, Zentralebene oder Gebirge: Mallorca bietet grandiose Optionen für Aktivurlauber. Mediterranes Klima, Traumlandschaften und der Duft unzähliger Blüten machen Wanderungen und Radtouren zum Erlebnis. Das Angebot ist gigantisch – von Genuss bis Ambition. Tipp für Wanderer: Wenn Sie auf Fernwanderwegen wie dem GR-221 (150 km) in der Serra de Tramuntana nur Einzeletappen begehen möchten, erkundigen Sie sich nach Zu- und Abstiegsvarianten. Wer sich lieber einer geführten Tour anschließt, kann dies vor Ort oder online organisieren (z. B. www.camins-mallorca.info).

Eidechsen: vertrauter Anblick auf Wanderwegen

Dracheninsel und Ziegeninsel
Verbinden Sie das Wandererlebnis mit einer Bootsfahrt. Die beiden vorgelagerten, zum Greifen nahe scheinenden Inseln Sa Dragonera *(oben; siehe S. 93)* und Illa Cabrera *(siehe S. 142f)* erreicht man bequem mit dem Boot. Auf beiden kann man schöne Wanderungen unternehmen. Orientieren Sie sich einfach an den Leuchttürmen, die Wanderwege führen direkt dorthin. Genießen Sie dabei die ständig wechselnden Blicke aufs Meer und auf Mallorca.

In der Serra de Tramuntana
Bei einem Wettbewerb um den Titel des malerischsten Dorfs Mallorcas wäre Fornalutx wohl auf Platz eins. Wanderer erreichen den pittoresken Ort von Sóller aus (1 Std.), der Höhenunterschied beträgt etwa 100 Meter. Bei einer Rundtour (2:30 Std.), auf der man auch das ebenso schöne Dorf Biniaraix passiert, sind es ca. 250 Höhenmeter. Der Weg führt durch Zitrus- und Olivenhaine, Einkehrmöglichkeiten gibt es in Fornalutx.

Wer es sportlicher mag, kann die Wanderung zur Tagestour verlängern und von Sóller über Biniaraix auf dem Fernwanderweg GR-221 in den Barranc de Biniaraix wandern. Hinter der faszinierenden Schlucht beginnt der Aufstieg zum Puig Cornador Gran (956 m). Auf dem gleichen Weg gelangt man wieder nach Sóller. Für die Tour (Höhendifferenz: 900 m) sollten Geübte sechs Stunden einplanen, weniger erfahrene Wanderer sind mit der kurzen Variante *(siehe oben)* dabei.

Am Strand
Lange Sandstrände *(siehe S. 14f)* verlocken zu Strandwanderungen, sie bereichern einen Strandtag. Man kann auch ein etwas weiter entferntes Ziel besichtigen – z. B. von Can Picafort aus die Necròpoli de Son Real *(siehe S. 128)*. Genießen Sie das Wellenspiel des Meers – am besten barfuß.

Wanderschuhe und -stöcke geben Halt

Entlang den Küstenpromenaden

Kilometerlange Küstenpromenaden sind für Genussradfahrer ein Traum. Eine wunderbare Option ist die Promenade von Mallorcas Metropole Palma, auf der man den Hafen und die Strände in der Badia de Palma *(siehe S. 82f)* erreicht – eine erfrischende Brise gibt es dazu. Auch die Aussicht auf das Meer und den Hafen mit Yachten und Kreuzfahrtschiffen ist fabelhaft.

Zu Fuß und per Rad

Zu Fuß oder mit dem Fahrrad kommt man der Insel und ihrer wundervollen Natur besonders nahe. Viele Plätze laden zum Verweilen ein. Genießen Sie nicht nur die Aussicht, sondern auch die Wohlgerüche – z. B. während der Mandelblüte (links).

Zum Cap de Formentor

Die Panoramastraße (18 km) von Port de Pollença zum Cap de Formentor *(siehe S. 110)*, dem nördlichsten Punkt Mallorcas, ist eine beliebte Radstrecke. Von Beginn an bieten sich tolle 360°-Aussichten, die knapp 500 Höhenmeter wollen aber bewältigt werden. Wer diese Route schafft, kommt auch auf den Bergstrecken der Serra de Tramuntana zurecht. Tipp: Auf halber Strecke führt eine Seitenstraße zur Platja de Formentor, einem schönen Sandstrand.

Zu idyllischen Buchten

Im Bergland der Serra de Tramuntana kann man von mehreren am Hang gelegenen Orten zu hübschen Buchten hinabsteigen. Ein Paradebeispiel ist das Dorf Deià, von dem ein Wanderweg zur Badebucht Cala Deià *(siehe S. 16)* führt. Badesachen nicht vergessen!

In der Zentralebene

Gelegenheitsradler finden in der Zentralebene Es Pla viele geeignete Routen. Gerade Slow-Cycling ist eine wundervolle Art, den Zauber der Insel zu erleben. Schöne Radwanderungen auf asphaltierten Nebenstraßen führen etwa von Petra nach Montuïri (15 km) oder von Porreres nach Llucmajor (25 km). Wer einen ganzen Tag Zeit (und Lust) hat, wird die Rundtour Moscari–Costitx–Sineu–Búger–Moscari (60 km) genießen.

Weitere Informationen *siehe Seiten 160–163*

GENUSS

Von Spitzenrestaurant bis Tapas-Bar – Mallorcas Gastronomie ist bunt. In Top-Restaurants komponieren Kochkünstler Aromen für anspruchsvolle Gaumen, doch auch die traditionell-bodenständige Küche überzeugt. Die Zutaten stammen frisch vom Markt. Ganz im Stil des Südens nimmt man sich auch auf Mallorca für ein genussvolles Abendessen mehrere Stunden Zeit. Vor allem die Slow-Food-Bewegung auf der Insel will den Mallorquinern ihre kulinarische Identität zurückgeben.

Im urigen Ambiente ehemaliger Weinkeller tafelt man besonders stimmungsvoll, vor allem Inca bietet hier viele Optionen. Auch in den Tapas-Bars mit ihren langen Theken genießt man typisch mallorquinisches Flair. Übrigens: In Palmas Altstadt findet sich spätabends immer noch ein Lokal, wenn alle anderen geschlossen haben.

Unter der Sonne Mallorcas reifen Trauben, aus denen edle Tropfen produziert werden. Eine Verkostung auf einem Weingut ist für Kenner ein Höhepunkt des Urlaubs. Oder wie wär's gleich mit einem Weinurlaub?

Mallorquinische Küche   40 – 41

Mallorquinische Getränke   42 – 43

Wein und Weingüter   127

Mallorquinische Küche

Tradition und Frische kennzeichnen die Inselküche. Die Gerichte werden nach alten Rezepten und aus frischesten Produkten zubereitet. Bauernhöfe, Gemüsegärten und nicht zuletzt das Meer liefern die Zutaten. Begeben Sie sich auf kulinarische Streifzüge durch Restaurants, Tapas-Bars und Cafés. In den Ferienorten orientieren sich viele Lokale an den kulinarischen Gewohnheiten der Urlauber. Gehen Sie lieber dorthin, wo Einheimische essen. *Bon profit!*

Orangen in Top-Qualität
aus mallorquinischem Anbau

Fischgerichte

Auf den Karten mallorquinischer Fischlokale findet man alles, was das Meer bereithält. Vor allem in den Küstengebieten prägt Seafood in allen nur denkbaren Variationen das gastronomische Angebot. Fischliebhaber schätzen das Langustengericht *caldereta de llagosta*. Zu den gefragten Delikatessen gehört auch *llobarro a la sal* (Wolfsbarsch im Salzmantel). Beliebt sind außerdem *calamares en su tinta* (Tintenfisch in eigener Tinte) und die so einfache wie schmackhafte *cassola de pescador* aus verschiedenen Fischsorten. Wer gern Muscheln isst, sollte *mejillones marinera* (Muscheln in Weinsauce) kosten.

Fleischgerichte und Wurstwaren

Wichtigster Fleischlieferant ist das Schwein. Typisch für die *cuina mallorquina*: Von den Tieren werden alle Teile verarbeitet, neben Fleisch auch zu Wurstwaren und Schweineschmalz. Ein Klassiker ist *llom amb col* (eine Art Kohlroulade mit Schweinefleisch). *Porcella* (Spanferkel mit knuspriger Kruste) gibt es in guten Restaurants und auf vielen größeren Festen. Zu den beliebtesten Wurstspezialitäten gehören *jamón serrano* (luftgetrockneter Schinken), *botifarró* (Blutwurst) sowie *sobrassada*, eine mit Paprika gewürzte Streichwurst aus dem Fleisch der inseltypischen kleinen schwarzen Schweine.

Auch Lamm kommt in vielfältigen Zubereitungsarten vor, ein besonders gefragtes Gericht ist *brac de xot* (Lammschulter aus dem Ofen).

Eintöpfe und Pfannengerichte

Ein Klassiker der mallorquinischen Küche ist die Gemüsepfanne *tumbet mallorquín*: Sie enthält in der Regel Paprikaschoten, Auberginen, Zucchini, Tomaten, Zwiebeln und Kartoffeln. Beliebt ist sie als sättigendes Hauptgericht oder als Beilage zu Fleisch- und Fischgerichten. Wichtig: Die Zutaten werden einzeln gebraten und danach aufeinandergeschichtet. Innereien sind neben Gemüse und Kartoffeln Hauptzutaten des Ein-

Fideuà

Wie wäre es mit einer Variante zur klassischen *paella*? Ihren Namen hat diese »Nudel-*paella*« von den dünnen, an Spaghetti erinnernden Nudeln, die hier anstelle von Reis enthalten sind. Dazu noch eine erlesene Auswahl an Meeresfrüchten und buntem Gemüse – fertig ist ein vorzügliches Gericht, dessen appetitlichem Anblick man kaum widerstehen kann.

Pa amb oli
Ein Snack für alle Tageszeiten ist diese knusprige Brotspezialität – zum Hineinbeißen.

Gató amb gelat d'ametlla
Der mallorquinische Mandelkuchen findet sich auf so ziemlich allen Dessertkarten.

topfs *frit mallorquí*. Aus Safranreis sowie verschiedenen Fleisch- und Gemüsesorten wird *arròs brut* zubereitet. Wie in den meisten Küstenregionen auf dem spanischen Festland bekommt man auch auf Mallorca in vielen Restaurants *paella* – klassischerweise mit Meeresfrüchten und Fleisch oder als Variante mit Gemüse.

Tapas
Sie mit dem Begriff *fingerfood* zu umschreiben, würde diesen kleinen Appetithäppchen nicht gerecht – immerhin handelt es sich bei Tapas um ein spanisches Kulturgut, das auch aus Mallorcas Restaurants nicht wegzudenken ist. Das Angebot scheint grenzenlos: Zur Auswahl stehen gebratene, frittierte, eingelegte, geschmorte, geräucherte oder marinierte Häppchen – kalt oder warm. Die Auswahl an der Theke ist von Tapas-Bar zu Tapas-Bar recht unterschiedlich: von eingelegten Oliven und Artischocken über frittierte Tintenfischringe, *gambas* (Garnelen in Knoblauch) und *chipirones* (Baby-Calamares) bis zu geräucherter Wurst, *truita de patates* (Kartoffelomelett), Fleischbällchen und *empanadas* (mit Fleisch oder Gemüse gefüllte Teigtaschen).

Tipp für Tapas-Einsteiger: Bestellen Sie *tapas variadas*, eine Auswahl verschiedener Tapas.

Pa amb oli
Für viele Einheimische geradezu unverzichtbar ist *pa amb oli* (gesprochen: »pamboli«). Geröstete Brotscheiben werden mit Knoblauch und frischen Tomaten eingerieben, mit Olivenöl beträufelt und mit Salz bestreut – diese mallorquinische Variation der italienischen *bruschetta* eignet sich wunderbar zum Frühstück, als Snack für zwischendurch oder als Vorspeise. Je nach Gusto kann man sein *pa amb oli* auch mit einer Scheibe Schinken oder Käse belegen.

Gebäck und Desserts
Mallorquinisches »Nationalgebäck« ist die nach jahrhundertealtem Rezept zubereitete *ensaïmada*, der Stolz vieler Konditoren. Grundlage des schneckenartigen Gebäcks ist ein in Schmalz ausgebackener Teig. Typischerweise werden *ensaïmadas* nicht gefüllt, es gibt aber auch gefüllte Varianten (z. B. mit Kürbismarmelade). Beide werden häufig noch mit Puderzucker bestreut. Das Gebäck ist übrigens ein sehr beliebtes Mitbringsel, spezielle Schachteln garantieren einen sicheren Transport. Ein süßer Traum ist *gató amb gelat d'ametlla* (Mandelkuchen mit Mandeleis) – unwiderstehlich zum Kaffee. Ähnliches gilt für *greixonera de brossat* (Käsekuchen aus der Tonform) und *flan* (Karamellcreme).

Nicht zu vergessen die vielen fruchtig-sauren Desserts aus frischem Obst. Geradezu legendär sind die mit Orangen aus Sóller zubereiteten Spezialitäten wie etwa Sóller Flip (siehe S. 102).

Ensaïmadas · Flaó ibicenco · Galletas de alaior (Aniskekse) · Formatjades · Cuscussó (Brotpudding) · Gató (Mandelkuchen)

Auswahl an mallorquinischem Kuchen und Gebäck

Mallorquinische Getränke

Der Anteil an importierten Weinen und Bieren geht zurück: Der Weinbau auf Mallorca erlebt seit den 1990er Jahren eine Renaissance, seit einiger Zeit schießen zudem immer mehr Mikrobrauereien aus dem Boden. Ob Brandy zum Kaffee, Sherry zu Tapas oder Kräuterlikör nach dem Essen: Auch viele Destillate stammen aus heimischer Produktion. Das Mineralwasser der Insel ist für seine Reinheit bekannt, die Fruchtsäfte aus frischem Obst sind nirgendwo besser.

Sangría
Viele Urlauber lieben das erfrischende, an Bowle erinnernde Mixgetränk aus Rotwein, Obststücken und Fruchtsaft. Aber Vorsicht: In einfachen Lokalen oder an Strandbars handelt es sich oft um dubiose Mischungen mit unerwarteten Folgen.

Hierbas
Die *hierbas* genannten Liköre gibt es in diversen Kräutermischungen, Anis ist immer enthalten. Kräuterliköre sind ein beliebter Digestif.

Túnel

Morey

Säfte
Am besten frisch gepresst: Säfte aus Zitrusfrüchten geben den richtigen Vitaminschub.

Beer Lovers Pale Ale, Witbier und Firmenlogo *(von links)*

Bier
Ein Prost auf die Vielfalt: Auf der Insel eröffnen immer mehr Mikrobrauereien und bereichern das Angebot an Bieren. Natürlich gibt es vielerorts auch Importbiere, aber den in nur kleinen Mengen produzierten heimischen Gerstensaft sollten Sie probieren.

Sullerica 1561   Sullerica blanca

Bierauswahl der Brauerei Tramuntana

Kaffee

Auf Mallorca genießt man neben dem kleinen Schwarzen *(café solo)* auch Variationen mit wenig oder viel Milch *(cortado* bzw. *con leche)*. Ebenfalls beliebt: der Espresso *carajillo* mit einem guten Schuss Brandy.

Typisch Mallorca: *ensaïmada* mit *café con leche*

Für viele Einheimische der Inbegriff von Genuss: zur Tasse Kaffee das mallorquinische »Nationalgebäck«. Diese grandiose Kombination passt überall und zu allen Tageszeiten – von früh bis spät.

Font Major   Font Sorda

Wasser

In Mallorca abgefülltes Mineralwasser entstammt Quellen in der Serra de Tramuntana. Es gibt stille und spritzige Varianten *(amb gas* bzw. *sense gas)*.

Palo

Dieser nur auf Mallorca hergestellte und abgefüllte Kräuterlikör ist ein Destillat aus Chinarinde und Enzianwurzel.

Túnel   Ripoll

Weißwein

Auf Mallorca boomt der Weinbau. Die Weißweine passen sehr gut zu Fischgerichten. Moll (Prensal Blanc) zählt zu den begehrtesten weißen Rebsorten.

Weißweine des Weinguts Gelabert

Rotwein

Etwa 80 Prozent der edlen Tropfen Mallorcas sind Rotweine. Viele der renommiertesten stammen aus dem Anbaugebiet Binissalem. Besonders gefragte Rebsorten sind Manto Negro, Callet und Fogoneu.

WELLNESS

Wohlfühl-Oase Mallorca – die Balearen-Insel ist »die« Adresse für Beauty und Wellness, zum Chillen und Genießen. Das Angebot scheint grenzenlos, das Ambiente nicht zu toppen. Die Suche nach einer Auszeit vom Stress hat sich bei allen Altersgruppen zum Trend entwickelt. Die Sonneninsel liefert dazu allerfeinste Zutaten für Verwöhnprodukte wie Mandelöl, Aloe Vera, Orangenblüten und Flor de Sal. Glücksmomente sind garantiert, vielleicht fühlen Sie sich nach einer entspannenden Anwendung sogar wie neugeboren.

Inspirierender Blütenzauber, leise Chill-out-Musik, dezente Beleuchtung oder natürliches Licht mit Aussicht auf Meer und Berge und frisch gepresste Fruchtsäfte machen den Aufenthalt im Wohlfühltempel – vom Wellness-Hotel bis zum Ayurveda-Resort – zu einem Erlebnis für die Sinne. Einfach die Augen schließen und sich verwöhnen lassen.

Ob orientalischer Hamam, Finnische Sauna, Thai-Massage oder indische Heilkunst: So zeitlos vieles auf Mallorca wirkt, so international und modern ist das Angebot für Schönheit und Pflege, Gesundheit und Fitness. Seien Sie gut zu sich.

Spas, Beauty und Yoga	46 – 47
Wellness-Adressen	87
Wellness	164 –165

Spas, Beauty und Yoga

Regeneration und Entspannung, Wellness und Beauty – immer mehr Urlauber orientieren sich bei der Wahl ihres Reiseziels an Wohlfühl-Angeboten. An Mallorca führt da kein Weg vorbei: Die Insel zählt zu den Trendsettern. Wellness-Hotels bieten Rundumpakete für Körper, Geist und Seele – auch für Nicht-Gäste. In einigen Spas findet man auch Anwendungen unter freiem Himmel, von Massage bis Maniküre, Ayurveda oder Yoga.

Düfte von Ölen und Blüten sorgen für Wohlfühl-Ambiente

Wellness-Hotels
Nach wohltuenden Gesichts- und Körperbehandlungen im Hotel-Spa kann man im Pool ideal entspannen. Von einem Infinity Pool ist die Aussicht traumhaft. Jacuzzi, Erlebnisduschen und Sprudelliegen bieten Wasserspaß, in den Saunen kommt man in den Genuss von Farblicht- und Aromatherapie.

Top 5 Wellness-Hotels

★ St. Regis Mardavall Resort, Costa d'en Blanes
★ Mon Port Hotel & Spa, Port d'Andratx
★ Jumeirah Port Sóller Hotel & Spa, Port Sóller
★ Hotel Reads, Santa Maria del Camí
★ Resort Blau, Porto Petro

Entschleunigung, Entspannung, Meditation
Einfach mal zur Ruhe kommen und so richtig abschalten. Auf Mallorca finden Sie genau das Flair, um die Seele baumeln zu lassen. Ein Tag bei absoluten Wellness-Profis kann der Urlaubserholung den letzten Kick geben.

Massagen
Lieber klassisch oder fernöstlich? Special Treatments wie Hot-Stone-Massagen und Lymphdrainagen, Klangschalenmassagen und Peelings runden das breite Angebot der Wellness-Oasen ab. Bei dieser Auswahl haben Verspannungen keine Chance.

Kerzen spenden wohltuend dezentes Licht

◄ Balsam für die Seele: Blick von einer Hotelterrasse bei Pollença *(siehe S. 110)*

Yoga

Neue Kraft schöpfen, Energie in die richtigen Bahnen lenken und Gelassenheit finden: Idyllisch gelegene Yoga-Retreats haben Workshops und Kurse für sämtliche Niveaus im Angebot. Bereichern Sie Ihren Traumurlaub um die Facette aktiver Entspannung.

Top 3 Yoga-Retreats

★ Finca Amapola, Campos
★ Earth Yoga, Palma
★ Yoga-Finca, Manacor

Aloe Vera

Schon Kleopatra und Nofretete nutzten sie zur Schönheitspflege. Die vielseitige Heil- und Kosmetikpflanze wird auf der Aloe Vera Farm Mallorca im Öko-Anbau kultiviert, Infocenter bieten Produktverkauf und Beratung (www.aloe-mallorca.com).

Zauber des Südens

Blauer Himmel, mediterranes Licht, Blumen in voller Farbenpracht, in der Luft die Aromen des Mittelmeerraums – allein schon auf einer blühenden mallorquinischen Wiese kann man den Alltag schnell vergessen und zur Ruhe kommen.

Entspannen und entschleunigen

Ayurveda

Indische Heilkunst wird heute weltweit praktiziert, auch auf Mallorca. Die Behandlungen reichen von Aktivierung der Selbstheilungskräfte über Entgiftung bis Anti-Aging. Zu den zentralen Elementen eines Aufenthalts in einem Ayurveda-Resort gehört auch gesunde Ernährung nach den Prinzipien vedischer Kochkunst (www.ayurvedamallorca.eu).

Weitere Informationen *siehe Seiten 164f*

SHOPPING

Fashion-Victims erliegen quasi sofort dem unwiderstehlichen Reiz der Shopping-Metropole Palma. Ob Mode, Accessoires, Schmuck und Düfte: In den vielen Boutiquen der Inselhauptstadt findet man alles für den perfekten Look – von Designer-Labels bis zur hippen High Street Fashion. Dazwischen stößt man auf kleine witzig-interessante Läden – verführerische Schatztruhen, in denen man stundenlang stöbern kann.

Lust auf Insel-Shopping? Nicht nur die Metropole setzt Trends, auch in vielen abgelegeneren Orten findet man attraktive Produkte – von original bis originell: Kunstperlen in Manacor, Glas in Algaida, Lederwaren in Inca, Keramik in Felanitx, Korbwaren in Artà, Wein um Binissalem. Nicht zu vergessen: die Outlets.

Märkte und Markthallen – das »wahre« Mallorca entdeckt man auf Wochenmärkten und in Markthallen wie Palmas Mercat de l'Olivar. Das kulinarische Paradies der Metropole ist Fundgrube für Mitbringsel oder um sich selbst zu verwöhnen.

Souvenirs	**50 – 51**
Wein und Weingüter	**127**
Kunsthandwerk	**154 – 155**
Shopping-Adressen	**86 – 87, 113, 131, 145, 152 – 153**

Souvenirs

Kunsthandwerk, Parfums, Accessoires oder Schmuck: Das Angebot an schönen (und nützlichen) Mitbringseln von der größten Balearen-Insel ist breit gefächert. Hier finden Sie vieles, was Ihren Alltag verschönert oder Ihre Lieben glücklich macht. Mallorquinische Produkte kann man direkt beim Produzenten kaufen, ein Bummel über einen der Märkte ist ein Genuss. Typische Souvenirs sind Kunstperlen, Glaswaren, Keramik und Delikatessen wie Wein, Oliven- und Mandelöl.

Bedrucktes T-Shirt

Keramik
Tonwaren gehören zu den beliebtesten Souvenirs. Die Vielfalt an Formen und Mustern ist erstaunlich. Die Artikel sind nicht nur als Blickfang sehr ansprechend, sondern auch nützlich, z. B. zum Aufbewahren oder Präsentieren.

Bunt bemalter Teller   **Gewürzgefäß**

Glaswaren
Qualitativ hochwertige Glasobjekte aus Mallorca waren einst so begehrt wie jene aus Venedig. Bis heute werden die meisten nach traditionellen Entwürfen angefertigt. Wie Glaskunst entsteht, erleben Sie etwa in der Glasfabrik Gordiola *(siehe S. 135)*.

»Lafiore«-Vasen   **»Gordiola«-Kelch**

Lederwaren
Inca *(siehe S. 126)* ist für seine Lederwaren berühmt. Die Boutiquen und Läden in der Stadt verkaufen wirklich alles, was man aus Leder überhaupt herstellen kann, darunter etwa Brieftaschen, Gürtel, Mäntel, Jacken und Schuhe.

Ledergeldbörse   **Sandalen**

Holzobjekte
Artikel aus Olivenholz sind gefragt. Sie haben eine ganz eigene Farbe und sind sehr langlebig. Außerdem sind sie wegen ihrer glatten Oberfläche wahre Handschmeichler.

Schüssel in Blattform   **Mörser und Stößel**

◀ **Leuchten in einem Store – knallbunte Farben, modernes Design**

Modeschmuck

Auf nahezu allen Wochen-
märkten wird Modeschmuck
in witzigen Formen und knalli-
gen Farben angeboten. Häufig sind
Waren aus mallorquinischer Produktion
nur schwer von importierter Billigware
zu unterscheiden. Lassen Sie sich davon
aber nicht die (Kauf-)Laune verderben.

Gürtel mit Muscheln

Ohrringe

Schwarze Perlenkette

Kunstperlen

Kunstperlen sind ein typisches Produkt
der Insel, allerdings nicht ganz billig.
Beim Kauf bekommt man ein Echtheits-
zertifikat. Es gibt fertige Schmuckstücke
und auch einzelne Perlen, mit denen Sie
Ihren eigenen Schmuck gestalten können.

Ring

Korbwaren

Nicht nur Urlauber kaufen
mallorquinische Korbwaren.
Die praktischen Körbe in allen
Formen und Größen eignen
sich zum Einkaufen genauso
wie für den Strand.

Korb für den Strand

Strohhut

Glasfabrik Gordiola

Lampen, Schalen, Vasen, Schmuck, Tierfiguren und vieles mehr: In der ältesten Glasfabrik der
Insel erlebt man jahrhundertealte Handwerkstradition hautnah. Besucher der Produktionsstätte
können den Glasbläsern bei der Arbeit zusehen. Die in der Schaufabrik hergestellten Glaswaren
werden im Shop nebenan verkauft – ein Muss für Mallorca-Urlauber *(siehe S. 135)*.

Weitere Informationen *siehe Seiten 152–155*

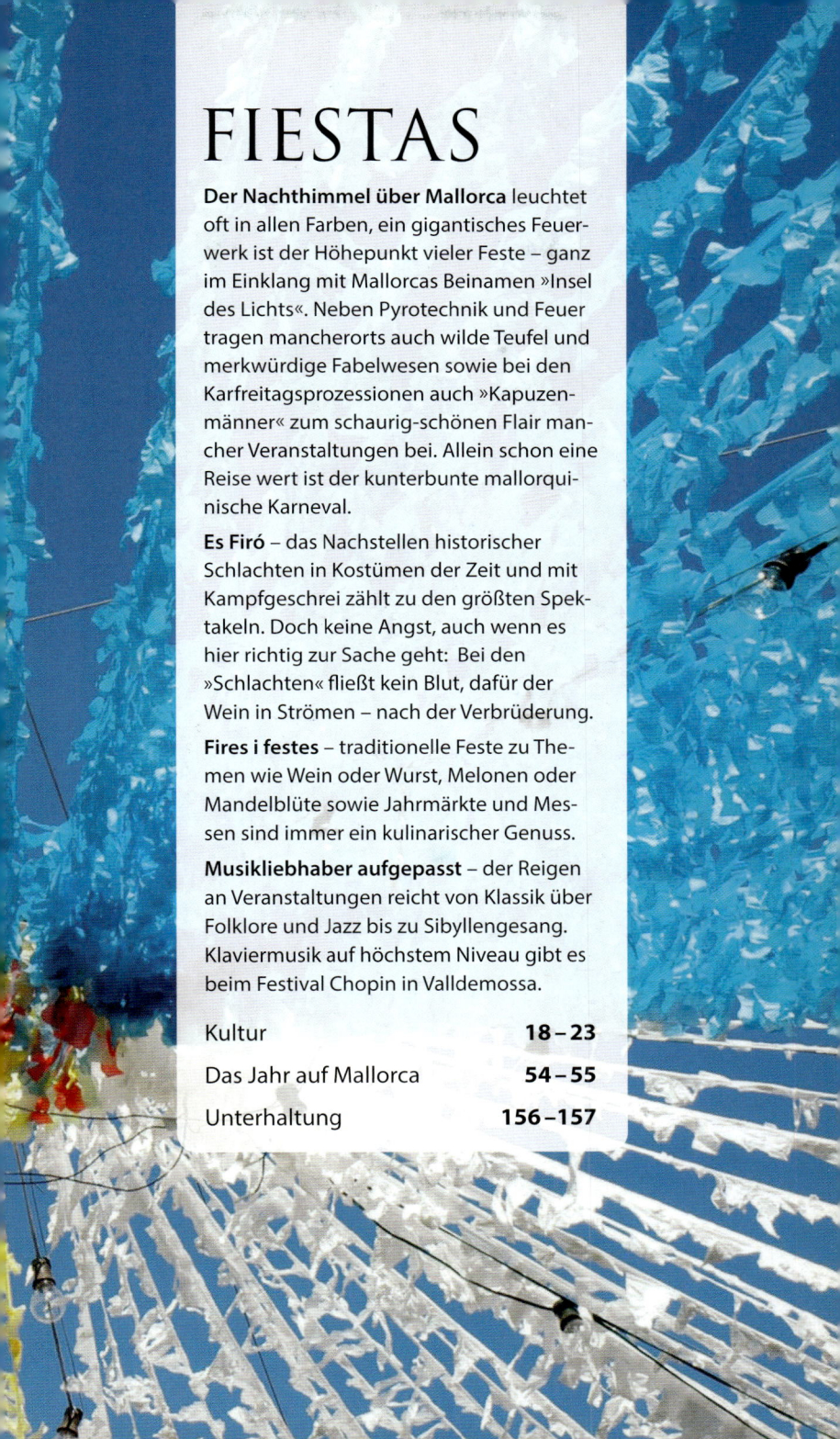

FIESTAS

Der Nachthimmel über Mallorca leuchtet oft in allen Farben, ein gigantisches Feuerwerk ist der Höhepunkt vieler Feste – ganz im Einklang mit Mallorcas Beinamen »Insel des Lichts«. Neben Pyrotechnik und Feuer tragen mancherorts auch wilde Teufel und merkwürdige Fabelwesen sowie bei den Karfreitagsprozessionen auch »Kapuzenmänner« zum schaurig-schönen Flair mancher Veranstaltungen bei. Allein schon eine Reise wert ist der kunterbunte mallorquinische Karneval.

Es Firó – das Nachstellen historischer Schlachten in Kostümen der Zeit und mit Kampfgeschrei zählt zu den größten Spektakeln. Doch keine Angst, auch wenn es hier richtig zur Sache geht: Bei den »Schlachten« fließt kein Blut, dafür der Wein in Strömen – nach der Verbrüderung.

Fires i festes – traditionelle Feste zu Themen wie Wein oder Wurst, Melonen oder Mandelblüte sowie Jahrmärkte und Messen sind immer ein kulinarischer Genuss.

Musikliebhaber aufgepasst – der Reigen an Veranstaltungen reicht von Klassik über Folklore und Jazz bis zu Sibyllengesang. Klaviermusik auf höchstem Niveau gibt es beim Festival Chopin in Valldemossa.

Kultur	18 – 23
Das Jahr auf Mallorca	54 – 55
Unterhaltung	156 – 157

Das Jahr auf Mallorca

Mallorquiner feiern gern, der bunte Reigen von Fiestas (katalanisch: *festa, festes*) bietet Orientierung im Jahresverlauf. Ob Spektakel an Jahrestagen historisch bedeutender Ereignisse oder religiöse Feste zu Ehren von Inselheiligen – die Einheimischen begehen sie mit prächtigen Paraden, Musik, Essen und Tanz.

Mallorca gilt als Muse vieler Komponisten (u. a. Chopin), das Angebot an Musikfestivals ist entsprechend groß. Der Karneval wird mediterran-ausgelassen gefeiert. Das wichtigste Fest ist jedoch ein kirchliches: Bei den Osterprozessionen während der Setmana Santa ist die ganze Insel auf den Beinen.

Prozession während der Setmana Santa *(März/Apr)*

FRÜHLING

Mit Frühlingsbeginn verlagert sich das Leben auf die Straße, Caféterrassen füllen sich, Gärten erblühen in voller Pracht.

März

Setmana Santa *(März/Apr)*. In der Karwoche gibt es Prozessionen in vielen Orten. Der größte Umzug findet Karfreitag in Palma statt. In Kutten gewandete Mitglieder vieler Bruderschaften ziehen als »Kapuzenmänner« mit Heiligenstatuen durch die Gassen. Besonders stimmungsvoll als Fackelumzug bei Dunkelheit.
Trofeo Princesa Sofía *(Ende März–Anfang Apr)*, Palma. Eine der bedeutendsten Segelregatten im Mittelmeer.

April

Festa Sant Francesc *(2. Apr)*. Fest des heiligen Franziskus in vielen Orten, deren Schutzpatron der Heilige ist.

Mai

Es Firó *(2. So im Mai)*, Port de Sóller/Sóller. Aufwendige Inszenierung einer historischen Schlacht zwischen Christen und Mauren im Gedenken an den Angriff im Jahr 1561 *(siehe S. 9)*. Ein ähnliches Fest gibt es Anfang August in Pollença.

SOMMER

Im Juni beginnt die touristische Hochsaison, die bis September dauert. Dann finden viele Musikfestivals, Folklore-Events und religiöse Feste statt.

Juni

Sant Antoni de Juny *(13. Juni)*, Artà. Farbenprächtiges Fest mit Umzügen von Menschen in Pferdekostümen.
Nit de Sant Joan *(23./24. Juni)*. In der Johannisnacht heißen Mallorquiner den Sommer willkommen. Picknick und Lagerfeuer überall an der Inselküste.

Juli

Konzert in Sa Calobra *(1. So im Juli)*. Open-Air-Konzert mit Kultcharakter am Ende der Schlucht Torrent de Pareis.
Mare de Déu del Carme *(15./16. Juli)*. Fest der Schutzheiligen der Fischer und Seefahrer. Schiffsprozessionen.
Festa Santa Catalina Thomàs *(27./28. Juli)*, Valldemossa. Fest zu Ehren der einzigen Heiligen Mallorcas *(siehe S. 98)*. Bei der Prozession spielt ein Mädchen im Triumphwagen die heilige Catalina. Konzert im Kloster.

Es Firó *(Mai)*

Feiertage

Januar	Februar	März / April	Mai	Juni
Cap d'Any Neujahr *(1. Jan)* **Festa del Reis** Dreikönigstag *(6. Jan)*	**Carnaval** Karneval, er endet mit der »Verbrennung der Sardine« am Aschermittwoch	**Dia de les Illes Balears** Tag der Balearen *(1. März)* **Dijous Sant** Gründonnerstag *(März/Apr)* **Divendres Sant** Karfreitag *(März/Apr)* **Pasqua** Ostern *(März/Apr)*	**Dia del Treball** Tag der Arbeit *(1. Mai)*	**Festa del Corpus** Fronleichnam *(Mai/Juni)*

◄ Bunt und stimmungsvoll: Impression von der Festa del Much in Sineu

Trofeo Princesa Sofía – Segelregatta mit internationalem Teilnehmerfeld *(Ende März – Anfang Apr)*

Festival de Pollença *(Juli / Aug)*, Pollença. Genreübergreifendes Musikfestival (von Klassik über Jazz bis Flamenco).

August
Festival Chopin *(jeden So)*, Valldemossa. Klavierkonzerte zu Ehren des polnischen Komponisten *(siehe S. 98f)*.
Copa del Rey *(1. Woche im Aug)*, Palma. Internationale Segelregatten unter Schirmherrschaft von König Felipe.
Festa del Much *(14. Aug)*, Sineu. Fest rund um die gleichnamige Fantasiefigur. Für die Teilnehmer ist rosafarbene Bekleidung angesagt.
Sant Agustí *(So Ende Aug)*, Felanitx. Fest des heiligen Augustin. Tänzer in Pferdekostümen, Feuerwerk.

HERBST
Der Herbst ist die Jahreszeit der vielen Erntedankrituale und Weinfeste.

September
Festa del Meló *(Anfang Sep)*, Vilafranca de Bonany. Melonenfest am Ende der Ernte.

Nit de l'Art *(Mitte Sep)*, Palma. Kunstnacht mit geführten Rundgängen durch Museen und Galerien. Performances.
Festa des Vermar *(letzter So im Sep)*, Binissalem. Fest am Ende der Weinlese mit Weinproben, Umzügen, Traubentreten und Traubenschlacht.

Oktober
Festa des Botifarró *(1. So im Okt)*, Sant Joan. Fest der Blutwurst mit ausgiebigem Verzehr derselben. Tanz und Musik.
Festival MúsicaMallorca *(Mitte Okt – Anfang Nov)*, Palma. Darbietungen renommierter klassischer Orchester.

November
Dijous Bo *(Do Mitte Nov)*, Inca. Größtes Straßenfest Mallorcas mit Markt (von Delikatessen bis Kunsthandwerk), Musik und Tanz. Hunderttausende sind auf den Beinen.

WINTER
Auch zwischen Weihnachten und Karneval ist viel geboten. Wunderschön ist die einsetzende Mandelblüte.

Dezember
Nit de Nadal *(24. Dez)*. Weihnachtsmessen, u. a. in Palmas Kathedrale und im Santuari de Lluc mit *Cant de sa Sibilla* (Sibyllengesang).
Santos Inocentes *(28. Dez)*. Spanisches Pendant zum 1. April bei uns.
Festa de l'Estandard *(31. Dez)*, Palma. Das Fahnenfest erinnert an die Eroberung der Stadt durch Jaume I im Jahr 1229. Nahtloser Übergang zum gewaltigen Silvesterfeuerwerk.

Januar
Sant Antoni *(16./17. Jan)*. Freudenfeuer, Teufelstänze, Paraden und Tiersegnungen.
Sant Sebastià *(20. Jan)*. Musik, Tanz, Festessen und Feuerwerk am Tag des Schutzheiligen von Palma.

Februar
Festa des Ametllers florits *(12. Feb)*, Petra. Stimmungsvolles Mandelblütenfest.
Karneval *(Feb)*. Bunte Maskenparaden und Kostümbälle. *Sa Rua* in Palma ist der bedeutendste Umzug.

Juli / August	September / Oktober	November	Dezember
Assumpció Mariä Himmelfahrt *(15. Aug)*	**Diada de Mallorca** Mallorcafeiertag *(12. Sep)* **Dia de l'Hispanitat** Nationalfeiertag *(12. Okt)*	**Tots Sants** Allerheiligen *(1. Nov)*	**Dia de la Constitució** Tag der Verfassung *(6. Dez)* **Immaculada Concepció** Mariä Empfängnis *(8. Dez)* **Nadal** Weihnachten *(25./26. Dez)*

DIE REGIONEN MALLORCAS

Palma	60–87
Serra de Tramuntana	88–113
Nordosten	114–131
Süden	132–145

Mallorca auf der Karte

Mallorca, die größte spanische Insel (3603,7 km²), ist die zentrale Insel der Balearen. Zu diesem Archipel vor der Ostküste Spaniens gehören auch Menorca im Nordosten sowie Ibiza und Formentera im Südwesten Mallorcas. Die Westspitze der Insel liegt etwa 200 Kilometer südlich von Barcelona und 240 Kilometer östlich von Valencia.

Rund zehn Millionen Urlauber zieht es jährlich hierher, über ein Drittel davon aus Deutschland – von Sonnenanbetern über Naturliebhaber, Outdoor-Fans, Genussurlauber, Kulturreisende und Nachtschwärmer bis zu Shopping-Victims.

Mallorca ist von Mitteleuropa aus in kaum mehr als zwei Flugstunden zu erreichen. Egal, von wo Sie anreisen: In diesem Urlaubsparadies findet jeder sein Inselglück.

Spannende und interessante Fakten über Mallorca liefert Seite 170f.

Pool des Hotels Ca's Xorc in Sóller

Legende

— Autobahn
— Hauptstraße
··· Nebenstraße
— Panoramastraße
— Eisenbahn
△ Gipfel

Cala Deià – von steiler Felsenkulisse umrahmte Strandbucht

◄ Bucht von El Toro nahe Santa Ponsa im Westen Mallorcas

Sa Dragonera – vorgelagerte Insel mit Drachenkontur

Cap de Formentor

Cala Sant Vicenç

Ma-2210

Port de Pollença

Pollença
Ma-2220

Cap des Pinar

Mortitxet
Ma-10
Ma-2200
Alcúdia

Santuari de Lluc
Ses Fonts Ufanes
Ma-13A
Port d'Alcúdia

Crestatx

Ses Fotges

Badia d'Alcúdia

Cap de Ferrutx

Ma-2130
Campanet

Parc Natural de s'Albufera

Sa Pobla
Ma-13

Can Picafort

Betlem
Ermita de Betlem

Cala Mezquida

Selva

Ma-3410

Necròpoli de Son Real

Colònia de Sant Pere

Parc Natural de la Península de Llevant

Cala Rajada

Ma-12

Ermita de Santa Magdalena

Muro

Inca
a-13A

Llubí

Santa Margalida

Ma-3340

Ma-3330

Artà
Ma-12
Ma-15

Ses Païsses

Capdepera

Ma-4040
Canyamal

Coves d'Artà

Biniagual

Maria de la Salut
MA-3240

Ariany

Ma-15

Son Servera

Port Nou

Sencelles

Sineu

Calicant

Son Carrió

Cala Millor

Pina

Lloret de Vista Alegre
Ma-3130

Sant Joan

Petra

Sant Llorenç des Cardassar

Cala Moreia

Montuïri
Ma-15

Els Calderers

Vilafranca de Bonany

Manacor
Ma-4020

Porto Cristo

Coves del Drac

Algaida
Ma-5010

Puig de Randa

Albocàsser

Coves del Hams

Son Macià

Cala Romàntica

Randa
Ma-5020

Porreres

Llucmajor
Ma-19
Ma-5100

Es Monjos

Felanitx
Santuari de Sant Salvador

Cales de Mallorca

Campos

Castell de Santueri

Ma-6030

Ma-19
Ma-14

Cas Concos

Portocolom

Ma-6040

Calonge

Sa Ràpita

Santanyí

Ma-19

Parc Natural de Mondragó

Cala d'Or

Portopetro

Salinas d'Es Trenc

Colònia de Sant Jordi

Ses Salines

Botanicactus

Cala Figuera

Cap de Ses Salines

Strände

Mallorca hat weit über 200 Strände, die aus Platzgründen nicht auf dieser Karte verortet werden können. Einige der schönsten Strände werden auf den Seiten 14–17 präsentiert.

Parc Nacional Maritimoterrestre de l'Arxipèlag de Cabrera

Cabrera

0 Kilometer   10

Westeuropa

BELGIEN DEUTSCH-LAND

Atlantischer Ozean

FRANKREICH SCHWEIZ

ITALIEN

Korsika

Barcelona

PORTUGAL SPANIEN

Menorca

Sardinien

Valencia Ibiza Mallorca

Mittelmeer

ALGERIEN

Weitere Zeichenerklärungen *siehe hintere Umschlagklappe*

Palma

Die Hafenstadt Palma (früher: Palma de Mallorca) präsentiert sich mediterran und kosmopolitisch, eine Kapitale der Vielfalt und Kontraste: Traditionen und Trends, Altstadt und Avantgarde, Palmen und Paläste, Kirchen und Küste, Gassengewirr und Genusstempel, Burgen und Boutiquen, *modernisme* und Meer, Fischernetze und Flaniermeilen. Und über allem thront auf einem Hügel unübersehbar die Kathedrale wie ein mächtiges, jederzeit auf Kurs liegendes Schiff. Die Hauptstadt Mallorcas und der Balearen ist ein Muss – wenigstens bei einem Tagesausflug. Palma ist allerdings auch lohnendes Ziel einer mehrtägigen Städtereise.

Die bezaubernde Inselmetropole hat rund 400 000 Einwohner, etwa so viele wie Zürich. Noch ein Vergleich: Palma trägt den Beinamen »kleine Schwester Barcelonas«. Kein Wunder, sind doch die Gemeinsamkeiten beider Städte offensichtlich: Viele Bauten aus Jugendstil und Gotik, eine eindrucksvolle Kathedrale, ein ausgedehntes Hafenareal, lange Stadtstrände, ein wahres Blütenmeer auf den Ramblas und die beiden nach Madrid größten Flughäfen Spaniens sind nur einige von zahlreichen Parallelen. Allerdings ist in Palma vieles eine Nummer kleiner und übersichtlicher.

Palma ist ein Touristenmagnet, der alle Sinne anspricht. Lebhaftes Beispiel hierfür ist der Mercat d'Olivar – Markthalle, Food Lounge und Mikrokosmos unter einem Dach. Doch nicht nur für kulinarische Genüsse ist gesorgt, auch Kunstliebhaber, Shopping-Fans und Flaneure werden in Palma glücklich. Vorschläge für Streifzüge durch die Stadt finden Sie auf den Seiten 66f und 74f. Für eine Pause zwischendurch stößt man immer auf eine Bar oder ein Straßencafé, von dessen Terrasse man gut Leute beobachten oder einfach die Aussicht genießen kann.

Selbst wenn Sie auf Mallorca einen Strandurlaub verbringen wollen, sind Sie in der Inselhauptstadt richtig. Die Badia de Palma genannte Bucht bietet kilometerlange Strände für alle Bedürfnisse – von Relaxen bis Party *(siehe S. 82f)*.

Cala Major in der Bucht von Palma – Strand mit Blauer Flagge

◀ Werbung in eigener Sache: Installation an Palmas Küstenpromenade

Persönliche Favoriten

Eine besondere Seite von Palma verbirgt sich in den Seitenstraßen. Hier kann man seinen Schatz an Erfahrungen auf ganz andere Art erweitern als in den Touristenmeilen. Seien Sie neugierig auf reizende Stores und Lokale oder sogar einen Mix aus beidem.

Las Gracias – Bar und Boutique

Ein wahres Kleinod in Palmas Altstadt: Die beiden Geschwister Marta und Laura Calvo Borrego betreiben seit 2012 den kuriosen Lifestyle-Laden Las Gracias.

Im Gassengewirr der Altstadt versteckt sich manches Juwel, darunter Las Gracias. In dem Mix aus Café-Bar, Boutique und Sammelsurium mit ausgesuchten Dingen entdeckt man zwischen bunter Deko u. a. Designer-Taschen, Geschenkideen, Spiele, Krimskrams, Küchenutensilien und -möbel wie einen knallroten Vintage-Herd Marke Molteni und Delikatessen, etwa erlesene mallorquinische Weine, Öle, Gewürze, Marmeladen und mehr.

EIN TRAUM ZUM STÖBERN

Dem Duft von frischem Kaffee, Gebäck und der Spezialität *pa amb oli* kann man kaum widerstehen. Bei einem Snack und etwas Fachsimpeln mit Marta und Laura können Sie überlegen, was aus dem Sortiment Sie nicht mit nach Hause nehmen möchten. Las Gracias verlässt man als glücklicher Mensch. Gracias!

Las Gracias
Carrer Santa Eulàlia 13, Palma. 971 425 727.
Mo–Sa 10–20 Uhr. lasgraciasmallorca.es

Palma Aquarium: Geheimnisse der Unterwasserwelt

Ein Ort zum Staunen und »Versinken«. Wem die Stimmung zu meditativ wird: Tauchen mit den Haien bietet Spannung und Tiefsee-Feeling pur.

Ein Meerespark mit über 8000 Tieren aus dem Mittelmeer und allen Ozeanen – von Seesternen über Zackenbarsche, Rochen, Kraken, Korallen, Clownfische und Krebse bis zu Seepferdchen.

Krake – intelligenter Kopffüßer

Nahezu hypnotisch: Filigrane Quallen in allen Farben treiben wie schwerelos in der Wasserströmung des Medusariums. Wer einen Taucherschein und die entsprechende Portion Mut mitbringt, um einen Profi bei der Haifütterung im »Big Blue« zu begleiten: Nichts wie hinein in den Neoprenanzug.

Palma Aquarium
Carrer Manuela de los Herreros 21, Palma.
902 702 902. unterschiedl. Zeiten
(siehe Website). palmaaquarium.com

La Biblioteca de Babel – Buchladen, Café und Vinothek

José Luis Martínez eröffnete 2009 die Biblioteca de Babel. Diese Welt der Bücher zieht auch Gäste an, die mit Literatur wenig am Hut haben.

Ein Himmel für Leseratten und Weintrinker: Die Biblioteca de Babel ist weit mehr als ein Buchladen mit rund 20 000 Büchern – von Bildband bis Belletristik, von Fiktion bis Fotografie, von Philosophie bis Poesie. Es handelt sich vielmehr um eine Wohlfühl-Insel samt Straßencafé und Vinothek.

José und sein junges Team bieten ein innovatives Konzept. Ziehen Sie ein Buch aus einer der raumhohen Regalwände, nehmen Sie Platz, und schmökern Sie. Besonders gut geht dies auf der Holzterrasse im Freien bei einer Tasse Kaffee oder drinnen an der Weinbar bei einem Glas Wein aus einer Auswahl von rund 200 Tropfen aus aller Welt.

José und sein junges Team in der Biblioteca

LESEN UND GENIESSEN

Der Inhaber führt vor allem spanische und katalanische Literatur, will aber das Angebot fremdsprachiger (auch deutscher) Bücher ausweiten. Für José ist zudem kultureller Austausch eine Herzensangelegenheit. Mit Buchbesprechungen und Lesungen machte er die Biblioteca zu einem literarischen Zentrum Palmas. Bisweilen ist der Büchertempel auch Bühne für Konzerte (von spanischer Folklore bis Klavier), Kunstausstellungen und Weinproben.

La Biblioteca de Babel
Carrer Arabí 3, Palma. ☎ 971 721 442. ⏱ Mo–Fr 10–21, Sa 10–14, 17–21 Uhr. 🌐 labibliotecadebabel.es

Rialto Living – Trends und Design

Shopping mit Stil am Puls der Zeit. In seiner Vielfalt und Ästhetik ist dies vielleicht der beeindruckendste Store auf ganz Mallorca – ein Muss für Fashionistas.

Der Designer Klas Käll und die Grafikerin Barbara Bergman – beide aus Schweden – eröffneten 2007 in einem umgebauten, vorher als Kino und Theater genutzten Kulturtempel diesen Concept-Store. Hier trifft Erlesenes auf Extravaganz, hier entdeckt man Außergewöhnliches aus den Bereichen Interior und Deko, Mode und Accessoires für sie und ihn, Kunst und Düfte in großer Auswahl.

LIFESTYLE-STORE

Die individuell und mit viel Geschmack zusammengestellten Kollektionen brauchen einen Vergleich mit dem Sortiment international renommierter Adressen in Paris, London, Mailand oder New York nicht zu scheuen. Allein schon die Parfumabteilung erspart eine Reise in die Style-Metropolen der Welt. Mit einem kleinen, aber feinen Unterschied: Bei Rialto Living ist alles eine Spur privater, auch sinnlicher.

Im lichtdurchfluteten und reich mit Blumen geschmückten Café-Bistro kann man bei Lounge-Musik entspannt eine Tasse Kaffee genießen oder zu Mittag essen.

Rialto Living
Carrer Sant Feliu 3, Palma. ☎ 971 713 331. ⏱ Mo–Sa 10–20.30 Uhr. 🌐 rialtoliving.com

Rialto Living: Shopping-Erlebnis in altem Gemäuer

Zentrum von Palma

Palma zählt zu den reizvollsten spanischen Metropolen. Wer mediterranes Flair schätzt, wird die Stadt lieben. Einige Straßen im Zentrum sind autofrei. Die Stadt entdeckt man am besten zu Fuß, für Abstecher zu abgelegeneren Attraktionen kann man Busse oder Taxis nutzen. Falls Sie einen Tagesausflug hierher planen und das authentische Palma erleben wollen, sollten Sie einen Werktag wählen. Mit einigen Ausnahmen sind sonntags viele Läden und Restaurants zu. Freuen Sie sich auf einen inspirierenden Aufenthalt.

Überblick: Palma

Die erste Orientierung ergibt sich fast automatisch. Palmas auf einem Hügel thronende Kathedrale sieht man schon von Weitem und auch innerhalb der Stadt von vielen Stellen. Ein Tipp für Autofahrer: Die Parkplatzsuche im Zentrum kann viel Zeit und Nerven kosten. Die Tiefgarage am Parc de la Mar unterhalb der Kathedrale ist der ideale Platz, um den Wagen abzustellen.

Das Zentrum von Palma gliedert sich in Ober- und Unterstadt. Beide Bereiche werden durch breite, prachtvolle Straßenzüge mit einladenden Plätzen getrennt. Die Grenze verläuft entlang der an der Küstenpromenade beginnenden Süd-Nord-Achse aus Avinguda d'Antoni Maura, Plaça de la Reina und Passeig d'es Born. An der Plaça del Rei Joan Carles I im Norden macht sie einen Knick nach rechts und führt entlang dem Carrer de la Unió und über die Plaça Mercat. An der Plaça Weyler geht es dann nach links zum Passeig de la Rambla. Diese Zickzacklinie verläuft somit über

Restaurant an der Plaça Weyler

breite Boulevards, die zu den wichtigsten Shopping-Meilen der Stadt gehören. Das nächste Café ist nie weit.

Oberstadt

Östlich dieser Linie erstreckt sich die von ockerfarbenen Fassaden geprägte Oberstadt. Hier stehen die meisten architektonisch und kunsthistorisch bedeutenden Bauten auf kleinem Raum – Kirchen, Museen, Palais.

Pittoresk ist das verwinkelte Viertel östlich der Kathedrale mit seinen engen, wie Schluchten wirkenden Gassen. Verlaufen können Sie sich nicht, Wegweiser mit Entfernungsangaben helfen bei der

Orientierung. In dieser Ecke, die abends wie ausgestorben wirken kann, zeigt sich das arabische Erbe der Stadt – auch wenn außer den Banys Àrabs kaum Bauten aus jener Epoche *(siehe S. 68)* erhalten sind. Ab dem 13. Jahrhundert nach der katalanischen Eroberung Mallorcas ließen sich hier Adelige und Kaufleute edle Stadtresidenzen bauen. Manche

Wandmosaik von Joan Miró, Parc de la Mar

haben wunderschöne blumengeschmückte Innenhöfe, auf die man durch schmiedeeiserne Gitter einen Blick werfen kann.

Ob man gezielt mit Stadtplan schlendert oder sich einfach treiben lässt – irgendwann erreicht man mit Plaça Cort und Plaça Major zwei besonders schöne Plätze. Einen Kontrast dazu bildet die hektisch wirkende Plaça d'Espanya

Bahnhof, Busbahnhof 300 m

Ramon Llull, Theologe und Philosoph aus Mallorca

Unterstadt

Die Unterstadt erreicht man über Treppenwege, die z. B. vom Palau Reial de l'Almudaina oder von der Plaça Major hinunterführen. Der Carrer Apuntadors ist die zentrale Achse eines beliebten Ausgehviertels. Ein Shopping-Bummel durch die Avinguda Jaume III führt zu einigen der nobelsten Boutiquen der Stadt. Im Westen schließt das Stadtviertel Santa Catalina an – mit einer bunten Restaurant- und Kneipenszene, deren Hotspots sich ständig verlagern.

Hafen

Auf der großzügig gestalteten, palmengesäumten Küstenpromenade kommt man zum Hafen *(siehe S. 78)*, einer Welt für sich. Ist der Blick von hier hinauf zur Kathedrale schöner als der von Sa Seu zum Hafen? Entscheiden Sie selbst!

Legende

Detailkarte *siehe S. 66f*

im Nordosten der Oberstadt mit Bahnhof und Busbahnhof. Der Besuch der Markthalle einen Block davor ist ein absolutes Muss.

0 Meter   200

Sehenswürdigkeiten auf einen Blick

1 Palau Reial de l'Almudaina
2 Catedral de Mallorca (Sa Seu)
3 Palau Episcopal und Museu Diocesà
4 Banys Àrabs
5 Museu de Mallorca
6 Sant Francesc
7 Santa Eulàlia
8 Sant Miquel
9 Museu Fundación Juan March
10 Fundación Bartolomé March
11 Sa Llotja
12 Es Baluard Museu d'Art Modern i Contemporani
13 Hafen
14 Pueblo Espanyol
15 Castell de Bellver
16 Castell de Sant Carles ⎫ *siehe*
17 Museu Kreković   ⎬ *S. 78*
18 Cala Major   ⎭
19 Marineland

Restaurants und Cafés

siehe S. 84f

1 Tast Avenidas
2 Simply Fosh
3 Tast Unión
4 Forn des Teatre
5 Ca'n Joan de S'aigo
6 La Taberna del Caracol
7 Bon Lloc
8 La Bóveda

Kneipen, Bars und Clubs

siehe S. 85

1 Bar Bosch
2 Gibson
3 Bar España
4 Bar Ábaco
5 Jazz Voyeur Club

Shopping

siehe S. 86f

1 Mercat de l'Olivar
2 Chocolat Factory
3 Sombrerería y Complementos Casa Julià
4 Pieles de Mallorca
5 Las Gracias
6 Rialto Living
7 Imaginarium

Wellness

siehe S. 87

1 Hidrópolis
2 Zunray Yoga Studio
3 Puro Hotel Palma
4 Centro de Ayurveda

Zeichenerklärung siehe hintere Umschlagklappe

Im Detail: Altstadt von Palma

Palma, die Hauptstadt der seit 1983 autonomen Region Balearen, hat sich von einer Provinzstadt zur Metropole entwickelt und fasziniert heute jeden Besucher wie einst Jaume I: Nachdem er sie 1229 erobert hatte, beschrieb er Palma als »die schönste Stadt, die ich je gesehen habe«. Bummeln Sie durch die reizvollen Straßen, vorbei an originalgetreu restaurierten historischen Bauwerken. Die Stadt und der Hafen sind voller Leben, viele Restaurants und Bars haben bis spätnachts geöffnet.

CaixaForum Palma
Palmas schönstes Gebäude aus dem 20. Jahrhundert (1902) war einst ein Grandhotel, heute dient es als Kulturzentrum. Im Untergeschoss ist ein Café eingerichtet.

❶ Palau Reial de l'Almudaina
Die frühere Königsresidenz, Wohnsitz von Jaume II, wurde nach 1309 an der Stelle einer arabischen Festung gebaut.

⓫ Sa Llotja
Das gotische Gebäude, in dem einst die Börse untergebracht war, schmücken Skulpturen. Gelegentlich finden hier Ausstellungen statt.

Legende
 Routenempfehlung

PLAÇA REI JOAN CARLES I

CARRER DE LA UNIO

PASSEIG D'ES BORN

AVINGUDA D'ANTONI MAURA

CARRE

CARRE

 Parc de la Mar

❷ Kathedrale
Die gotische Kathedrale erhebt sich nahe dem Meer über der Stadt. Sie wurde aus ockerfarbenem Sandstein aus Santanyí errichtet.

0 Meter   100

Restaurants in Palma *siehe Seite 84f*

6 Sant Francesc
Die Errichtung der prachtvollen Kirche dauerte fast 100 Jahre. Eine Rosette und ein Barockportal zieren die Fassade.

Plaça del Marquès de Palmer

Infobox

Information
Karte D6. 🎫 400 000.
ℹ️ Plaça d'Espanya, 902 102 365. 🎫 Sant Sebastià (20. Jan), Karneval (Feb), Festes patronales de Sant Pere (29. Juni), Festa de l'Estendard (31. Dez). 🚌 Sa.
🌐 visitpalma.cat

Anfahrt
✈️ Aeroport de Son Sant Joan, 8 km östl. des Zentrums.
🚌 Plaça d'Espanya, 971 177 777. 🚆 Parque Estaciones s/n.
⚓ Moll Vell, 971 228 150.

360°-Panoramafotos
🌐 mallorca-panorama.de

5 Museu de Mallorca
Die Bronzefigur (4. Jh. v. Chr.) eines Kriegers gehört zu einer Serie von Bildhauerarbeiten, die als *Mars Balearicus* bekannt ist.

4 Banys Àrabs
Den Hauptraum der arabischen Bäder (10. Jh.) krönt eine Kuppel auf zwölf Säulen. Die Bäder gehören zu den eindrucksvollsten erhaltenen maurischen Zeugnissen auf der Insel.

Karte *siehe Extrakarte zum Herausnehmen*

Stadtmauer

Bischofspalast

Modernista – glasiertes Tafelbild im Museu de Mallorca

❶ Palau Reial de l'Almudaina

Carrer del Palau Reial s/n. 📞 971 214 134. ⭘ Apr–Sep: Di–So 10–20 Uhr; Okt–März: Di–So 10–18 Uhr. ⬚ 🗺
🌐 patrimonionacional.es

Ein gelungener Mix aus islamischer und gotischer Architektur: Die »Almudaina« (arabisch für »Zitadelle«) genannte Residenz von Jaume II entstand ab 1309 auf den Mauern einer arabischen Festung. Die Anlage bildet mit der Kathedrale *(siehe S. 72f)* ein eindrucksvolles Ensemble. Den gotischen Palast prägen auch nach diversen Umbauten noch immer Bogen im maurischen Stil. Ein Teil des Anwesens dient heute als Residenz des spanischen Königs.

Vom Haupteingang gegenüber der Kathedrale gelangt man in den Königshof, in dem man durch ein kunstvoll gestaltetes Portal die Kapelle Santa Ana betritt. Ein gotischer Salon des Palasts wird für Empfänge und andere Veranstaltungen genutzt.

Unterhalb der Westseite der Residenz befindet sich die mit schönen Wasserspielen versehene Gartenanlage S'Hort del Rei (»Garten des Königs«), in der auch einige moderne Skulpturen stehen, u. a. die Statue eines balearischen Steinschleuderers von Llorenç Roselló und *Personatge* von Joan Miró.

Restaurants in Palma *siehe Seite 84f*

❷ Catedral de Mallorca (Sa Seu)

siehe S. 72f

❸ Palau Episcopal und Museu Diocesà

Carrer Mirador 5. 📞 902 022 445. ⭘ Mo–Fr 10–17.15 oder 18.15 Uhr (Nov–März: 10–15.15 Uhr), Sa 10–14 Uhr. 🗺
🌐 catedraldemallorca.info

Der an die Stadtmauer grenzende Bischofspalast stammt großteils aus dem 17. Jahrhundert, obwohl die Bauarbeiten unter Bischof Ramon de Torell schon 1238 begannen.

Einige Räume der Anlage beherbergen das **Museu Diocesà** (Diözesanmuseum) mit Exponaten einiger Kirchen Mallorcas (u. a. Palmas Kathedrale; *siehe S. 72f*) und erlesenen Majolikafliesen. Kunsthistorisch wertvoll sind Pere Nisarts Bild des heiligen Georg mit dem Drachen vor Palmas Stadttor (1468–70), Bischof Galianas Tafel über das Leben des heiligen Paulus, die Kanzel im spanisch-maurischen Mudéjar-Stil und der Jaspis-Sarkophag von Jaume II, der bis 1904 in der Kathedrale stand.

❹ Banys Àrabs

Carrer Can Serra 7. 📞 637 046 534. ⭘ Apr–Nov: tägl. 9.30–19 Uhr; Dez–März: tägl. 9.30–17.30 Uhr. 🗺

Das im 10. Jahrhundert aus Ziegeln errichtete *hammam* (Badehaus) ist eines der wenigen architektonischen Zeugnisse der maurischen Herrschaft auf den Balearen. Der Hauptraum, dessen Gewölbe von zwölf Säulen mit unterschiedlichen Kapitellen getragen wird, diente als Dampfbad (Caldarium), der angrenzende Raum als Ruhebereich (Tepidarium). Der mit mediterraner Vegetation bepflanzte Garten ist sehr idyllisch.

❺ Museu de Mallorca

Carrer de sa Portella 5. 📞 971 177 838. ⭘ Di–Fr 10–18, Sa, So 11–14 Uhr. 🗺 ♿
🌐 museudemallorca.caib.es

Für viele Besucher ist dies das spannendste Museum der Insel. Untergebracht ist es im Palau Ayamans, der um 1630 auf den Fundamenten eines arabischen Gebäudes im Stil der Renaissance errichtet wurde. Das 1976 eröffnete Museu de Mallorca beherbergt eine herausragende Sammlung von Kunstwerken zur mallorquinischen Geschichte von prähistorischer Zeit bis heute.

Die Sammlung ist chronologisch aufgebaut, die ältesten Exponate (archäologische Funde) sind im Kellergewölbe zu sehen. Antike, maurische Epoche, Mittelalter, Barock und Jugendstil bilden weitere Schwerpunkte. Gezeigt werden Steinfragmente, Keramik, Schmuck, Bilder, Skulpturen, Möbel und vieles mehr.

Schild am Eingang der Banys Àrabs

Eine Oase der Ruhe: begrünter Innenhof der Kirche Sant Francesc

➏ Sant Francesc

Plaça Sant Francesc. ⬛ Mo–Sa
9.30–12.30, 15.30–18, So 9.30–
12.30 Uhr. 🕸

Die Bauarbeiten an der gotischen Kirche und dem Franzis-
kanerkloster begannen 1281
und dauerten rund 100 Jahre.
Im Mittelalter war dies Palmas
populärste Kirche – hier bestattet zu werden, war Status-
symbol, die Adelsfamilien
wetteiferten mit immer auf-
wendigeren Sarkophagen.

Im 17. Jahrhundert baute
man die Kirche nach einem
Blitzschlag um. Ihre strenge
Fassade mit den großen Roset-
tenfenstern wurde um 1680
mit einem Barockportal mit
Statuen und der siegreichen
Jungfrau im Giebelfeld ver-
schönert. Zu den wichtigsten
Kunstwerken gehört auch eine
Figur des berühmten mittel-
alterlichen Mystikers Ramon
Llull *(siehe S. 136)*, der in der
Kirche bestattet ist.

Seitdem die gotischen Fenster zugemauert wurden, ist
der Innenraum relativ düster.
Er besticht durch eine ganze
Reihe hervorragender Kunstwerke, von denen die meisten
aus dem Barock stammen. Besonders schön (falls Sie sie in
der Dunkelheit erkennen) sind
das riesige Altarbild von 1739
und die Orgel. Der zauberhafte
gotische Kreuzgang mit Oran-
gen- und Zitronenbäumen bietet den Augen angenehme
Entspannung.

Vor der Basilika steht eine
Statue Junípero Serras *(siehe
S. 126)* mit einem Indianerjun-
gen. Der Franziskanermönch
aus Mallorca ging 1768 als
Missionar nach Kalifornien und
gründete dort u. a. die Städte
Los Angeles und San Francisco.

➐ Santa Eulàlia

Plaça Santa Eulàlia. ⬛ Mo–Fr
9–12.30, 17–20, Sa 9–
12.30 Uhr.

Die große gotische Kirche am
Ende des Carrer Morey entstand im 13. Jahrhundert auf
Anordnung von Jaume II an
der Stelle einer Moschee in nur
25 Jahren Bauzeit. Bei der Restaurierung im 19. Jahrhundert
wurden ein Glockenturm an-
gebaut und das Kirchenschiff
umgestaltet. In den Seiten-
kapellen sieht man prächtige
gotische Gemälde und ein
schönes barockes Altarbild.

Die wertvollste Reliquie ist
das Kruzifix in der Capella de
Sant Crist. Jaume I soll es getragen haben, als er 1229
Mallorca eroberte.

Mit dieser Kirche wird ein
dramatisches Ereignis assozi-
iert: 1435 fand hier eine Mas-
sentaufe von Juden statt. Sie
traten zum Christentum über,
um dadurch dem Tod auf dem
Scheiterhaufen zu entgehen.

Statue der Jungfrau Maria mit gefalteten Händen in der Kirche Santa Eulàlia

❷ Catedral de Mallorca (Sa Seu)

Die Kathedrale (mallorquinisch: Sa Seu; katalanisch: La Seu) ist der architektonische Schatz der Balearen und eines der wichtigsten gotischen Bauwerke Spaniens. Wo zuvor Palmas Hauptmoschee stand, begannen die Arbeiten 1230, ein Jahr nach Jaumes I Eroberung der Stadt, und dauerten rund 300 Jahre. Zu Beginn des 15. Jahrhunderts beaufsichtigte der mallorquinische Bildhauer und Architekt Guillem Sagrera die Bauarbeiten. Nach dem schweren Erdbeben von 1851, das Teile der Kathedrale zerstörte, renovierte Juan Bautista Peyronnet den 110 Meter langen Bau. Anfang des 20. Jahrhunderts modernisierte Antoni Gaudí das Innere.

Glockenturm
Die größte der neun Glocken in dem mächtigen Turm von 1389 wird Eloi genannt.

Illuminierte Kathedrale
Mallorcas Kathedrale thront über dem alten Hafen von Palma und wirkt am imposantesten vom Meer aus – vor allem abends, wenn sie angestrahlt wird.

Außerdem

① **Portal Major** (1601)

② **Spitzturm** (19. Jh.)

③ **Eingang zum Museum**

④ **Strebebogen**

⑤ **Die großen Orgeln** von 1795 stehen in einem neugotischen Nebenraum. Gabriel Blancafort restaurierte sie im Jahr 1993.

⑥ **Chorgestühl** aus dem Holz des einstigen *corro*

⑦ **Die Capella Reial** (Presbyterium) gestaltete der katalanische Baumeister Gaudí zwischen 1904 und 1914 neu.

⑧ **Die Kapelle des Allerheiligsten (Capella Barceló)** wurde 2007 vom mallorquinischen Künstler Miquel Barceló erneuert. Die Highlights: das riesige, kontrovers diskutierte Keramikbild und die Bleiglasfenster.

⑨ **Portal del Mirador** (1420)

Kathedralenmuseum
Zu den im alten Ordenshaus präsentierten Meisterwerken gehört der mit Juwelen eingefasste Reliquienschrein mit Splittern vom Kreuz Christi.

◄ Ein Mix vieler Baustile: Catedral de Mallorca (Sa Seu)

Fensterrose

Die größte der sieben Rosetten misst zwölf Meter im Durchmesser. Sie besteht aus über 1200 kleinen Glasstücken. Besonders schöne Farbeffekte erlebt man am Vormittag beim Einfall des Sonnenlichts von Osten.

Infobox

Information

Plaça Almoïna s/n.  902 022 445. Mo–Fr 10–15.15 Uhr (Apr, Mai, Okt: bis 17.15 Uhr, Juni–Sep: bis 18.15 Uhr), Sa 10–14.15 Uhr. So, Feiertage. Mo–Fr 9, Sa 9, 19, So, Feiertage 9, 10.30, 12, 19 Uhr. catedraldemallorca.info

360°-Panoramafotos
panodino.com

Dreifaltigkeitskapelle

Die Kapelle (1329) birgt die Grabmäler der mallorquinischen Könige Jaume II und Jaume III.

Baldachin (1912)
Antoni Gaudís Baldachin mit Lampen und mehrfarbigem Kruzifix schwebt gleichsam über dem Hochaltar.

Kirchenschiff

Das 75 Meter lange, 19 Meter breite und 44 Meter hohe Kirchenschiff mit dem von 14 Pfeilern (je 30 m hoch) getragenen Deckengewölbe ist eines der größten weltweit.

❶ Spaziergang: Ein Tag in Palma

Neben kulturhistorischen Schätzen kann man bei einem Streifzug durch das Zentrum weitere Facetten der kosmopolitischen Stadt entdecken, auch die einer Kunst-, Genuss- und Shopping-Metrople. Die hier vorgeschlagene Route bietet von allem etwas.

② Berge von frischen Früchten im Mercat de l'Olivar

9 Uhr: In der Tourist-Info an der Plaça d'Espanya ①, einem zentralen Verkehrsknotenpunkt, gibt es Stadtpläne und Prospekte. Nachdem Sie das Standbild von Jaume I passiert haben, folgen Sie dem Carrer del Caputxins zum Mercat de l'Olivar ②, einer Markthalle mit einer Fülle von spanischen Köstlichkeiten. Sollten Sie noch nicht gefrühstückt haben – tun Sie es hier.

10:30 Uhr: Am Carrer Sant Miquel ③ findet man Flagship Stores spanischer und international bekannter Modelabels. Die als Fußgängerzone gestaltete Shopping-Meile ist eng, aber stimmungsvoll. Abwechslung und Kunstgenuss bietet das Museu Fundación Juan March ④ in Nr. 11, wo u. a. Werke von Picasso, Miró und Dalí zu sehen sind. Das Museum ist ideal für einen spontanen (Kurz-)Besuch, der Eintritt ist frei.

12 Uhr: Flanieren Sie auf der von Arkaden umrahmten Plaça Major ⑤ zwischen Marktständen mit bunten Auslagen (von Fächern bis Modeschmuck) und Porträtmalern, lebenden Statuen und Musikern. Gehen

Sie am nordwestlichen Ausgang des Platzes die Treppe hinunter zum Straßenzug La Rambla ⑥, beim Hinuntergehen können Sie aus der Ferne einen Blick auf die farbenprächtigen Auslagen der Blumenstände werfen. Halten Sie sich am Fuß der Treppe links, und gehen Sie am Teatro entlang zur Plaça Weyler ⑦. Bei Forn des Teatre können Sie köstliche Tapas genießen, eine Alternative ist schräg gegenüber das Gran Café im Gran Hotel. Der prachtvolle Jugendstil-Palast beherbergt auch eine Kunstbuchhandlung und präsentiert Wechselausstellungen.

14 Uhr: Schlendern Sie den Carrer de la Unió ⑧ entlang, die kleinen Läden laden zum Stöbern ein. Naschkatzen zieht es in die Chocolat Factory und in die Pasteleria Forn Fondo. In beiden Läden finden Sie süße

Mitbringsel. Ein Blickfang an der Plaça Mercat ⑨ sind die Edifici Casasayas. Die beiden Gebäude mit den geschwungenen, verspielt wirkenden Fassadenelementen könnten auch in Barcelona stehen.

15 Uhr: Hinter der verkehrsreichen Plaça Rei Joan Carles I, deren Springbrunnen mit Obelisk Blickfang und Treffpunkt zugleich ist, geht der Carrer de la Unió in die Avinguda Jaume III ⑩ über. Neben berühmten Marken und einer Niederlassung der Shopping-Center-Kette El Corte Inglés findet man hier auch einige von Palmas nobelsten Boutiquen für Mode, Schmuck und Düfte, dementsprechend erlesen sind Ange-

Ensaïmada: süße Versuchung

⑨ Edifici Casasayas mit *Modernisme*-Fassade

bot und Preise. Die Fußgängerwege sind überdacht, was im Hochsommer ein Pluspunkt ist. Ob Sie nur bummeln oder auch kaufen: Eine Erfrischung in der traditionsreichen Bar Bosch ⑪ ist in jedem Fall angesagt. Lassen Sie bei einer Tasse Kaffee den Blick den Passeig d'es Born ⑫ hinunterschweifen.

17 Uhr: Entlang dem platanengesäumten Boulevard können Sie shoppen, flanieren oder das Treiben von einer Bank auf dem Fußgängern vorbehaltenen breiten Mittelstreifen aus beobachten. In Nr. 27 lohnt das Casal Solleric ⑬ einen Besuch. Das für Ausstellungen genutzte Barockgebäude mit Lichthof können Sie bei einer Grünphase für

penweg zur Aussichtsplattform vor der Kathedrale Sa Seu ⑮ belohnt eine wundervolle Aussicht. Der Blick reicht nach Süden über den palmengesäumten Küstenboulevard und den Hafen mit den Masten Hunderter Segelyachten bis weit ins Meer. Im hinteren Teil des Hafens liegen sicher einige Kreuzfahrtschiffe vor Anker. Bei Dunkelheit ergeben sich im Teich des Parc de la Mar ⑯ unterhalb der Kathedrale spannende Lichteffekte.

20 Uhr: Nach Abstieg über den Treppenweg und nach Überquerung der Avinguda d'Antoni Maura landen Sie in einem der schönsten Ausgehviertel der Stadt. Eine Option für ein Abendessen ist La Bóveda (Carrer Botería 3) ⑰. Es bietet einen illustren Querschnitt durch die spanische Küche – von Baskenland bis Balearen – und natürlich die dazu passenden Weine.

Plaça de la Reina: Verkehrsinsel mit Springbrunnen

Fußgänger von der Straßenmitte aus fotografieren.

18 Uhr: Vorbei an den beiden Sphingen am südlichen Ende des Born erreichen Sie die Plaça de la Reina mit dem markanten Springbrunnen. Wandeln Sie linker Hand durch S'Hort del Rei ⑭. Die arabisch anmutende Gartenanlage fasziniert mit Wasserspielen und Monumenten (u. a. von Miró). Den Aufstieg über einen Trep-

22 Uhr: Möchten Sie sich zum Abschluss dieses traumhaften Tags in der mallorquinischen Hauptstadt noch einen Drink in besonderem Ambiente genehmigen? Dann sind Sie in der Bar Ábaco (Carrer Sant Joan 1) ⑱ richtig. Das extravagante Interieur mit Stilmöbeln und üppigem Blumenschmuck könnte Kulisse für einen Historienfilm sein. Natürlich geht es auch eine Nummer kleiner, die Auswahl an Bars in der Umgebung ist groß.

Zeichenerklärung *siehe hintere Umschlagklappe*

Legende

• • • • • Routenempfehlung

0 Meter ———— 200

❽ Sant Miquel

Carrer Sant Miquel 21. ☏ 971 715 455. ⏱ Mo–Sa 9–13.30, 16–20, So 10–13, 16–20 Uhr.

Mitten an der so schmalen wie lebhaften Einkaufsstraße Carrer Sant Miquel steht eine der ältesten Kirchen Palmas. Das Gotteshaus wurde Anfang des 14. Jahrhunderts an der Stelle einer Moschee gebaut. Nach der Eroberung Mallorcas durch Jaume I wurde hier die erste Siegesmesse gelesen. Die gotische Architektur erhielt im 17. Jahrhundert Ergänzungen im Barockstil.

Den Eingang schmückt die in Stein gemeißelte Szene des Erzengels Michael als Drachentöter. Im Innenraum von Sant Miquel beeindruckt vor allem der barocke Hauptaltar, die Altarbilder des heiligen Michael und anderer Erzengel stammen vom spanischen Kirchenmaler Francisco de Herrera. Sehenswert ist auch die kleine Capella de la Virgen de la Salud mit der aus vielfarbigem Alabaster gefertigten Marienstatue (sizilianische Schule, um 1500), die von den Mallorquinern früher häufig bei Krankheiten und Epidemien angerufen wurde.

❾ Museu Fundación Juan March

Carrer Sant Miquel 11. ☏ 971 713 515. ⏱ Mo–Fr 10–18.30, Sa 10.30–14 Uhr. ♿ frei. ♿
🌐 march.es/arte/palma

Das Museum ist in einem Renaissance-Gebäude untergebracht, das Guillem Reynés i Font im frühen 20. Jahrhundert im Stil des *modernisme* umgestaltete. Das 1916 von dem mallorquinischen Bankier Juan March erworbene Bauwerk war der erste Hauptsitz der Banca March.

Die sehenswerte Ausstellung mit Schwerpunkt auf dem 20. Jahrhundert präsentiert Werke zahlreicher spanischer Künstler, darunter auch einige von so einflussreichen Malern wie Pablo Picasso, Joan Miró, Salvador Dalí und Juan Gris sowie des mallorquinischen Malers und Bildhauers Miquel Barceló.

Bei den meisten Exponaten handelt es sich allerdings um Gemälde und Skulpturen weniger bekannter Künstler, die aber für die Entwicklung der modernen Kunst Spaniens von Bedeutung sind. Das Museum zeigt darüber hinaus viel beachtete Wechselausstellungen.

Ein Besuch des renommierten Museu Fundación Juan March bietet eine willkommene Abwechslung bei einem Shopping-Bummel entlang dem als Fußgängerzone gestalteten Carrer Sant Miquel. Viele Besucher kommen daher spontan, der Eintritt ist kostenlos.

❿ Fundación Bartolomé March

Carrer Palau Reial 18. ☏ 971 711 122. ⏱ Apr–Okt: Mo–Fr 10–18.30 Uhr; Nov–März: Mo–Sa 10–14 Uhr. ♿ 📷 auf Anfrage.
🌐 fundacionbmarch.es

Das Anwesen am oberen Ende eines Treppenaufgangs zum Palau Reial de l'Almudaina *(siehe S. 68)* wurde in den 1940er Jahren als Familienresidenz des Bankiers Juan March errichtet. Seit 2003 ist hier das von dessen Sohn Bartolomé eingerichtete Kunstmuseum untergebracht. Zu den Highlights gehört die auf der Terrasse eingerichtete Skulpturensammlung mit Meisterwerken von Auguste Rodin, Henry Moore, Eduardo Chillida und vielen anderen Bildhauern. Zum Kunstgenuss kommt der wundervolle Blick von hier über die Dächer von Palma – ein Erlebnis, das Sie sich nicht entgehen lassen sollten.

Sehenswert ist auch die aus ungefähr 2000 Stücken bestehende neapolitanische Weihnachtskrippe (18. Jh.). Die kunstvollen, farbintensiven Deckengemälde im Treppenhaus und im Musiksaal schuf Josep Maria Sert, ein aus Barcelona stammender Meister der Wandmalerei.

⓫ Sa Llotja

Plaça Llotja. ⏱ nur bei Ausstellungen.

Das spätgotische Gebäude, die ehemalige Börse (katalanisch: *llotja*), wurde 1426–56 nach Plänen von Guillem Sagrera, der u. a. auch das Portal del Mirador der Kathedrale *(siehe S. 72f)* entwarf, gebaut. Charakteristisch sind die schlanken

Moderne spanische Kunst im Museu Fundación Juan March

Restaurants in Palma *siehe Seite 84f*

Sa Llotja ist eine Bühne für wechselnde Kunstausstellungen

⑫ Es Baluard Museu d'Art Modern i Contemporani

Plaça Porta de Santa Catalina 10.
☎ 971 908 200. ⬤ Di–Sa 10–20,
So 10–15 Uhr. ⬤ 1. Jan, 25. Dez.
🖼️♿📷🏠
🌐 esbaluard.org

Das Museum für moderne und zeitgenössische Kunst ist in einem Glas-Beton-Bau in der Bastion (katalanisch: *baluard*) Sant Pere untergebracht, die Teil der Stadtmauer war. Es zeigt in großen Ausstellungsräumen auf drei Etagen Sammlungen mit Objekten von Künstlern, die ab Anfang des 20. Jahrhunderts auf den Balearen lebten – darunter Werke von Santiago Rusiñol, Joaquim Mir und Joaquín Sorolla. Einigen Künstlern wie Joan Miró und Pablo Picasso sind eigene Räume gewidmet. Zu den im Museum vertretenen zeitgenössischen Künstlern gehört der Mallorquiner Miquel Barceló, dessen Arbeiten auch eine der Kapellen in der Kathedrale von Palma schmücken.

Im Außenbereich findet man einige so spannend wie merkwürdig anmutende Installationen, darunter eine auf den Kopf gestellte Kapelle und eine Skulptur aus fünf versetzt übereinander angeordneten Würfeln.

gedrehten Säulen, die üppig mit Maßwerk versehenen Spitzbogenfenster, die Ecktürme und die Zinnenbekrönung. Das monumentale Portal an der Hauptfassade im Osten ist von einem Giebel mit einer Schutzengelstatue gekrönt. Insgesamt markiert der in vielen Elementen der Fassadengestaltung an eine Kirche erinnernde Bau einen Höhepunkt gotischer Profanbaukunst. Das Interieur steht Besuchern nur zu Ausstellungen offen. Neben den Kunstwerken beeindruckt die lichte Architektur: Die Säulen zweigen sich unter der hohen Decke fächerartig auf und erinnern an Palmen.

Sa Llotja bildet mit dem benachbarten Consolat de Mar ein spannendes architektonisches Ensemble. Die Porta Vella del Moll – ein früheres Hafentor, das im 19. Jahrhundert versetzt wurde – verbindet beide Gebäude. Früher war in dem eleganten, 1614–26 im Stil von Renaissance und Barock errichteten Consolat de Mar das Seehandelsgericht untergebracht, was die räumliche Nähe zur Börse erklärt. Seit 1983 dient der öffentlich nicht zugängliche Bau als Sitz der Balearen-Regierung. Bemerkenswert ist die mit Arkaden gestaltete Loggia im Obergeschoss. Vor dem Consolat erinnern ein Anker und zwei Kanonen an die frühere Nutzung. Westlich des Gebäudes schließt die runde Plaça Drassana mit einem Denkmal des mallorquinischen Seefahrers Jaume Ferrer und einigen Cafés und Restaurants an.

Installation vor Es Baluard Museu d'Art Modern i Contemporani

Abstecher

Faszinierende Attraktionen bietet Mallorcas Hauptstadt auch abseits des Zentrums – vor allem am Hafen, einem der größten im westlichen Mittelmeer. Hier zeigt sich Palma von seiner maritimen Seite, Burgen und Museen sind weitere Facetten der Metropole – beste Aussicht auf Palmas Skyline gibt es inklusive. Einige Sehenswürdigkeiten erreicht man über die palmengesäumte Küstenpromenade. Die Distanzen legt man am besten per Mietfahrrad zurück, auch Busse befahren die Straße.

Luftaufnahme des Castell de Bellver

Legende

- ▢ Palma Zentrum
- ═ Autobahn
- ▬ Hauptstraße
- ═ Nebenstraße

Sehenswürdigkeiten auf einen Blick

- ⑬ Hafen
- ⑭ Poble Espanyol
- ⑮ Castell de Bellver
- ⑯ Castell de Sant Carles
- ⑰ Museu Kreković
- ⑱ Cala Major
- ⑲ Marineland

⑬ Hafen

Südwestl. des Stadtzentrums.

Ob hier Luxusyachten oder Fischerboote, Festlandsfähren oder Kreuzfahrtschiffe festmachen oder ablegen: Dem Betrieb in Palmas halbmondförmigem Hafen (Port de Palma) kann man stundenlang zusehen. Spazieren Sie entlang den Molen, radeln Sie durch das Areal, oder beobachten Sie das Treiben von einer Terrasse. Im Anwesen des königlichen Yachtclubs (Real Club Náutico de Palma; RCNP) gibt es ein exzellentes Restaurant, in dem auch die Prominenz speist. Sehr stimmungsvoll ist es im Hafen bei Sonnenuntergang. Das maritime Flair genießt man am besten bei einer Rundfahrt durch die Bucht von Palma (www.crucerosmarcopolo.com).

Umgebung: Nördlich schließt der Hügel Es Jonquet an. Neben dem Blick über den Hafen lohnt sich der Aufstieg auch wegen der Windmühlen und der restaurierten Häuser. Die Idylle zählt mittlerweile zu den teuersten Wohnlagen der Stadt. Dahinter liegt das Viertel Santa Catalina. Nach umfassendem Redesign überzeugt es mit lebhafter Restaurant- und Kneipenszene, alten Windmühlen und dem Mercat de Santa Catalina, einer schönen Markthalle *(siehe S. 9)*.

⑭ Poble Espanyol

Carrer del Poble Espanyol s/n.
☎ 971 737 070. 🚌 ⏱ Apr–Okt: Mo–Fr 9–18, Sa, So 9–17 Uhr; Nov–März: tägl. 9–17 Uhr. ♿

Ein Freilichtmuseum der ganz besonderen Art: Bei einem Streifzug durch das »spanische Dorf« (1965–67) begeben Sie sich auf eine illustre Zeitreise durch die Architekturgeschichte des Landes. Die verkleinerten Versionen vieler bekannter spanischer Anlagen (Gebäude, Plätze, Gärten etc.) aus allen Teilen des Landes geben einen guten Überblick über die iberische Baukunst verschiedener Epochen. Zu den spektakulärsten Exponaten gehören die Mini-Versionen von Granadas Alhambra und von El Grecos Haus in Toledo. Das Areal umfasst auch Restaurants, Bars, Werkstätten und Souvenirläden. In unmittelbarer Nähe steht der als Event-Bühne genutzte Palau de Congressos.

⓯ Castell de Bellver

Carrer Camilo José Cela s/n.
☎ 971 735 065. ○ Apr–Sep:
Mo 8.30–13, Di–Sa 8.30–20,
So 10–20 Uhr; Okt–März:
Mo 8.30–13, Di–Sa 8.30–18,
So 10–18 Uhr. 🚌 🚗 🅿 🏛
W castelldebellver.
palmademallorca.es

Bei dieser Festungsanlage
ist der Name Programm –
ein Besuch der »Burg der
schönen Aussicht« lohnt
sich allein schon wegen des
einmaligen Blicks auf die
Stadt und die Bucht. Doch
sie darauf zu reduzieren,
täte ihr Unrecht, zählt sie
doch zu den eindrucksvollsten
gotischen Burgen Europas.

Die Anlage mit dem kreis-
runden Grundriss wurde im
frühen 14. Jahrhundert, als
Mallorca unabhängiges König-
reich war, von Pere Salvà als
Sommerresidenz für Jaume II
gebaut. Später diente sie lange
Zeit als Gefängnis.

Der Innenhof ist von zwei-
stöckigen Arkaden umgeben.
Drei zylindrische Türme sind in
die Mauer integriert. Die frei
stehende Torre de Homenatge
ist durch einen Bogen mit
dem Hauptgebäude verbun-
den und diente als letztes Boll-
werk. Vom Flachdach der Burg
wurde Regenwasser in eine
unterirdische Zisterne geleitet.

Mastenwald im Hafen von Palma

Der ganze Komplex ist von
Gräben und Wällen umgeben.

Das im Castell de Bellver untergebrachte Museu d'Història
de la Ciutat dokumentiert die
Geschichte von Palma und
birgt eine Sammlung antiker
Skulpturen. Im Sommer ist der
Innenhof Bühne für Konzerte –
von Kammermusik bis Folklore.

⓰ Castell de Sant Carles

Carrer Dic de l'Oest s/n. ☎ 971
402 145. ○ Di–So 10–14 Uhr.
W museomilitarsancarlos.com

Nahe dem Porto Pí, dem süd-
lichsten Abschnitt von Palmas
Hafen, steht das Castell de

Sant Carles. Die Anlage
wurde im 17. Jahrhundert
zum Schutz der auch von
Freibeutern und Piraten
bedrohten Hafeneinfahrt
errichtet und beherbergt
heute ein Museum mit
Exponaten zur Militärge-
schichte des 19./20. Jahrhunderts. Von der zinnen-
bekrönten Mauer des
Kastells genießt man eine
grandiose Aussicht über
den gesamten Hafen.

In der Nähe des Castell
de Sant Carles steht der
Torre de Senyals, der ebenfalls zum Schutz der Hafeneinfahrt erbaut wurde.

⓱ Museu Kreković

Carrer de Ciutat de Querétaro 3.
☎ 971 219 606. ○ Mo–Fr
9.30–13, 15–18, Sa 10.30–13 Uhr.
● Aug. W kristiankrekovic.com

Der aus Bosnien stammende
Maler Kristian Kreković (1901–
1985) widmete sich in vielen
seiner Werke der spanischen
Kultur. Nach längeren Aufenthalten in Südamerika zog es
ihn 1960 nach Mallorca, wo er
in zahlreichen Bildern verschie-
denste Facetten der Balearen
beleuchtete. Das 1981 eröffnete Museum präsentiert neben
Werken Krekovićs auch Bilder
und Kunsthandwerk aus Spanien und Lateinamerika.

Arkaden verlaufen um den Innenhof des Castell de Bellver

Strand von Cala Major an der Badia de Palma

⓲ Cala Major

Südwestl. von Palma.

Der beliebte Ferienort an der gleichnamigen Bucht ist eine Adresse für Badeurlauber und Wassersportler, der Strand von Cala Major zählt zu den meistbesuchten an der Badia de Palma *(siehe S. 82f)*.

Neben Sonnenanbetern zieht es aber auch Kunstsinnige nach Cala Major. Die **Fundació Pilar i Joan Miró** zählt zu den spannendsten Sammlungen der Insel. Auch wer sich nicht für moderne Kunst interessiert, wird hier ins Schwärmen kommen. In Cala Major schuf Joan Miró *(siehe Kasten)* viele seiner bekanntesten Werke. Eine große Auswahl ist in der Fundació zu sehen, andere sind aus dem Stadtbild Palmas nicht wegzudenken.

Nach Mirós Tod 1983 verwandelte seine Witwe Pilar das Anwesen mit Wohnhaus und Atelier in ein Kunstzentrum. Wegen der Vielzahl an Objekten wurde 1992 ein weiteres Gebäude errichtet, das Rafael Moneo, einer der führenden spanischen Architekten, gestaltete. In dem Ensemble aus drei Häusern werden Gemälde, Zeichnungen und Skulpturen Mirós sowie Werke anderer Künstler präsentiert. Der Garten des Anwesens

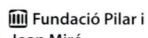

Miró-Skulptur
Personatge

dient als Ausstellungsfläche für Bildhauerarbeiten. Im angegliederten Laden für Objekte mit Miró-Aufdruck findet man sicher ein Souvenir.

Der nahe Palau Marivent ist eine Ferienresidenz der spanischen Königsfamilie. Die *Modernisme*-Villen an der Hauptstraße belegen, dass Cala Major einst ein Sommersitz der Reichen und Mächtigen war.

🏛 Fundació Pilar i Joan Miró
Carrer de Saridakis 29. 📞 971 701 420. 🕐 Mitte Mai–Mitte Sep: Di–Sa 10–19, So 10–15 Uhr; Mitte Sep–Mitte Mai: Di–Sa 10–18, So 10–15 Uhr. 🎫 Sa frei. 📷 💻
🌐 miro.palmademallorca.es

Umgebung: Südwestlich von Cala Major schließen weitere Ferienorte mit Badestränden an *(siehe S. 82f)*. Ein Treffpunkt des Jetset ist Port Portals (8 km südwestlich von Palma) mit dem edelsten Yachthafen der Insel. Der Ort wird in einem Atemzug mit Marbella oder Saint-Tropez genannt. Die Promi-Dichte ist enorm, die Zahl der Paparazzi und Schaulustigen entsprechend hoch.

Nordwestlich von Cala Major liegen die **Coves de Gènova**, 1906 entdeckte Höhlen mit imposanten Tropfsteinformen.

🦇 Coves de Gènova
Carrer Barranc 45. 📞 971 402 387. 🕐 Di–So 10.30–13.30, 16–18.30 Uhr (Winter: kürzere Öffnungszeiten). 🎫

Joan Miró (1893 – 1983)

Miró, einer der bekanntesten Künstler des 20. Jahrhunderts, war durch und durch Katalane. Anfangs beeinflussten ihn Fauvismus und Kubismus, später Dadaismus und Surrealismus. Joan Miró entwickelte seinen eigenen Stil, den insbesondere Emotionalität und lebhafte Farben kennzeichnen. Nach dem Umzug auf die Balearen-Insel Mallorca schuf er auch Mosaiken, Wandteppiche und Skulpturen. Viele seiner Werke sind in seinem einstigen Atelier bei Palma, in dem er ab 1956 lebte und wirkte, zu sehen. Miró starb 1983 in Palma.

Joan Miró, einer der einflussreichsten Künstler seiner Zeit

Restaurants in Palma *siehe Seite 84f*

⑲ Marineland

Der Meerespark mit Delfin- und Seelöwenshows orientiert sich an amerikanischen Vorbildern. In den Aquarien tummeln sich Haie, Rochen und andere Fische aus allen Weltmeeren, im Tropenhaus u. a. Krokodile und Schlangen, die tropische Vogelwelt präsentiert sich kunterbunt. Der Park ist ideal für Familien, vor allem die Shows ziehen Besucher in ihren Bann.

Infobox

Information
Carrer Garcilaso de la Vega 9,
Costa d'en Blanes, Calvià.
📞 971 675 125.
🕐 Ende März–Okt: tägl.
9.30–17.30 Uhr (Juli, Aug:
bis 18 Uhr). 🔲 🔲 🔲
Ⓦ marineland.es

Anfahrt
🚌

Pinguine
Auch im Marineland bewegen sich Pinguine zwischen zwei völlig unterschiedlichen Welten – Wasser und Land.

Anemonenfisch
Die auch »Clownfische« genannten Meeresbewohner leben in Korallenriffen.

Seestern
Die fünfarmigen Stachelhäuter bewegen sich sehr geschmeidig durch das Wasser.

Delfine
Bei den täglich stattfindenden Shows geben Delfine faszinierende Einblicke in ihr akrobatisches Repertoire.

Legende

① Eingang
② Seelöwen
③ Kinderbecken
④ Haie

⑤ Papageienshows
⑥ Aquarium »Mare Nostrum«
⑦ Delfine
⑧ Pinguine

⑨ Tropenhaus
⑩ Rochen
⑪ Flamingos und Pelikane
⑫ Schildkröten

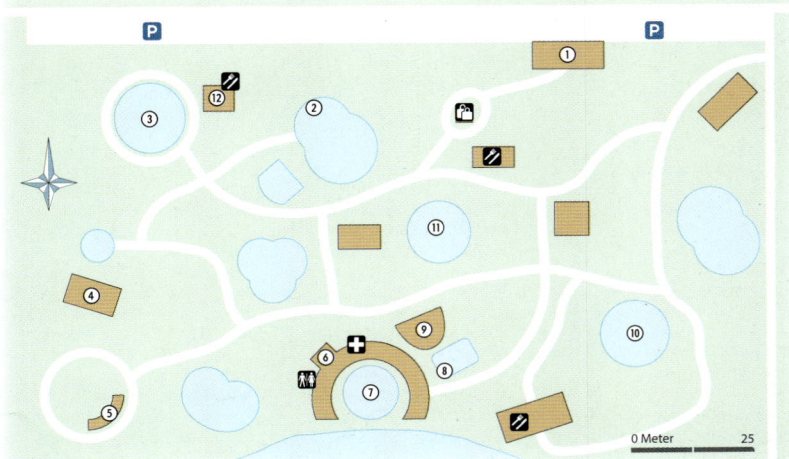

0 Meter   25

Zeichenerklärung *siehe hintere Umschlagklappe*

Die schönsten Strände an der Badia de Palma

Einige von Mallorcas besten Stränden (spanisch: *playas*, katalanisch: *platjas*) liegen an der Badia de Palma genannten Bucht – manche reichen bis an die Inselhauptstadt Palma. Fast die gesamte Ostseite der Badia ist eine einzige Strandzone, im Westen findet man auch abgeschiedene, von Felsen begrenzte Buchten mit kristallklarem Wasser. Partyhochburgen sind Platja de Palma und S'Arenal im Osten sowie Magaluf im Westen. Wer Ruhe und Stil bevorzugt, sucht in einer Pause vom Sonnenbaden oder Wassersport eher Strandclubs wie den Purobeach *(siehe S. 157)* auf.

Faszinierender Meeresbewohner: Rochen

Legende
- 🟪 Autobahn
- 🟧 Hauptstraße
- 🟩 Panoramastraße
- 🟨 Nebenstraße

S'Arenal – Hotspot für Beachpartys

① **El Mago** Als Filmkulisse wurde der kleine (»magische«) Strand an einer felsumrahmten Bucht berühmt. Auch FKK-Anhänger kommen hierher.

② **Cala Portals Vells** Entspannung pur zwischen Pinienwald und kristallklarem Wasser – solange nicht allzu viele Yachten vor Anker gehen.

③ **Magaluf** Am Strand von Magaluf geht es oft hoch her,

Ruhesuchende finden in der Nähe geeignetere Optionen. Der vor allem bei britischen Gästen sehr populäre Ort – eine der Partyhochburgen auf Mallorca – ist voller Clubs, Pubs und Bars, die hinter der Strandpromenade anschließen. Zudem gibt es hier riesige Entertainmentkomplexe.

④ **Palmanova** Familien machen hier gern Urlaub. Trotz Beach-Club hält sich der Lärm-

pegel in Grenzen. Die angrenzenden Hotels und Häuser verstecken sich hinter dichter Vegetation.

⑤ **Portals Nous** Der Strand liegt in einer langen, schmalen Bucht. Die namenlose Felseninsel (etwa 300 m vor der Küste) scheint zum Greifen nahe. Von hier ist es nicht weit nach Marineland *(siehe S. 81)* und zum Luxusyachthafen Port Portals *(siehe S. 80)*.

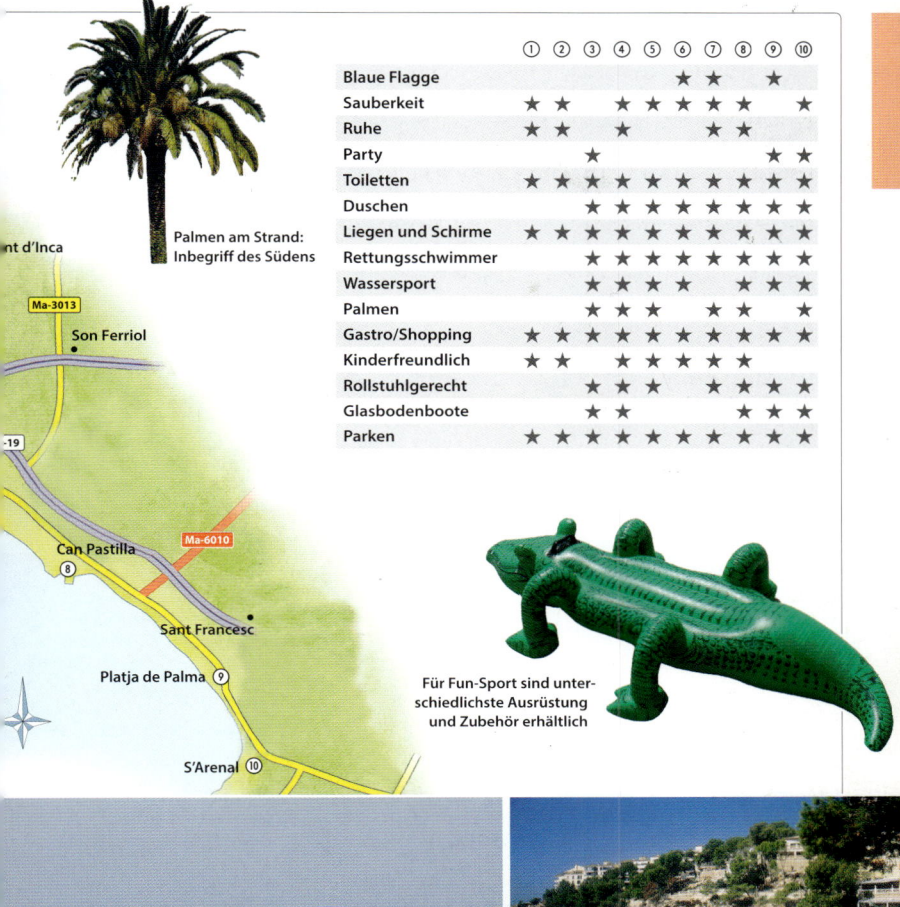

Palmen am Strand:
Inbegriff des Südens

	①	②	③	④	⑤	⑥	⑦	⑧	⑨	⑩
Blaue Flagge						★	★		★	
Sauberkeit	★	★		★	★	★	★			★
Ruhe	★	★		★		★	★			
Party			★						★	★
Toiletten	★	★	★	★	★	★	★	★	★	★
Duschen			★	★	★	★	★	★	★	★
Liegen und Schirme	★	★	★	★	★	★	★	★	★	★
Rettungsschwimmer				★	★	★	★	★	★	★
Wassersport			★	★	★	★		★	★	★
Palmen			★	★	★		★	★		★
Gastro/Shopping	★	★	★	★	★	★	★	★	★	★
Kinderfreundlich	★	★		★	★	★	★			
Rollstuhlgerecht			★	★	★			★	★	★
Glasbodenboote			★	★				★	★	★
Parken	★	★	★	★	★	★	★	★	★	★

Für Fun-Sport sind unterschiedlichste Ausrüstung und Zubehör erhältlich

Fahrten mit dem Bananenboot – ein großer Spaß

Cala Portals Vells: wundervolle Strandbucht

⑥ **Cala Major** Badevergnügen am Strand unterhalb der Königsresidenz Marivent (*siehe S. 80*). Ein Shop verkauft Strandequipment, in einer Strandbar werden Cocktails gemixt.

⑦ **Ca'n Pere Antoni** Trotz der Nähe zu Palma einer der entspanntesten Strände der Badia de Palma – quasi eine Oase der Ruhe mit Blick auf die Skyline. Viele Bewohner der Inselhauptstadt kommen hierher.

⑧ **Can Pastilla** Der Strand mit sehr guter Infrastruktur und großem Sportangebot liegt nahe der Einflugschneise des Airports. Der gleichnamige Ort ist daher ideal für Kurzurlauber. Vor allem im Sommer muss hier jedoch mit erhöhtem Fluglärm gerechnet werden.

⑨ **Platja de Palma** Der Inbegriff für Partytourismus: Auf dem Höhepunkt der Feriensaison wird es an dem mit sechs Kilometern längsten Strand Mallorcas sehr laut. Zur Übersicht ist er in 15 *balnearios* (Strandabschnitte) gegliedert: Übrigens: *Balneario* Nr. 6 trägt den Beinamen »Ballermann«, Nr. 1 bis 3 zählen zu S'Arenal.

⑩ **S'Arenal** Der benachbarte Strand der berühmt-berüchtigten Platja de Palma ist ebenfalls ein Hotspot für Beachpartys. Mit den Palmen wirkt das Flair fast karibisch (*siehe S. 136*).

Restaurants

Palma ist ein kulinarisches Paradies: Vom Gourmet-Tempel über die typisch mallorquinische Tapas-Bar bis zum heimeligen Café ist alles vertreten. Das Angebot ist riesig. Einige der besten und bei Einheimischen beliebtesten Lokale verstecken sich in Seitenstraßen der Stadt. Lassen Sie sich einfach treiben, entdecken Sie Ihr Lieblingslokal. Übrigens: Nach einem genussvollen Abendessen findet sich um die Ecke immer eine Bar für einen Drink.

Süße Verführung

Restaurants und Cafés

❶ Tast Avenidas   €€
Tapas-Restaurant
Avinguda Comte de Sallent 13, 07003
📞 971 101 540   ⚫ So
🌐 tast.com/tastavenidas
Das Ambiente mit dunklen Holzmöbeln, deckenhohen Weinregalen und orangefarbenen Wänden überzeugt ebenso wie die Auswahl an delikaten Tapas *(siehe S. 8)*. Neben Klassikern wie *jamón serrano*, *gambas al ajillo* und *patatas bravas* gibt es auch *pulpo a la parrilla* (gegrillter Tintenfisch) und *revuelto de morcilla con pimientos* (Rührei mit Blutwurst und Paprika).

❷ Simply Fosh   €€€
Mediterran   **K** P1
Carrer de la Missió 7a, 07003
📞 971 720 114   ⚫ So
🌐 simplyfosh.com
Meisterkoch Marc Fosh zählt zu den kulinarischen Trendsettern auf Mallorca. Sein Restaurant im Hotel Convent de la Missió stellt auch anspruchsvolle Gaumen zufrieden. Spezialitäten sind u. a. Kaninchenlende mit Reis, Rehrücken an Kürbis sowie *foie gras*.

❸ Tast Unión   €€
Tapas-Lokal   **K** O1
Carrer de la Unió 2, 07001
📞 971 729 878   ⚫ So
🌐 tast.com/tastunion
Tast ist keine Kette, sondern eher eine Idee. Neben Tast Avenidas *(siehe links)* verwöhnt auch das zentraler gelegene Tast Unión mit köstlichen Tapas. Das Ambiente ist jedoch anders. Hier kann man nicht nur an Tischen, sondern auch an der langen Tapas-Theke Platz nehmen – mit Blick auf die Natursteinwände und die flinken Barkeeper. Der ideale Ort für einen Snack während einer Shopping-Tour auf dem Carrer Unió.

❹ Forn des Teatre   €
Café   **K** P1
Plaça Weyler 9, 07001
📞 971 715 254
🌐 forndesteatre.com
Wundervolles Jugendstil-Flair genießt man in diesem Café mit angegliederter Konditorei. Hier gibt es feinste *ensaïmadas* mit diversen Füllungen (von Schokoladen- bis Kürbiscreme), auch Herzhaftes steht auf der Karte. Bekannt ist Forn des Teatre auch für seine *hierbas* (Kräuterliköre).

❺ Ca'n Joan de S'aigo   €
Café   **K** P2
Carrer Ca'n Sanç 10, 07005
📞 971 710 759
🌐 canjoandesaigo.cat
Dickflüssig und zuckersüß ist der Kakao in Palmas traditionsreichster »Schokoladenstube« (seit 1700 in Betrieb!). Auch dem Mandelkuchen kann man kaum widerstehen. Das nostalgische Interieur in einer Art modernisiertem Jugendstil ist einzigartig, das Ambiente wunderbar nostalgisch.

❻ La Taberna del Caracol   €€
Spanisch   **K** P3
Carrer Sant Alonso 2, 07001
📞 971 714 908   ⚫ So
🌐 tabernacaracol.com
Das Juwel in der Altstadt bietet mit Gewölben und Holzbalkendecke den Charme eines Kellerlokals. Neben Seafood findet man auf der Karte auch Tapas wie *choricitos picantitos* (Paprikawürstchen in Sauce), die namengebenden *caracoles* (Schnecken) und knackige Salate.

Lange Theke des Tapas-Lokals Tast Unión

Preiskategorien € = preiswert €€ = mittel €€€ = gehoben

❼ Bon Lloc €€
Vegetarisch K O2
Carrer Sant Feliu 7, 07012
📞 971 718 617 ⦿ So
🌐 bonllocrestaurant.com
Bei der Eröffnung 1978 war dies das erste vegetarische Restaurant der Insel. Ob Pasta, Burger oder Tofu-Curry: Die Gerichte sind nicht nur köstlich und gesund, sondern werden regelrecht als Augenweiden drapiert. Auch passionierte Fleischesser kommen hierher.

❽ La Bóveda €€
Bodega K O2
Carrer Boteria 3, 07012
📞 971 714 863 ⦿ So
🌐 restaurantelaboveda.com
Weinfässer und Holztische, Steinböden und eine schön geflieste alte Bar – stimmungsvoller geht es kaum. Serviert wird spanische Küche, begleitet von den passenden Weinen. Der Andrang ist vor allem abends groß. Eine Alternative für einen Drink vor oder nach dem Essen ist die gleichnamige Weinbar um die Ecke.

Kneipen, Bars und Clubs

❶ Bar Bosch €€
Bistro-Bar K O1
Plaça del Rei Joan Carles I 6, 07012
📞 971 721 131
🌐 barbosch.es
Exponierter könnte die Lage am oberen Ende des Passeig d'es Born kaum sein. An der 1936 eröffneten Bar Bosch kommt jeder Besucher vorbei – und nimmt auf der Terrasse oder im Innenraum Platz.

Tast Avenidas – stilvoll-gemütliches Tapas-Lokal

❷ Gibson €€
Cocktailbar K O2
Plaça del Mercat 18, 07001
📞 971 716 404
Gibson ist eine klassische Bar mit klassischen Getränken – Longdrinks, Cocktails, Bier, Wein, Cava. Ideal für alle, die auf dem Weg zum Hotel noch einen letzten Drink zu sich nehmen möchten. Von der Terrasse aus hat man den besten Blick auf das Treiben auf der Plaça Mercat.

❸ Bar España €
Tapas-Bar K P2
Carrer Can Escursac 12, 07001
📞 971 724 234 ⦿ So
Den Weg zu dieser Institution muss man erst mal finden, aber die Mühe lohnt sich. Die Weinkarte der Bar mit dem authentischen Flair Palmas ist lang. Den (kleinen) Hunger stillt man mit Tapas. Die Spezialität des Hauses, *tortilla española*, wird meist ab etwa 21 Uhr serviert.

❹ Bar Ábaco €€€
Cocktailbar K O2
Carrer Sant Joan 1, 07012
📞 971 714 939
🌐 bar-abaco.es
Schwülstig, extravagant und filmreif ist das Ambiente in diesem herrschaftlichen Palazzo. Die kunterbunte Deko besteht u. a. aus Stilmöbeln, Blumenarrangements, Bilderschmuck, frischem Obst und Skulpturen. Ein bisschen Show muss sein – zumindest für alle, die das Besondere schätzen.

❺ Jazz Voyeur Club €€€
Musikclub K O2
Carrer d'Apuntadors 5, 07012
📞 971 720 780 ⦿ Mo; Jan, Feb
🌐 jazzvoyeurfestival.com
Ein toller Musikclub im Altstadtkern von Palma. Wer auch im Urlaub einmal Jazz, Soul, Blues oder Latin live erleben möchte, ist hier richtig. Das Programm ist bunt. Der Club ist auch Bühne beim Jazz Voyeur Festival.

Jazz Voyeur Club: stilvoller Musikschuppen und Treffpunkt für Nachtschwärmer

❿ *siehe Zentrumskarte Seiten 64f* **K** = *Extrakarte zum Herausnehmen*

Shopping

Ob Trends oder Tradition – Palma ist ein Shopping-Paradies der Extraklasse. Entlang eleganter Shopping-Meilen wie Passeig d'es Born und Avinguda Jaume III reihen sich die Stores spanischer und internationaler Modelabels sowie noble Boutiquen aneinander. Urige kleine Läden mit überraschendem Sortiment liegen oft etwas abseits, eignen sich aber wunderbar zum Stöbern und Staunen.

Delikatessen

❶ Mercat de l'Olivar　　€€
Markthalle　　K P1
Plaça de l'Olivar 4, 07002
☎ 971 720 314　　🔘 So
🌐 mercatolivar.com

Weit mehr als »nur« ein Lebensmittelmarkt: Ein Bummel durch die größte Markthalle Palmas ist eine Reise durch die kulinarische Pracht und Vielfalt der Insel – und zugleich ein sinnliches Erlebnis. Stapel, eigentlich eher Berge von Obst und Gemüse, Fisch und Fleisch, Käse- und Wurstwaren, Oliven und Kräutern türmen sich an den Ständen. Der bunte Markt ist gleichzeitig Food Lounge mit vielen Gourmet-Bars (von Wein über Tapas und Austern bis Sushi). Lassen Sie sich einfach treiben, immer den Augen oder der Nase nach.

❷ Chocolat Factory　　€€€
Schokolade　　K P1
Plaça del Mercat 9, 07001
☎ 971 229 493　　🔘 So
🌐 chocolatfactory.com/
palma-de-mallorca

Dies ist der Himmel für Chocoholics. Beim Anblick der süßen Schätze im Schaufenster fühlt man sich magisch in den Laden gezogen. Dort erwarten einen Schokoladen, Pralinen, süße Brotaufstriche, Schokotorten, -bonbons, -kekse und vieles mehr. Von einem Teil des wundervollen Sortiments werden Kostproben gereicht. Auffallend hübsch sind auch die Verpackungen. Auf Wunsch können Sie sich die gekauften Leckereien nach Hause schicken lassen.

Mode und Accessoires

❸ Sombrerería y Complementos Casa Julià　　€€€
Hüte　　K P1
Carrer Sindicat 23a, 07002
☎ 971 717 126　　🔘 So
🌐 sombreriacasajulia.es

Hüte, Hüte, Hüte – tauchen Sie ein in die große weite Welt der Kopfbedeckungen für jeden Anlass, jeden Geschmack und jedes Wetter. In der seit 1898 betriebenen Hut-Boutique finden Sie neben bewährten Klassikern für Sie und Ihn auch Gewagtes wie »den letzten Schrei« – vieles aus eigener Produktion (auch Maßanfertigungen).

❹ Pieles de Mallorca　　€€
Lederwaren　　K O1
Carrer Sant Miquel 18, 07002
☎ 971 433 372　　🔘 So
🌐 pielesdemallorca.com

Der Lederwaren-Store in der Shopping-Meile Carrer Sant Miquel führt scheinbar alles, was aus Leder ist: Von Mode wie Jacken, Mänteln und Schuhen über Accessoires wie Handtaschen und Gürtel bis zu Praktischem wie Laptop-Taschen, Koffern und Geldbörsen. Eine große Auswahl bieten andere derartige Stores auch. Das Besondere an Pieles de Mallorca: Das Sortiment umfasst Erlesenes für jeden Anlass – vom Shopping-Bummel über den Theaterabend bis zur Geschäfts- oder Urlaubsreise.

Lifestyle

❺ Las Gracias　　€€
Deko　　K P2
Carrer Santa Eulàlia 13, 07001
☎ 971 425 727　　🔘 So
🌐 lasgraciasmallorca.es

Bei diesem gelungenen Mix aus Boutique und Bar handelt es sich um »die« Adresse zum Stöbern, Entdecken und Genießen. Neben Geschenkideen und Krimskrams findet man u. a. auch Taschen und Küchenmobiliar sowie mallorquinische Delikatessen (Weine, Öle, Gewürze ...). An der Bar locken Kaffee, Gebäck und Snacks. Die beiden Betreiberinnen, zwei Schwestern, benannten ihren liebevoll gestalteten Laden nach dem Szeneviertel Gràcia in Barcelona – eine Hommage an ihre Heimatstadt *(siehe S. 62)*.

Rialto Living – Shopping-Tempel und Lifestyle-Store in historischem Gemäuer

Preiskategorien € = preiswert　€€ = mittel　€€€ = gehoben

❻ Rialto Living €€€
Design und Trend K O2
Carrer Sant Feliu 3, 07012
📞 971 713 331 ⬤ So
🌐 rialtoliving.com

Rialto Living ist eine der spannendsten Adressen für exklusives Shoppen in der Inselmetropole. Durch den weitläufigen Concept- und Lifestyle-Store mit erlesenem Sortiment an Deko-Artikeln, Düften, Mode und Accessoires weht ein Hauch von Luxus. Das elegante Rialto Café im hinteren Teil ist der beste Ort, um all die Eindrücke zu verarbeiten *(siehe S. 63)*.

Saftig und frisch: Obst im Mercat de l'Olivar

Edutainment

❼ Imaginarium €
Spiel und Unterhaltung K O1
Plaça del Mercat 8, 07001
📞 971 213 480 ⬤ So
🌐 imaginarium.de

Wenn man mit Kindern unterwegs ist, kommt man an diesem Laden nicht vorbei. Allein schon die separaten hufeisenförmigen Eingänge für größere und kleinere Besucher wecken die Neugier. Auch die kunterbunten Auslagen wirken verlockend. Im Laden überzeugt die riesige Auswahl. Das Sortiment kennt schier keine Grenzen, es reicht von Plüschtieren und Masken über Malutensilien, Musikinstrumente und Brettspiele bis zu ferngesteuerten Fahrzeugen sowie Bastel- und Baukästen (didaktisch durchaus wertvoll). Auch Kinderzimmermobiliar darf nicht fehlen.

Wellness

In Mallorcas Hauptstadt gibt es genügend Orte zum Chillen und Entspannen – wahre Oasen, in denen man zwischen Sightseeing und Shoppen zur Ruhe kommen und sich verwöhnen lassen kann. Am besten einfach die Augen schließen und genießen.

Puro Hotel Palma: Chillout-Bereich

❶ Hidrópolis €
Thermalbad
Carrer Francesc de Borja i Moll 22, 07003
📞 971 213 392
🌐 hidropolis.com

In dieser Anlage erlebt man die wohltuend-heilende Wirkung von Wasser (z. B. in Form von Güssen und Sprudeln) unmittelbar. Der Wellness-Tempel bietet neben balneotherapeutischen Behandlungen auch eine Sauna mit Ruheraum und ein breites Spektrum an Massagen sowie kosmetische Behandlungen wie Maniküre und Pediküre.

❷ Zunray Yoga Studio €€
Yoga-Center K O2
Carrer Sant Feliu 17, 07012
📞 971 723 183 ⬤ Sa, So
🌐 zunray.com

Das Studio bietet maximale Flexibilität – Sie müssen keinen kompletten Kurs (Hatha oder Sridaiva) belegen, sondern können einfach vorbeikommen, wann es Ihnen passt. Unterrichtet wird auf Spanisch und Englisch. Neben den regulären Yogakursen stehen auch Schwangeren- und Kinderyoga auf dem Programm.

❸ Puro Hotel Palma €€
Spa-Hotel K O2
Carrer Montenegro 12, 07012
📞 971 282 872
🌐 purohotel.com/hotel-palma

Zum Wohlfühl-Hotel der Extraklasse gehört Puro Spa, ein Top-Spa für Wellness und Beauty. Wasserfalldusche, türkisches Bad, Sauna und Eisquelle regen den Kreislauf an, Hand-, Fuß- und Ganzkörpermassagen sowie Gesichtspflege entspannen und verwöhnen.

❹ Centro de Ayurveda €€€
Ayurveda-Center
Carrer Cotoner 31a, 07013
📞 971 733 053 ⬤ So
🌐 ayurvedapalma.com

In der Oase im Stadtviertel Santa Catalina gibt es Ayurveda-Behandlungen mit ausgesuchten Essenzen und Ölen sowie Tees und Kräutern. Highlights sind die Synchronmassagen von zwei Masseuren und die Stirngüsse. Kurzum: der richtige Ort, um Kraft und Energie zu tanken.

❶ *siehe Zentrumskarte Seiten 64f* K = Extrakarte *zum Herausnehmen*

Serra de Tramuntana

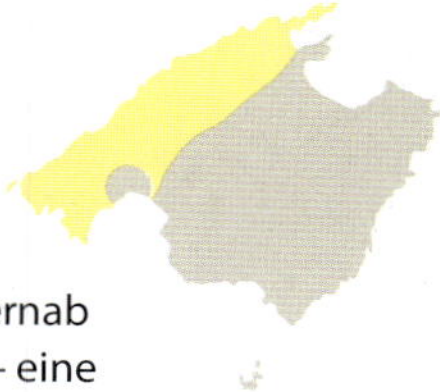

Die mallorquinische Bergwelt im Nordwesten der Insel präsentiert sich dramatisch schön. Panoramastraßen verbinden romantische Bergdörfer, vorbei an Terrassen mit Zitrus- und Olivenhainen. In der Serra de Tramuntana erlebt man fernab von Palmas Prunk und Party vielerorts Natur und Idylle pur – eine scheinbar nie versiegende Inspirationsquelle für kreative Geister: Ein Hauch von Glamour umweht Deià, auch Valldemossa zeigt Spuren künstlerischer Schaffenskraft, das Santuari de Lluc ist unumstrittenes geistliches Zentrum Mallorcas. Mit Andratx, Sóller und Pollença verfügen gleich drei Städte über einen nahe gelegenen, bestens erreichbaren Hafen *(port)*.

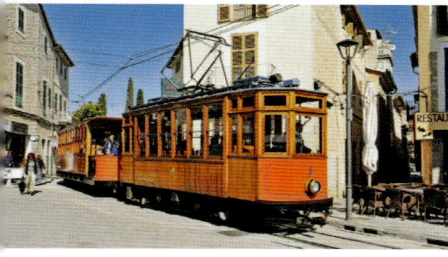

Tram in Sollér ***(siehe S. 102f)***

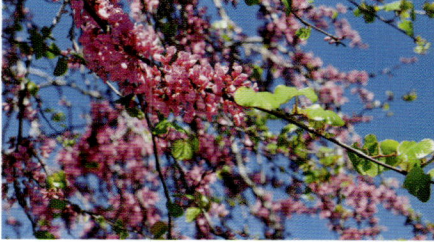

Bunte Farbenpracht

Sehenswürdigkeiten auf einen Blick

1. Andratx
2. Sant Elm
3. Banyalbufar und Estellencs
4. *Sa Granja S. 96f*
5. *Valldemossa S. 98f*
6. Jardines de Alfàbia
7. Castell d'Alaró
8. Son Marroig
9. Deià
10. *Sóller S. 102*
11. Sa Calobra
12. Coves de Campanet
13. Ses Fonts Ufanes
14. *Santuari de Lluc S. 108f*
15. Pollença
16. Cap de Formentor

Touren

- T2 Nordwestküste *S. 94f*
- T3 Zugfahrt von Palma nach Port de Sóller *S. 103*
- T4 Torrent de Pareis *S. 107*

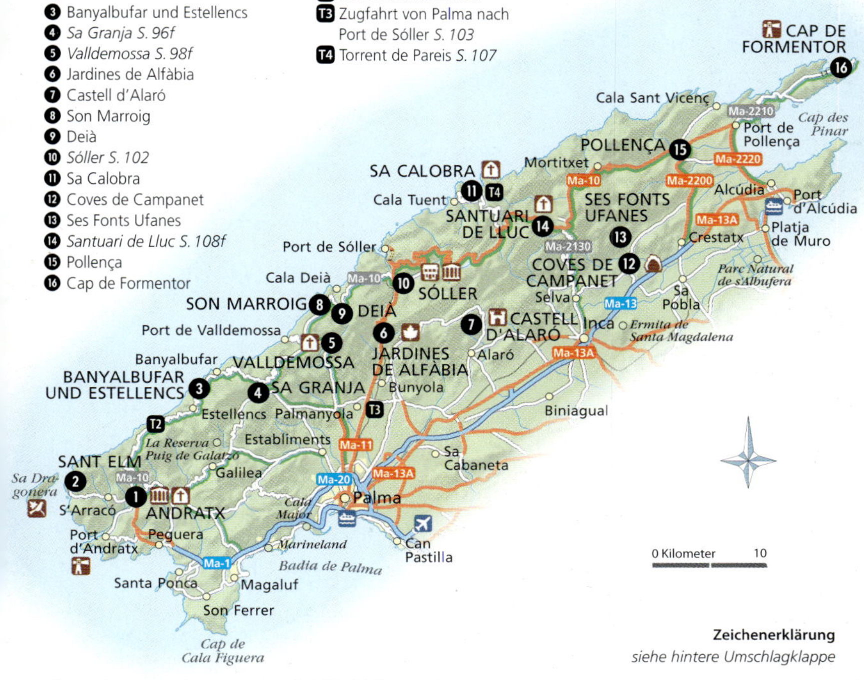

Zeichenerklärung
siehe hintere Umschlagklappe

◀ **Leuchtturm Far de sa Creu, Port de Sóller** ***(siehe S. 111)***

Persönliche Favoriten

Mallorcas Gebirgsregion birgt zahlreiche Geheimnisse. Um sie zu lüften, bieten sich vielfältige Optionen – z. B. von einem abgeschiedenen Hotel aus oder auf einer anspruchsvollen Autofahrt. Immer locken Genuss und Lebensfreude.

Ca's Xorc in Deià – Boutique-Hotel in den Bergen

Stil, Komfort und Charme sind Markenzeichen des idyllisch gelegenen Boutique-Hotels. Auf der Suche nach Individualität und Inspiration ist man hier goldrichtig.

Eine typische mallorquinische Finca aus dem 18. Jahrhundert wurde mit viel Esprit und Liebe zum Detail zu einem fantastischen Boutique-Hotel umgestaltet. Das umwerfend schöne Anwesen vereint auf beispielhafte Weise historischen Zauber mit modernem Komfort – ein idealer Ort für Erholungsuchende sowie perfekter Ausgangspunkt und Retreat für Urlauber, die tagsüber bei Wanderungen die Faszination von Mallorcas Bergwelt erleben möchten.

FÜR INDIVIDUALISTEN

Das exponiert auf einem Hügel zwischen Sóller und Deià gelegene Anwesen wird von blühenden Gärten sowie Oliven- und Zitronenhainen umrahmt, der Blick auf die Berge der Serra ist unvergleichlich. Fliesenböden, Natursteinwände und Holzbalken schaffen ein so einzigartiges wie heimeliges Ambiente. Auch die geschickt arrangierten Kunstwerke und viele lauschige Ecken tragen zum Charme des Boutique-Hotels bei. Je nach Gusto kann man am Pool oder in der Bibliothek entspannen. Das Restaurant serviert mediterran-mallorquinische Küche.

Das Ca's Xorc bietet seinen Gästen auch einen Transfer vom und zum Flughafen.

Pool mit Bergblick im Boutique-Hotels Ca's Xorc

Hotel Ca's Xorc
Carretera de Deià, km 56, Sóller. 📞 971 638 280.
🌐 casxorc.com

Bodegas Santa Catarina – ein Traum von Weingut

Idylle so weit das Auge reicht: Das Weingut in einem der schönsten Täler der Serra bietet Genuss und Entspannung. Tauchen Sie ein in die Welt von Mallorcas Weinen.

Ein Ort, um die Zeit anzuhalten: Natur, Sonne, Ruhe, mallorquinische Küche, edle Tropfen. Die vom Weingut Santa Catarina produzierten Weine – u. a. aus den lokalen Rebsorten Manto Negro, Callet und Prensal Blanc *(siehe S. 127)* – kann man im Gewölbekeller oder im Freien mit Blick auf die Weinberge kosten, die Führungen der Bodegas Santa Catarina (auch auf Deutsch) sind legendär.

EIN ORT FÜR GENIESSER

Auf dem Gelände des Weinguts befindet sich die mehr als 700 Jahre alte, noch heute für Veranstaltungen und Events genutzte Finca Son Bosch, deren reiche Historie man nahezu einatmen kann. Sie ist ebenso zu besichtigen wie eine original erhaltene Ölpresse.

Bodegas Santa Catarina – Finca Son Bosch
Carretera Capdellà, km 4, Andratx. 📞 971 235 413.
🕐 Mo – Fr 10 – 18, So 12 – 14 Uhr. 🌐 santacatarina.es

Kulinarischer Finca-Service

Wer träumt nicht davon, sich beim Mallorca-Urlaub auf einer Finca von einer Profi-Köchin kulinarisch verwöhnen zu lassen? Für einen Tag oder für den ganzen Urlaub.

Caroline Fabian, gelernte Touristik-Kauffrau und professionelle Köchin aus München, blieb irgendwann auf Mallorca hängen – wegen der kulinarischen Schätze der Insel. Seit 2008 betreibt sie dort einen Koch-Service, ihre Leidenschaft bekennt sie mit: »Mallorca ist ein Paradies für Köche.«

JEDER TAG EIN FEST

Urlaubsgäste, die mehr Spaß am Essen als am Kochen haben und im Umkreis von 30 Kilometern von Esporles auf einer Finca wohnen, können Frau Fabian und ihre Kochkünste buchen. Sie kümmert sich um Einkauf, Kochen und Abwasch. Der Kochstil ist mediterran, Frische und Vielfalt stehen im Fokus. Die ausgesuchten Zutaten stammen ausschließlich aus der Region: Obst und Gemüse aus dem eigenen Garten, vom Bio-Bauern oder vom Markt, Fisch und Meeresfrüche aus dem Hafen von Port de Sóller, Fleisch von freilaufenden Nutztieren eines nahen Bauernhofs, Käse und weitere Delikatessen vom Mercat de Santa Catalina *(siehe S. 9)* in Palma, Wein und Olivenöl aus der Serra de Tramuntana.

Die Food-Expertin bietet auch kulinarische Führungen durch die Serra und Palma an.

Fideuà – Nudelgericht und Variante zur Paella

Caroline Fabian – Private Cooking Mallorca
Avinguda Principal de Ses Rotgetes 23, Esporles.
☎ 678 185 812. 🅦 privatecooking-mallorca.com

Fahrt zum Cap de Formentor

Die kurvenreiche Panoramastrecke auf der 13 Kilometer langen Halbinsel Formentor zum nördlichsten Punkt der Insel gehört zu den spektakulärsten Routen auf Mallorca.

Bevor die Serra de Tramuntana im Meer versinkt, präsentiert sie sich noch einmal von ihrer eindrucksvollsten Seite – eine Naturkulisse von dramatischer Schönheit, geprägt vom Kontrast zwischen steil abfallenden Felsen und idyllischen Badebuchten. Wilde Romantik!

TRAUMSTRECKE FÜR AUTOFAHRER

Für die 21 Kilometer lange Route muss man kein Meister der Serpentine sein, sollte zum Staunen aber lieber anhalten. Die Szenerie versetzt viele Betrachter in einen wahren Fotorausch.

Start ist in Port de Pollença. In zahlreichen Kurven schlängelt sich die Straße bergauf und führt an einem Wehrturm vorbei. Etwa auf halber Strecke verläuft eine Seitenstraße zur Platja Formentor, einem attraktiven Sandstrand. Ob Badestopp oder nicht: Die Hauptstraße führt weiter nach Nordosten. Pfade verlaufen zur Cala Figuera (km 12) und zur Cala Murta (km 13), zwei ruhigen Buchten mit kristallklarem Wasser. Schließlich erreicht man die Spitze der Halbinsel mit ihrem Leuchtturm *(siehe S. 111)*. Der Blick von dort fliegt ins Blau – was für ein Finale.

Cap de Formentor – Landspitze mit Leuchtturm

360°-Panoramafotos: 🅦 mallorca-panorama.de

Strand von Sant Elm mit vorgelagerten Inseln

❶ Andratx

Karte B6. 🏔 7000 (Andratx), 3000 (Port d'Andratx). 🛈 Avinguda de la Cúria 1, 971 628 000. 🔲 andratx.cat

Der Mittwochsmarkt in Andratx zählt zu den stimmungsvollsten im Südwesten Mallorcas. Das schmucke Ortsbild prägen viele alte, meist ockerfarbene Häuser und kopfsteingepflasterte Gassen. Bedeutendstes Bauwerk ist die Kirche Santa María (13. Jh.), deren Turm bei Seeräuberangriffen als Zufluchtsstätte diente. Das etwas außerhalb gelegene Centro Cultural Andratx (ccandratx.com) präsentiert moderne Kunst auf hohem Niveau.

Weinproben in idyllischer Umgebung bietet das Weingut Santa Catarina *(siehe S. 90).*

Umgebung: Fünf Kilometer südwestlich von Andratx liegt **Port d'Andratx**. Das einstige Fischerdorf ist heute ein mondäner Ferienort mit luxuriösen Residenzen, in der geschützten Bucht ankern exklusive Yachten. In der Umgebung von Andratx und dem benachbarten Ort Calvià gibt es einige schöne Golfplätze *(siehe S. 162f).*

❷ Sant Elm

Karte A6. 🏔 400. 🛈 Avinguda Jaume I 28, 971 239 205. 🔲 crucerosmargarita.com

Sant Elm ist weit mehr als nur Ausgangspunkt für Boote zur rund einen Kilometer vorgelagerten Insel Sa Dragonera *(siehe S. 93).* Der ruhige und gepflegte Ferienort am westlichsten Punkt Mallorcas bietet einen überaus schönen Sandstrand und eine hübsche Promenade mit vielen Cafés und Restaurants, von einigen hat

man Sicht auf die Dracheninsel und die kleinere Insel Es Pantaleu. Equipment für Wassersportarten wie Kayakfahren, Stand Up Paddling oder Tauchen kann man vor Ort ausleihen (www.keida.es). Noch ein Tipp: Der Blick auf Sa Dragonera bei Sonnenuntergang ist kaum zu toppen.

❸ Banyalbufar und Estellencs

Karte C4–5. 🏔 550 (Banyalbufar), 350 (Estellencs).

So stellt man sich idyllische Bergdörfer vor: Hanglage, Steinhäuser, Gassengewirr, steile Wege zum Meer und immer wieder fantastische Aussichten prägen die beiden sechs Kilometer voneinander entfernten Orte – auch wenn Estellencs einen Tick romantischer wirkt. Eine Augenweide sind die Terrassenfelder *(siehe S. 95)* mit Gemüsebeeten sowie Oliven-, Mandel- und Zitrusbäumen, deren Duft in der Blütezeit durch die Dorfstraßen weht. Der Weinbau ging seit der Reblausplage Ende des 19. Jahrhunderts deutlich zurück.

Im Hinterland von Estellencs ragt der 1026 Meter hohe Puig de Galatzó auf, das gleichnamige Naturreservat bietet viele Optionen für Wanderer. Hinter der Bergkette erreicht man die malerischen Orte Galilea und Puigpunyent.

Hafenmole von Port d'Andratx: Anlegeplatz und Flaniermeile mit Leuchtturm

Restaurants in der Serra de Tramuntana *siehe Seite 112*

Sa Dragonera

Wie ein schlafender Drache ragt die Insel aus dem Meer – daher der Name. Die unbewohnte Dracheninsel war früher Piratenunterschlupf, heute steht sie unter Naturschutz. Sa Dragonera (ca. 3 km²) eignet sich für kleinere Wanderungen, bei denen man viele Dragonera-Eidechsen (»Mini-Drachen«) ins Gestrüpp huschen sieht, auch Tauchgänge sind möglich. Den besten Blick hat man von der Ruine des Leuchtturms Far Vell am höchsten Punkt (353 m). Nehmen Sie Proviant und Sonnenschutz mit, es gibt auf der Insel keine Einkehrmöglichkeiten und kaum schattige Plätze.

Infobox

Information
Karte A6. ☎ 971 180 632 (Naturpark). **Überfahrt** (mehrmals tägl.; Dauer: 20 Min.): Feb, März: Mo–Sa 9.45–13.15 Uhr (letzte Rückfahrt: 15 Uhr); Apr–Sep: tägl. 9.45–14.15 Uhr (letzte Rückfahrt: 16.50 Uhr); Okt: tägl. 9.45–13.15 Uhr (letzte Rückfahrt: 15 Uhr).
W crucerosmargarita.com
W scuba-activa.com

Blick auf die Dracheninsel
Eine Gestalt wie das gleichnamige Fabelwesen: Kopf, Panzer mit Schuppen und langer Schweif *(von links)*.

Far de Tramuntana
Früher signalisierten Leuchttürme Piratenangriffe, heute sind sie wichtige Landmarken. Zwischen dem Leuchtturm an der Nordostspitze *(oben)* und dem Far es Llebeig an der Südwestspitze verläuft ein Wanderweg.

Eidechsen
Dragonera-Eidechsen lebten schon vor Ankunft des Menschen auf der Insel. Man begegnet ihnen hier einfach überall: im Gebüsch, auf Wanderwegen und Felsklippen – bei mehreren Hunderttausend Exemplaren keine Überraschung.

Karte *siehe Extrakarte zum Herausnehmen*

🇹2 Nordwestküste

Die Bergwelt der Serra de Tramuntana bietet dramatische Ausblicke und erholsame Abgeschiedenheit. Orte wie Andratx und Valldemossa bergen kunsthistorisch bedeutende Attraktionen. Am beeindruckendsten ist die Szenerie der zerklüfteten Küste, die zugleich finster und wunderschön wirkt. Die Route durch Tunnel und Schluchten ist atemberaubend und trotz teils enger Kurven keineswegs schwierig zu befahren – mit Ausnahme der Stichstraßen zu Port d'es Canonge und Port de Valldemossa. Man kann sie an einem Tag zurücklegen. Sehr Sportliche bewältigen die Tour mit dem Fahrrad.

④ **Mirador de Ses Ànimes**
Der Turm auf einem steilen Felsen war Teil eines Piratenfrühwarnsystems. Heute dient er als Aussichtsturm. Der Eingang ist eng, zur Terrasse ganz oben führt nur eine Trittleiter.

② **Mirador de Ricardo Roca**
Von der Terrasse des Restaurants Es Grau bietet sich ein Bilderbuchblick auf die Nordwestküste. Genießen Sie ihn in vollen Zügen!

③ **Estellencs**
Mit seinen alten Steinhäusern und den engen Gassen wirkt das Bergdorf fast ein wenig düster – aber interessant. Vor der Kirche steht diese bronzene Skulptur.

Banyalbufa

☀ ④ Mirador de Ses Animes

Estellencs ③

Mirador de Ricardo Roca
②
Ma-10

Serra de Tramuntana

Ma-1032

Ma-1031

Calvià

① **Andratx**
Einladende Plätze mit Cafés und kopfsteingepflasterte Straßen prägen die zauberhafte Kleinstadt. Am Mittwoch ist Markttag, legen Sie Ihren Besuch möglichst auf diesen Tag.

① Andratx

Ma-1   Ma-1A

Palma

0 Kilometer   2

Legende
▬ Routenempfehlung
═ Andere Straße
▬ Panoramastraße

Restaurants in der Serra de Tramuntana *siehe Seite 112*

⑤ Banyalbufar
Araber gründeten den Ort und legten hier Terrassenfelder an. Die so ausgeklügelte wie aufwendige Landbaumethode gibt auch optisch viel her.

⑦ Sa Granja
So sollten Museen sein: In dem früheren Landgut finden auch Tanz- und Handwerkspräsentationen sowie Weinproben und Pferdedressuren statt.

Routeninfos

Länge: 50 km.
Rasten: In den meisten Orten gibt es ein Restaurant oder eine Bar. Das Restaurant beim Mirador de Ricardo Roca ist sehr gut. Unterkünfte findet man u. a. in Andratx und Valldemossa.
Infos: Avinguda Palma 7, Valldemossa. ☎ 971 612 019.

360°-Panoramafotos
Ⓦ mallorca-panorama.de

⑥ Port d'es Canonge
Die Straße zu dem Fischerhafen mit Strand ist eng und kurvig, doch ein Bad im Meer entschädigt für alles. Beim Schnorcheln macht man spannende Entdeckungen.

⑧ Esporles
Im Zentrum des hübschen Dorfs zwischen Orangen- und Mandelbaumhainen verläuft der platanengesäumte Passeig del Rei mit Cafés und Restaurants – ideal für eine Rast.

⑨ Port de Valldemossa
Ein kleiner Kiesstrand und ein paar gute Fischrestaurants belohnen die Fahrt auf der kurvigen Straße, die von Valldemossa hierher führt. Das idyllische Dorf verlockt zu einem Bummel.

Terrassenanbau mit Olivenbäumen – kulturelles Erbe der Araber

Tramuntana mit dem Fahrrad
Die Bergstrecken durch das Gebirge sind gut asphaltiert. Lassen Sie sich nicht täuschen: Es sind viele Höhenmeter zu bewältigen.

⑩ Valldemossa
Frédéric Chopin verbrachte hier den Winter 1838/39. Das gesamte Ortszentrum ist ein einziges Museum. Machen Sie Ihre eigene Führung!

❹ Sa Granja

Ein Ort für Nostalgiker und Genießer: Das zum Museum umgestaltete Landgut *(finca)* ist bekannt für seine Probierstuben mit regionalen Produkten. Kosten Sie Wein und Likör, Käse und Wurst, Feigenbrot und *bunyols* genanntes Schmalzgebäck. Früher lebten hier Mönche, doch das Anwesen ist längst in Privatbesitz. Der Rundgang zeigt, dass sich die früheren Bewohner komplett selbst versorgen konnten. Besonders spannend sind die Werkstätten alter Handwerke und die Pferdedressuren. Im Restaurant werden mallorquinische Köstlichkeiten serviert.

Färberei
In Bottichen färbte man Stoffe und Gewebe in allen Farben – ausschließlich in Handarbeit.

Finca
Das an einen Hang gebaute Anwesen diente gleichzeitig als Residenz und Produktionsbetrieb für Nahrungsmittel. Heute erlebt man hier typisch mallorquinische Traditionen.

Bibliothek
Kassettendecke, Sekretäre und leicht wacklige Bücherregale – Inbegriff eines Lesezimmers.

Innenhof
Der schön bepflanzte Hof ist das Herz des Landguts. Beachten Sie den Oldtimer in einer offenen Garage sowie die Weinfässer, an denen Sie sich bedienen dürfen.

Außerdem

① Restaurant

② Tor zum Park

③ **Am Haupteingang** befinden sich der Laden und ein Café.

Salon
Die privaten Gemächer sind noch original eingerichtet: Schaukelstühle, Kommoden, Gemälde, Wandteppiche, Kronleuchter – Zeugnisse herrschaftlichen Wohnkomforts.

Infobox

Information
Karte C5. ☏ 971 610 032.
⊙ tägl. 10–19 Uhr (Winter: bis 18 Uhr). 🖼 ⬧
Handwerksausstellung und Pferdedressuren: Feb–Okt: Mi, Fr 15–16.30 Uhr.
W lagranja.net

Garten
Hinter der *finca* liegt dieser grüne, inspirierende Fleck mit Springbrunnen und Grotte.

Korridor
Er ist lichtdurchflutet mit bodentiefen Fenstern und Aussicht auf den Hof. Ein angrenzender Raum zeigt eine Spielzeugausstellung.

Flechterei
Wie entsteht ein Korb? Die authentischen Präsentationen traditioneller Handwerkszweige begeistern große und kleine Besucher. Zu den ältesten Handwerken gehört das Flechten von Körben und anderen Behältnissen.

Karte *siehe Extrakarte zum Herausnehmen*

❺ Valldemossa

Karte D4. 🚌 2000. ℹ️ Avinguda
Palma 7, 971 612 019.
🔲 valldemossa.es
🔲 festivalchopin.com

Blumengeschmückte Fassaden prägen das Ortsbild von Valldemossa

In ihrem Buch *Ein Winter auf Mallorca* preist die Autorin George Sand *(siehe S. 99)* Valldemossa als schönsten Ort, den sie je besuchte. Noch heute kann man sich dem Zauber des Orts kaum entziehen. Nach der berühmten Kathedrale von Palma gilt das Kartäuserkloster (spanisch: *cartuja*; katalanisch: *cartoixa*) als meistbesuchtes Bauwerk der Insel. Doch auch ein Bummel durch die vielen pittoresken Gassen ist ein Erlebnis. Dabei passiert man blumengeschmückte Natursteinhäuser,

Palast mit Saal für Klavierkonzerte

hübsch dekorierte Läden und einladende Cafés. An vielen Gebäuden sieht man Fliesen, in denen die Inselheilige Santa Catalina Thomàs *(siehe Kasten)* um Beistand gebeten wird.

Spannend ist die Geschichte des Klosters: Auf den Grundmauern eines arabischen Schlosses ließ der spanische König im 14. Jahrhundert einen Palast errichten. Dieser wurde 1399 an Kartäusermönche übertragen, die ihn zum Kloster umbauten. 1835 wurden die Mönche enteignet und verließen das Kloster, die geräumigen Zellen wurden weltlichen Zwecken zugeführt.

Der polnische Komponist Frédéric Chopin *(siehe S. 99)* mietete hier 1838 mit seiner Geliebten George Sand eine ehemalige Mönchszelle – gewissermaßen der Beginn des Tourismus auf Mallorca.

Zum Kloster gehört eine Kapelle mit spätbarocken Deckengemälden von Miguel Bayeu, einem Verwandten Goyas. Die angrenzenden Zellen beherbergen Erinnerungsstücke an Chopin und Sand.

Ältester Teil der Klosteranlage ist der Palau del Rei Sanç (Palast von König Sancho). Beim Festival Chopin im August wird er zur Bühne für Klavierkonzerte. Das ebenfalls im Kloster untergebrachte Museu Municipal d'Art präsentiert Werke spanischer Künstler wie Antoni Tàpies, Joan Miró und Juli Ramis (1910–1990), der in Sóller geboren wurde. Auch Pablo Picassos Stichzyklus *Begräbnis des Grafen Orgaz*, inspiriert von einem

berühmten Gemälde El Grecos, ist hier zu sehen. In der Klosterapotheke stehen Majolika- und Glasbehälter, in denen einst wundersame Heilmittel aufbewahrt wurden. Im Klostergarten kann man meditieren oder promenieren.

Das Geburtshaus der Santa Catalina Thomàs (Carrer Rectoría 5) wurde in eine reich dekorierte Kapelle verwandelt, eine Statue der Heiligen steht vor dem Haus.

Der Promifaktor Valldemossas ist hoch: Berühmtheiten wie Michael Douglas haben sich hier oder in der näheren Umgebung niedergelassen.

Umgebung: Sechs Kilometer nördlich von Valldemossa liegt **Port de Valldemossa** malerisch an einer Bucht. Das von Klippen umgebene Fischerdorf erreicht man nur über eine enge Straße mit Haarnadelkurven. Der Kiesstrand ist zwar klein, aber wunderschön.

Fliese mit Bild der Heiligen, Hauswand in Valldemossa

Santa Catalina Thomàs (1531–1574)

Die in Valldemossa geborene Catalina Thomàs ist die einzige mallorquinische Heilige. Im Alter von 23 Jahren trat sie in einen Augustinerorden ein. Catalina war für ihre tiefe Demut bekannt und lehnte daher den Posten der Mutter Superior ab. Sie wollte Gott dienen und nicht herrschen. Bestattet ist sie in der Kapelle des Konvents Santa María Magdalena in Palma, wo sie viele Jahre lang lebte. Im Jahr 1930 wurde Catalina heiliggesprochen.

Restaurants in der Serra de Tramuntana *siehe Seite 112*

Frédéric Chopin und George Sand

Der große polnische Komponist Chopin (1810–1849) verbrachte im Winter 1838/39 vier Monate in Valldemossas Kloster *(siehe rechts)*. In seiner Begleitung befanden sich Aurore Dupin, besser bekannt als die französische Autorin George Sand (1804–1876), und deren Kinder. Das Paar wollte hier neugierigen Blicken der Pariser Gesellschaft entgehen und zugleich etwas für Chopins Gesundheit tun. Doch wegen des schlechten Wetters in jenem Winter wurde seine Tuberkulose noch schlimmer. Der Besuch des Paars in Valldemossa, den Sand in *Ein Winter auf Mallorca* beschrieb, machte das Bergdorf noch berühmter.

Infobox

Information

Cartoixa (Kartause)

Plaça de la Cartoixa s/n. 971 612 986. Apr–Sep: Mo–Sa: 9.30–19 Uhr; März, Okt: Mo–Sa: 9.30–18 Uhr; Feb, Nov: Mo–Sa: 9.30–17.30 Uhr; Dez, Jan: Mo–Sa: 9.30–15.30 Uhr (Feb–Dez: auch So 10–13 Uhr). **cartujadevalldemossa.com** **celdadechopin.es**

Pleyel-Klavier
Dieses Klavier ist das älteste Instrument von Frédéric Chopin. Es befindet sich in Zelle Nr. 4, wo er mehrere Stücke komponierte.

George Sand
Die französische Autorin und Journalistin war eine unkonventionelle Gestalt und ihrer Zeit weit voraus – sie trug Hosen, rauchte Zigarren und lebte mit Chopin in wilder Ehe.

Frédéric Chopin
Das Porträt (1838) ist ein Werk von Eugène Delacroix. Der enge Freund Chopins und Sands zählt zu den Wegbereitern des Impressionismus.

Cartoixa
Die in kräftigem Blau bemalte Spitze des Glockenturms der Kartause leuchtet unter Mallorcas Sonne.

Karte *siehe Extrakarte zum Herausnehmen*

❻ Jardines de Alfàbia

Karte E4. Carretera Palma–Sóller, km 17. ☎ 971 613 123. ⏰ Apr–Okt: tägl. 9.30–18.30 Uhr; Nov–Märze: Mo–Fr 9.30–17.30, Sa 9.30–13 Uhr (letzter Einlass: 60 Min. vor Schließung). ♿
Ⓦ jardinesdealfabia.com

Das Ensemble ist ein außergewöhnlich schönes Beispiel arabischer Gartenbaukunst. Besucher spazieren durch dieses kleine Paradies unter Laubengängen und auf Alleen, vorbei an Palmen, meterhohen Farnen und Zitrusbäumen, Teichen, Brunnen und Bächen – immer begleitet vom leisen Plätschern der Wasserspiele.

Am höchsten Punkt des Anwesens steht das prunkvolle Landhaus mit alten Möbeln, Gemälden und Wandteppichen. Zu den meistfotografierten Objekten gehören ein herrschaftlicher Lehnstuhl (15. Jh.) mit prachtvollen Schnitzereien, die Menschen und Tierfiguren zeigen, und der Salon, in dem die spanische Königin Isabella II bei einem Besuch am 15. September 1860 übernachtete. Sehenswert ist auch die fein geschnitzte Kassettendecke (12. Jh.) in einem Durchgang zum Innenhof. Einige Gravuren zeigen Wappen der hier wohnenden arabischen Familien. Nach Ende der arabischen Herrschaft residierten mallorquinische Adelsfamilien in dem Anwesen.

Jardines de Alfàbia – blühendes Erbe aus arabischer Zeit

❼ Castell d'Alaró

Karte F4. 🗻 5200. ℹ Plaça de la Vila 17, 971 940 503.
Ⓦ castellalaro.cat

Alaró liegt eindrucksvoll am Fuß des Puig d'Alaró (824 m). Das historische Zentrum ist reizvoll. Die Kleinstadt ist Ausgangspunkt für Wanderungen zum fünf Kilometer nördlich gelegenen Castell d'Alaró (817 m). Die Strecke führt durch eine schöne Terrassenlandschaft mit Olivenhainen. Der erste Teil kann mit dem Auto zurückgelegt werden (auf Schlaglöcher achten!), den letzten Abschnitt bewältigt man besser zu Fuß.

Die arabische Festung galt lange als uneinnehmbar. Sie war zur Zeit der christlichen Eroberung Mallorcas (13. Jh.) eine der letzten arabischen Bastionen und wurde erst nach langer Belagerung aufgegeben. Von der ursprünglichen Festung sind noch die Burgmauer und einige Türme erhalten. Die Szenerie mit Burgruine in gebirgiger Landschaft hat etwas Wildromantisches. Der Blick über die Umgebung ist einzigartig. In der Nähe liegt die Tropfsteinhöhle Cova de Sant Antoni (Lampe mitnehmen).

❽ Son Marroig

Karte D4. ☎ 971 639 158. ⏰ Apr–Sep: Mo–Sa 9.30–19 Uhr; Okt–März: Mo–Sa 10–18 Uhr. ♿
Ⓦ sonmarroig.com
Ⓦ ludwig-salvator.com

Spektakulärer geht es kaum: Die prachtvolle Villa, in der sich der Habsburger Erzherzog Ludwig Salvator 1872 niederließ, thront hoch über der Küste. Der österreichische Adlige widmete sich hier der Erforschung und Förderung der Insel.

Das Anwesen ist heute ein Museum mit Erinnerungsstücken an den Wahl-Mallorquiner. Im Garten steht eine Rotunde aus weißem Marmor. Von hier hat man einen grandiosen Blick auf die Halbinsel Sa Foradada mit dem berühmten »Lochfelsen«.

Südwestlich von Son Marroig befindet sich der Monestir de Miramar. In dem Haus übernachtete die österreichische Kaiserin Elisabeth (»Sisi«) bei Aufenthalten auf Mallorca.

Marmorne Rotunde mit Ausblick im Garten von Son Marroig

Restaurants in der Serra de Tramuntana siehe Seite 112

❾ Künstlerdorf Deià

Fast zu schön, um wahr zu sein: Von mediterranen Gärten umrahmte Landhäuser schmiegen sich an den Hang. Steile Gassen verbinden die Anwesen und führen zu Aussichtspunkten, von denen man aufs Meer, auf Zitrusgärten und Olivenhaine blickt. Kein Wunder, dass sich hier Künstler und Literaten inspirieren ließen – von Miró bis Graves. Noch heute weht ein Hauch von Bohème durch das Dorf. Kunstgalerien, edle Boutiquen, Terrassenrestaurants und Top-Hotels mit illustrer Gästeliste runden das Bild ab. Ein Drittel der Bewohner sind heute Ausländer.

Infobox

Information
Karte D4. 🏔 700. 🛈 Porxo 4, 971 639 077. 🎭 Sant Joan Baptista (24. Juni). 🆆 deia.info
La Casa de Robert Graves Carreterra Deià–Sóller s/n. 📞 971 636 185 ⏰ Apr–Okt: Mo–Fr 10–17, Sa 10–15 Uhr; Nov, Feb, März: Mo–Fr 9–16, Sa 9–12 Uhr; Dez, Jan: Mo–Fr 10.30–13.30 Uhr. ♿
🆆 lacasaderobertgraves.org

Cala Deià
Eine kurvige Straße und ein Fußweg (2 km) führen hinunter zum Kiesstrand von Deià. Im türkisfarbenen Meer tummeln sich Wassersportler.

Ludwig Salvator
Der Habsburger Erzherzog (1847–1915) ließ sich in Son Marroig nieder *(siehe S. 100)* und wurde Ehrenbürger Mallorcas.

Deià
Der Inbegriff mallorquinischer Idylle: Zwischen den Natursteinhäusern ragen Palmen und Zypressen auf.

Robert Graves
Der englische Autor (1895–1985) lebte von 1946 bis zu seinem Tod 1985 in Deià. In seinem Haus wurde 2006 ein Museum eingerichtet *(siehe Infobox).*

Ava Gardner
Die US-amerikanische Schauspielerin (1922–1990) war eng mit Graves und dessen Gattin befreundet. Ihre Aufenthalte bei den beiden in Deià beschrieb sie eindrücklich in ihren Memoiren *Ava My Story.*

Karte *siehe Extrakarte zum Herausnehmen*

❿ Sóller

Karte E3. 🚠 14 000. ℹ️ Plaça
Espanya s/n, 971 638 008.
🌐 sollernet.com

Orangen, Orangen, Orangen:
Bis an den Stadtrand gedeihen
die Zitrusfrüchte in ausgedehnten Hainen, zur Blütezeit weht
ihr Duft durch die Straßen und
Gassen, an Marktständen sieht
man sie aus riesigen Kisten
quellen, in den Straßencafés
geben sie vielen Desserts (vor
allem Eisspezialitäten) eine
fruchtig-saure Note. Unbedingt
probieren: Sóller Flip mit Oran-
gensaft, Orangeneis, Vanilleeis
und Sahne.

Schon im Mittelalter ver-
dankte die Stadt am Fuß der
Serra de Alfàbia ihren Wohlstand dem Anbau und Handel
mit Orangen. Vor dem Bau der
Eisenbahn *(siehe S. 103)* war
Sóller vom Rest der Insel iso-
liert und exportierte Orangen
über den Hafen Port de Sóller
(siehe unten) auf das spanische
Festland und nach Frankreich.

Durch die Einnahmen blüh-
ten Architektur und Kunst.
Nach Palma ist Sóller die am
zweitstärksten vom Jugendstil
(modernisme) geprägte Stadt
der Insel. Alle Wege führen zur
Plaça Constitució, die oft als
schönster Platz Mallorcas be-
zeichnet wird. Sein besonderes
Flair erhält er auch durch zwei
Bauten mit Jugendstil-Fassade:
die Kirche Sant Bartomeu mit
großer Fensterrose und das

Fassade der Kirche Sant Bartomeu in Sóller

Gebäude der Banc de Sóller –
beides Werke von Joan Rubió i
Bellver, einem Schüler Antoni
Gaudís. Auch das **Can Prunera
Museu Modernista** mit Jugend-
stil-Objekten und einer Gemäl-
desammlung (19./20. Jh.) mit
u. a. Werken von Joan Miró
und Paul Klee wurde nach seinen Entwürfen errichtet. Falls
Sie sich für Kunsthandwerk interessieren: Durch die Räume
des mit alten Möbeln und Keramiken bestückten Museu del
Casal de Cultura weht ein
Hauch des alten Mallorca
(www.sollernet.com/casal).

In seiner Art auf Mallorca
einmalig ist das Museu Balear

de Ciències Natu-
rals (Balearenmu-
seum der Natur-
wissenschaften).
Mit dem angren-
zenden Jardí Bo-
tànic, der die
Pflanzenvielfalt
der Insel wider-
spiegelt, bildet es
ein Ensemble, das
es zu entdecken
gilt (www.museu
cienciesnaturals.
org).

Sóller erreicht
man mit der
Eisenbahn *(siehe
S. 103)*, mit dem
Auto über eine
Bergstraße oder
den (mautpflich-
tigen) Tunnel.

🏛️ **Can Prunera Museu Modernista**
Carrer de Sa Lluna 86. 📞 971 638
973. 🕐 März–Okt: tägl. 10.30–
18.30; Nov–Feb: tägl. 10.30–
18 Uhr. ♿ 🌐 canprunera.com

Umgebung: Fünf Kilometer
von Sóller entfernt liegt Port
de Sóller, ein schöner Ferienort
mit halbkreisförmigem Hafen
und Strand. Von hier können
Sie einen Bootsausflug unternehmen oder zu den Leuchttürmen wandern. Anfang Mai
wird hier und in Sóller eine historische Schlacht (1561) zwischen Christen und Mauren
nachgestellt – ein kunterbun-
tes, lautstarkes Spektakel.

Alter und neuer Leuchtturm *(siehe S. 111)* an der Steilküste bei Port de Sóller

Restaurants in der Serra de Tramuntana *siehe Seite 112*

🚂 Zugfahrt von Palma nach Port de Sóller

Ein Highlight nicht nur für Nostalgiker: Die stimmungsvollste Art, von Palma nach Sóller (und zurück) zu kommen, ist eine Fahrt mit dem »Roten Blitz«. Diese elektrische Schmalspurbahn ist seit 1912 unterwegs. Auf der 27 Kilometer langen Strecke winden sich die knatternden Waggons durch die Serra de Tramuntana. Ständig eröffnen sich neue Perspektiven. Ebenso nostalgische Trams verbinden Sóller mit dem Küstenort Port de Sóller.

⑤ Port de Sóller
Die Fahrt von Sóller nach Port de Sóller an die Küste dauert 15 Minuten. Die Trams, die häufiger verkehren als der Zug, fahren am Strand entlang. Endstation ist der Hafen.

③ Mirador Pujol d'en Banya
Ein traumhafter Blick auf Sóller vor fantastischer Bergkulisse bietet sich den Passagieren beim Stopp an diesem Aussichtspunkt.

② Bunyola
Der verwinkelte Ort mit extrem schmalen Gassen ist die letzte Haltestelle vor der schwindelerregenden Fahrt durch die Serra de Tramuntana.

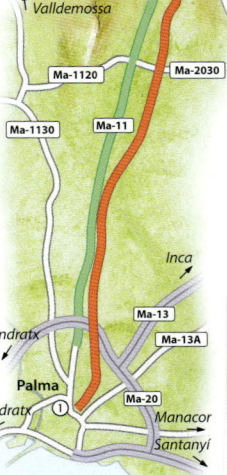

④ Sóller
Nach einer Stunde und 13 Tunnels erreicht die Bahn Sóller. Von hier fährt eine Tram durch das Zentrum in den Hafenort Port de Sóller.

① Palma
Die holzverkleideten Waggons starten an der Placa d'Espanya. Schon in der nostalgischen Bahnhofshalle beginnt die Zeitreise. Je nach Jahreszeit gibt es täglich vier bis sechs Fahrten nach Sóller und zurück.

Port de Sóller
⑤
Pollença
Ma-10 · ④ Sóller
↑ Valldemossa
Mirador Pujol ③ Ma-11
d'en Banya
Ma-2010
② Bunyola
Ma-2010
↑ Valldemossa
Ma-1120 · Ma-2030
Ma-1130 · Ma-11
Inca
Ma-13
Andratx · Ma-13A
Palma
Andratx · ① · Ma-20
Manacor
Santanyí

0 km · · 2

Legende
■ Routenempfehlung
- - - Tunnel
■ Autobahn
■ Panoramastraße
═ Andere Straße

Routeninfos
Länge: 27 km.
Rasten: In Sóller gibt es viele Cafés und Restaurants.
Zug-Infos: Carrer Eusebio Estada 1, Palma, 971 752 051; Plaça d'Espanya 6, Sóller, 971 630 130. W trendesoller.com

360°-Panoramafotos
W mallorca-panorama.de

Karte *siehe Extrakarte zum Herausnehmen*

Strand am Ende der Schlucht Torrent de Pareis bei Sa Calobra

⓫ Sa Calobra

Karte F2. ⛰ 100.

Ein paar Häuser an einer von Klippen umgebenen Bucht *(cala)* – das ist der Ferienort Sa Calobra. »Der Weg ist das Ziel« – auf wenige Orte trifft dieses Zitat in ähnlicher Weise zu. Man erreicht Sa Calobra und die Bucht über einen durch Tunnel führenden Küstenweg, per Schiff von Port de Sóller, bei einer Kletterwanderung von Escorca *(siehe S. 107)* oder über eine Straße (12 km) mit engen Kurven über tiefen Abgründen *(siehe Kasten)*. Nicht umsonst trägt eine sich selbst überquerende 300-Grad-Kurve den Beinamen *Nus de la Corbata* (»Krawattenknoten«). Die Serpentinenstrecke zweigt beim Stausee Embalse de Gorg Blau von der Straße Sóller–Pollença ab.

Zwei Kilometer vor Sa Calobra können Sie links in den Ort Cala Tuent mit gleichnamigem Strand abbiegen.

⓬ Coves de Campanet

Karte G3. Autopista Palma–Alcúdia, km 37. ☎ 971 516 130. ⊘ tägl. 10–19 Uhr (Winter: bis 18 Uhr). ♿ 💳 🖥 Ⓦ **covesdecampanet.com**

Mallorca ist eine Insel der Höhlen *(siehe S. 26f)*. Die nach dem Ort Campanet (2500 Einwohner) benannten Coves de Campanet gehören zu den weniger bekannten, sind aber durchaus reizvoll. Auch ohne Farbeffekte und Live-Musik werden die bizarr geformten Stalagmiten und Stalaktiten würdevoll in Szene gesetzt. Das weiße Licht lässt manche Säle wie traumhafte Winterlandschaften erscheinen.

⓭ Ses Fonts Ufanes

Karte G3. Finca Gabellí Petit.

Was für ein Naturschauspiel: In einem ansonsten beschaulichen Eichenwald nordwestlich der Coves de Campanet ereignet sich in unregelmäßigen Abständen etwas höchst Sonderbares: Nach besonders heftigen Regenfällen sprudeln die Quellen Ses Fonts Ufanes. So weit, so natürlich. Doch binnen kurzer Zeit wird die Szenerie regelrecht dramatisch, die vereinzelten Rinnsale rauschen dann wie reißende Sturzbäche talwärts und setzen den Wald unter Wasser.

Dieses so spektakuläre wie faszinierende Ereignis tritt nur alle paar Jahre ein, letztmals im Januar 2015. Wenn die mallorquinischen Medien melden, dass es wieder so weit ist, sollte man schnell sein.

Serra de Tramuntana

Mallorcas Nordwesten wird von der Serra de Tramuntana dominiert. Seit 2011 gehört diese Traumlandschaft zum UNESCO-Welterbe. Höchster Gipfel des 90 Kilometer langen, spektakulären Massivs ist der für die Öffentlichkeit gesperrte Puig Major (1445 m). Am besten erkundet man die Gegend zu Fuß. Alternativ können Sie sich mit dem Auto in die Bergwelt wagen (einige Highlights zeigt die Autotour auf Seite 94f). Auf den Bergstrecken, die in Haarnadelkurven teils an steilen Abgründen vorbeiführen, sollten Sie besonders vorsichtig sein. Eine Herausforderung – auch für passionierte Autofahrer – ist die Serpentinenstraße nach Sa Calobra. Bei Fahrten frühmorgens und spätnachmittags vermeiden Sie Buskarawanen. 360°-Panoramafotos: Ⓦ **panodino.com**

Traum oder Albtraum? Serpentinenstraße nach Sa Calobra

◀ Port d'Andratx: einst Fischerdorf, heute mondäner Ferienort *(siehe S. 92)*

🆃4 Schlucht Torrent de Pareis

Mancher Outdoor-Enthusiast kommt allein für diese anspruchsvolle Kletterwanderung nach Mallorca. Beste Zeit für das Abenteuer sind Trockenperioden zwischen Mai und September. Man kann von Escorca aus die gesamte Schlucht hinabsteigen (ca. 4 Std.), die Höhendifferenz beträgt rund 500 Meter. Doch es geht auch kürzer: Beim Aufstieg von Sa Calobra erreicht man bereits nach etwa einer Stunde einige der größten Highlights. Diese Tour eignet sich nur für Geübte mit entsprechender Ausrüstung. Achten Sie auf der ganzen Route auf Wegweiser und Steinmännchen.

Routeninfos

An-/Abfahrt: Boote fahren zwischen Sa Calobra und Port de Sóller, Busse zwischen Port de Sóller und Escorca.
Rasten: Keine Einkehrmöglichkeit. Nehmen Sie ausreichend Wasser und Proviant mit.
Infos: Die Tour sollte man nur bei trockenem Wetter unternehmen. Eine Beschreibung, Angebote für Touren und aktuelles Kartenmaterial finden Sie online unter 🆆 torrentdepareis.info

360°-Panoramafotos
🆆 panodino.com

Std.
0:00 | Escorca

S'Entreforc
An dieser Stelle nähern sich steile Felswände bis auf einen schmalen Durchgang an. Hier vereinigen sich die beiden Schluchten Torrent des Gorg Blau und Torrent de Lluc zum eigentlichen Torrent de Pareis. Das folgende Felslabyrinth mit Kletterpassagen, Höhlen und Gumpen fordert auch den Orientierungssinn der Wanderer heraus.

1:30 | S'Entreforc

1:45 | Gumpen und Bachbett

2:00 | Cova des Soldat Pelut

Unterwegs
Hinter jeder Ecke der gewaltigen Schlucht bietet sich ein neues Panorama. Im Verlauf der Tour sind einige Passagen zu durchwaten.

Steinmännchen
Diese oft filigran aufeinandergestapelten Steine sind wichtige Markierungen in unwegsamem Gelände.

3:00 | Cova des Romagueral

3:30 | Grassos estrenyeu-vos und Pas de S'Estaló (Kletterpassagen)

Font des Degotis (Quelle)

4:00 | Endpunkt

Ende bei Sa Calobra
Eine sehr schmale Öffnung verbindet die Schlucht mit dem Meer. Zum Abschluss der Tour lockt der Strand *(siehe S. 16f)*.

Karte *siehe Extrakarte zum Herausnehmen*

⓮ Santuari de Lluc

Das Kloster in Lluc ist das geistliche Zentrum der Insel. Größte Attraktion ist die kleine Marienstatue *(La Moreneta)*: Ein junger Schafhirte namens Lluc soll sie im 13. Jahrhundert in einer Höhle gefunden haben. Man brachte die Statue in die Kirche, doch sie kehrte immer wieder an den Fundort zurück. Schließlich baute man für das wundersame Objekt eine eigene Kapelle. Neben Urlaubern pilgern vor allem an Sommerwochenenden auch viele Mallorquiner zu dieser heiligen Stätte.

Fassade der Kirche
Die schlicht gestaltete Fassade mit Glockenaufsatz steht im Kontrast zum reich ausgeschmückten Inneren. Durch die kleinen Fensteröffnungen dringt nur wenig Licht.

Statue von Bischof Campins
Bischof Pere-Joan Campins beauftragte Antoni Gaudí und Guillem Reynés i Font mit der Renovierung der Basilika. 1914 weihte er die Kirche neu ein.

Museu de Lluc
Das 1952 eröffnete Museum präsentiert Kunsthandwerk wie *siurells* (Pfeifen) und Keramik sowie Gemälde, Gewänder, Münzen und archäologische Funde.

Außerdem

① **Die Kirche** wurde 1622–84 nach Plänen von Jaume Blanquer als Kreuzbasilika im Stil der Renaissance und des Barock erbaut und in den folgenden Jahrhunderten mehrfach umgestaltet.

② **Schlafsäle**

Park mit Brunnen
Gepflegte Grünflächen säumen die Wege zum Haupteingang – die idyllische Ouvertüre eines Klosterbesuchs.

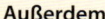

Karte *siehe Extrakarte zum Herausnehmen*

Kuppel
Durch die mit Gemälden der Zwölf Apostel geschmückte Kuppel dringt Tageslicht in die Kirche. Je nach Sonnenstand ergeben sich dabei spezielle Lichteffekte und Farbakzente.

Infobox

Information
Karte F3. 🚩 tägl. (Zeiten bitte der Website entnehmen).
Museum 📞 971 871 525. 🕐 So–Fr 10–14 Uhr. ♿
Botanischer Garten 🕐 tägl. 10–13, 15–18 Uhr. ♿ Spende erbeten.
Restaurant Sa Fonda 📞 971 517 022. 🕐 tägl. 8–10, 13–16, 19–21.15 Uhr.
w lluc.net

Schulgebäude
Hier leben auch die rund 40 Mädchen und Jungen des 1531 gegründeten Schulchors Els Blauets (»Die Blauen«). Er wurde nach den blauen Soutanen der Sänger benannt. Der Chor tritt bei Sonntags- sowie bei Oster- und Weihnachtsmessen auf – für Besucher ein Hochgenuss (www.escolanialluc.es).

La Moreneta de Lluc
Die nur 62 Zentimeter hohe Statue *La Moreneta* (»Die kleine Dunkle«) mit dem Jesuskind im Arm steht in einer Nische in der Königlichen Kapelle (1707–24) hinter dem Hochaltar.

La Dormició de la Verge
Bildhauerarbeiten zieren nicht nur den Innenraum der Kirche, sondern auch die Plaça dels Pelegrins vor dem Haupteingang. Diese von Llorenç Tosquella geschaffene Stele gehört zu einem Zyklus aus dem 14./15. Jahrhundert.

⓯ Pollença

Karte H2. 🏔 16000. ℹ Carrer de Guillem Cifre de Colonya s/n, 971 535 077. ⓦ **pollensa.com**

Die »Kulturhauptstadt des Nordens« ist bekannt für ihre Kunstgalerien und Festivals (www.festivalpollenca.com). Ockerfarbene Häuser mit schön verzierten Balkongittern prägen das Bild der Stadt. Treffpunkt ist die Plaça Major mit vielfältigen Veranstaltungen und dem beliebten Sonntagsmarkt. Einige Museen widmen sich auch besonderen Themen. Das nach einem Weber aus Pollença benannte Museu Martí Vicenç (www.martivicens.org) präsentiert traditionelle mallorquinische Stoffe und Gewänder (u. a. *robes de llengües; siehe S. 113*) sowie Bilder und Skulpturen des Universalkünstlers.

Zu den Hauptattraktionen gehört die Wanderung auf den Hügel El Calvari (170 m) im Nordwesten – nicht nur wegen der grandiosen Aussicht. Die Kapelle auf dem Hügel ist ein Pilgerziel. Man erreicht sie auf dem Carrer del Calvari über eine nahezu endlose, teils von Zypressen gesäumte Treppe mit 365 Stufen. Die hier gefei-

Der doppelbogige Pont Romà in Pollença während der Trockenzeit

erte Karfreitagsprozession ist ein Erlebnis. Alternativ oder zusätzlich bieten sich Aufstieg bzw. Auffahrt zum 330 Meter hohen Puig de Santa Maria im Südosten an. Anziehungspunkte oben sind ein Kloster und ein Restaurant mit Gästezimmern und bester Paella.

Ob der Pont Romà am Nordende der Stadt wirklich aus römischer Zeit stammt, ist nicht geklärt. Eindrucksvoll ist die Steinbrücke über den Torrent de Sant Jordi allemal.

Alljährlich am 2. August ist Pollença Schauplatz eines ähnlichen Historienspektakels wie Sóller im Mai *(siehe S. 102)*.

Umgebung: Der Ferienort Port de Pollença, sechs Kilometer östlich, bietet einen Sandstrand und jede Menge Wassersport. Hier kann man Fahrten mit Schiffen und Glasbodenbooten unternehmen (www.lanchaslagaviota.com).

⓰ Cap de Formentor

Karte JK1.

In der rund 13 Kilometer langen Halbinsel Formentor taucht die Serra de Tramuntana ins Meer ab. Ihre Gestalt mit den hohen Klippen ist Ehrfurcht einflößend. Die wundervolle, aber wegen ihrer vielen Kurven durchaus anspruchsvolle Panoramastraße führt von Port de Pollença zum Cap de Formentor, der Landspitze mit dem gleichnamigen Leuchtturm *(siehe S. 111)*. Hier stehen Sie an einem der großartigsten Aussichtspunkte der Insel. Bei klarem Wetter reicht die Sicht bis zur Nachbarinsel Menorca.

Wer einen Bade-Stopp einlegen möchte: Etwa auf halber Strecke führt eine Seitenstraße zur Platja de Formentor, einem piniengesäumten Sandstrand. Genießen Sie das kristallklare Wasser, auch wenn Sie dort nicht allein sein werden.

Übrigens: Die besten Tageszeiten für eine Fahrt auf der Traumstraße zum Cap sind frühmorgens und spätnachmittags – dabei entgeht man den vielen Reisebussen, die hier unterwegs sind.

Steiles Ende der Serra de Tramuntana: Cap de Formentor mit Leuchtturm

Restaurants in der Serra de Tramuntana *siehe Seite 112*

Leuchttürme

Ob sie hoch oben auf einer Klippe oder knapp über dem Meeresspiegel stehen: Leuchttürme (spanisch: *faros*; katalanisch: *fars*) sind Orientierungspunkte und Ausflugsziele. Die Vorstellung, dass in die Ferne blickende Leuchtturmwärter anklopfenden Besuchern die Tür öffnen, ist jedoch passé. Längst schon werden die Leuchtsignale per Computer ferngesteuert. Einige Türme wurden inzwischen umgewandelt. In Palmas altem Leuchtturm richtete man ein Museum ein, in dem ein ehemaliger Leuchtturmwärter spannende Geschichten erzählt.

Infobox

Übersicht der Leuchttürme auf Mallorca von Norden im Uhrzeigersinn (mit Jahr der Inbetriebnahme). Weitere Leuchttürme stehen auf Sa Dragonera und Cabrera. **W** farsdebalears.org

Far de Formentor (1863)

Far de Punta de l'Avançada (1905)

Far d'Alcanada (1861)

Far de Capdepera (1861)

Far de Portocolom (1863)

Far de sa Torre d'en Beu (1953)

Far del Cap Salines (1863)

Far del Cap Blanc (1863)

Torre de Senyals (1300)

Far de Cala Figuera (1860)

Far Port d'Andratx (1906)

Far del Cap Gros (1859)

Far de sa Creu (1944)

Far de Formentor
Spektakulär thront der Leuchtturm auf einem Steilfelsen am nördlichsten Punkt der Insel. Man erreicht ihn über eine serpentinenreiche Straße von Port de Pollença – eine Strecke nur für geübte Fahrer.

Far de Capdepera
Der Leuchtturm auf einer senkrecht abfallenden Landspitze an der Nordostküste Mallorcas ist ein beliebtes Ausflugsziel von Cala Rajada.

Torre de Senyals
Der älteste Leucht- bzw. Wehrturm steht an Palmas Hafeneinfahrt *(siehe S. 79)*.

Far de sa Creu
Zwei Generationen von Leuchttürmen auf einem Fleck: Der Far de sa Creu *(rechts)* ersetzte 1944 in Port de Sóller den etwas tiefer stehenden Far de Bufador (1864).

Eine Kulisse zum Träumen: Silhouette des Far Port d'Andratx mit Hafenmole kurz vor Sonnenuntergang

Karte *siehe Extrakarte zum Herausnehmen*

Restaurants

Großes Gaumenkino präsentiert Mallorca auch mitten in den Bergen. Die Kombination aus Traumlandschaften und erlesenem Genuss ist einmalig, von vielen Restauranttterrassen bietet sich eine fantastische Aussicht auf Bergwelt, Häfen oder Meer. Die Palette an Restaurants reicht von der heimeligen Tapas-Bar über gediegene Restaurants bis zu stilvollen Gourmet-Tempeln. In manchen Orten sind die Restaurants auch Event-Locations (z. B. für Konzerte).

Bar im Trespais, Port d'Andratx

SÓLLER: Ca'n Pintxo €€
Tapas-Bar K E3
Carrer de la Rectoria 1, 07100
☎ 971 631 643
W canpintxo.com

Das Angebot an leckeren Tapas und den aufwendiger zubereiteten Pintxos (Pinchos) steht auf der Schiefertafel an der Wand. Jede(s) einzelne ein Augen- und Gaumenschmaus. Das Lokal ist gelegentlich Bühne für Veranstaltungen wie Konzerte, Theateraufführungen und Filme.

PORT DE SÓLLER:
Agapanto €€€
Spanisch K E3
Camino del Faro 2, 07108
☎ 971 633 860
W agapanto.com

Lluna Bier

Eines der schönsten Hafenrestaurants Mallorcas mit fangfrischem Seafood, Pasta und knackigen Salaten. Von der wundervollen Terrasse mit Blumenschmuck und würzigem Kräuterduft blickt man auf ein Bilderbuchpanorama des Hafens. Das Agapanto dient auch als Bühne für Konzerte (Latino, Soul, Jazz).

DEIÀ: Es Racó d'es Teix €€€
Gourmet K D4
Carrer Vinya Vella 6, 07179
☎ 971 639 501 ◉ Mo, Di
W esracodesteix.es

Das mit einem Michelin-Stern prämierte Restaurant in traumhafter Berglage begeistert mit fantastischer Küche. Die Kreationen des deutschen Meisterkochs Josef Sauerschell – z. B. Gänseleber mit Zuckerschoten und Rhabarber – überzeugen durch feinste Aromen. Hier speist auch die internationale Prominenz.

PORT D'ANDRATX:
Trespais €€€
Fusion K B6
Carrer Antonio Calafat 24, 07157
☎ 971 672 814 ◉ Mo
W trespais-mallorca.com

Das Lokal ist ein ungewohnter, aber gelungener Mix der Küchen dreier Länder (tres países): Spanien, Italien und Österreich. Es besitzt zudem einen romantischen Patio mit Brunnen. Manche Segler steuern den Hafen extra für einen Besuch im Trespais an.

VALLDEMOSSA: Ca'n Pedro €€
Mallorquinisch K D4
Avinguda Arxiduc Lluis Salvador 25, 07170
☎ 971 612 170 ◉ Mo
W canpedro.com

Das in dritter Generation familiengeführte Restaurant verwöhnt mit mallorquinischer Küche in Räumlichkeiten mit mallorquinischem Flair. Genießen Sie Kaninchen oder Lammkeule, Tintenfisch oder Kabeljau sowie die wunderbaren Desserts – die crema catalana ist ein Traum.

POLLENÇA: Can Costa €€€
International K H2
Carrer Costa i Llobera 11, 07460
☎ 971 530 990 ◉ Mo, Di
W restaurantecancosta.com

Zeitloser Chic mit vielen Braun- und Grautönen, dunkle Lederstühle und lange Vorhänge als Raumteiler prägen das Interieur des Can Costa. Die fünfgängigen Degustationsmenüs haben viele Fans. Dazu gibt es eine große Auswahl an Spitzenrotweinen aus Spanien. Die Cocktailbar lockt zu Aperitif und Digestif.

Speisenangebot im Ca'n Pintxo, Sóller

Terrasse des Agapanto, Port de Sóller

Preiskategorien € = preiswert €€ = mittel €€€ = gehoben

Shopping

Auch wenn die Serra nicht zu den gefragtesten Shopping-Destinationen der Insel gehört: Neben farbenprächtigen Märkten findet man hier manches Kleinod mit authentischen Produkten. Nehmen Sie etwas vom Mallorca-Gefühl mit nach Hause – etwa typische Stoffe, Tonwaren, Delikatessen oder den zarten Duft der Insel in Flakons.

MARRATXÍ: Flor d'Ametler €€
Parfum K E6
Cami de Can Frontera 73, 07141
☎ 971 601 510
🌐 flordametler.com
Die Mandelblüte *(flor d'ametler)* im Februar gilt auf Mallorca als Frühlingsbote. Bei Flor d'Ametler werden aus den Blüten Parfums produziert. Im angegliederten Shop kann man Düfte sowie Mandelseifen, -öle und -cremes erwerben. Markenzeichen: In jedem Flakon schwimmt eine von Hand eingesetzte Blüte.

Korbwaren vor einem Shop, Andratx

POLLENÇA:
Ceràmiques Monti-Sion €€
Keramik K H2
Carrer Monti-Sion 19, 07460
☎ 971 533 500
🌐 ceramicasmontision.com
Das Atelier präsentiert handgefertigte Töpferwaren in feinster Qualität und allen nur denkbaren Farbkombinationen. Ob Vasen, Schalen, Teller oder Fliesen: Jedes Stück ist ein Unikat. Auffällig sind die Wandbilder, deren Motive stark an Joan Miró *(siehe S. 80)* erinnern.

SANTA MARIA DEL CAMÍ:
Artesanía Textil Bujosa €€€
Stoffe K E5
Carrer Bernat de Santa Eugènia 53, 07320
☎ 971 620 054
🌐 bujosatextil.com
Echte Handwerkskunst: Neben traditionellen mallorquinischen *robes de llengües* (»Feuerzungenstoffen«) werden in der Manufak-

Schinken, eine Delikatesse der Insel

tur auch Seiden-, Leinen- und Baumwollstoffe in vielfältigen Farbvariationen und Designs produziert. Zum Sortiment gehören auch Bett- und Tischwäsche, Vorhänge und Kissenbezüge.

SÓLLER: Fet a Sóller €€
Delikatessen K E3
Plaça des Mercat, 07460
☎ 971 635 008
🌐 fetasoller.com
Der katalanische Begriff für »made in Sóller« ist Programm. Hier gibt es Produkte aus der Region – von Granatapfelsirup, Feigenkonfitüre und Olivenöl über *flor de sal* und *turrón* bis zu Weinen, Spirituosen und Wurstspezialitäten.

Unterhaltung

Hotspots des Nachtlebens sind in den meisten Orten der Serra de Tramuntana die Bars und Clubs in den größeren Hotels. Diese Locations stehen auch Nichtgästen offen. Ein besonderer Spaß ist eine Fahrt mit der nostalgischen Tram von Sóller nach Port de Sóller (und zurück).

CAMP DE MAR: Atrium Bar €€€
Cocktailbar K B6
Carrer Taula, 07160
☎ 971 628 126
Die Cocktailbar im Steigenberger Golf & Spa Resort gehört zu den aufregendsten der Insel. Der Barkeeper zeigt seine Mixkunst bei köstlichen Cocktails und Longdrinks vom Singapore Sling bis Wodka Martini – vor dem Essen oder danach. Hier finden Sie garantiert »Ihren« persönlichen Urlaubsdrink. Nehmen Sie Platz an der langen Theke oder in einem der tiefen Sessel.

PORT DE SÓLLER:
Sunset Lounge Bar €€€
Cocktailbar K E3
Carrer Belgica s/n, 07108
☎ 971 637 886 ⏺ Mo, Di
Was für ein Name für die Bar im Jumeirah Hotel! Der Sonnenuntergang von einem Loungesessel und mit einem Drink in der Hand ist wirklich ein Erlebnis.

SÓLLER: Tranvía de Sóller €
Trambahnfahrt K E3
Bahnhof, Plaça d'Espanya 6, 07100
☎ 971 630 130
🌐 trendesoller.com/de

Tram, Sóller – Port de Sóller

Ein Highlight für Besucher der Serra ist die Fahrt mit der Straßenbahn von Sóller nach Port de Sóller an der Küste. Einige der Triebwagen sind noch die Originale von 1913. Die Tram legt die fünf Kilometer lange Strecke in etwa 15 Minuten zurück. Viele Urlauber hängen diese Aktivität an eine Bahnfahrt von Palma nach Sóller an *(siehe S. 103)*.

K = **Extrakarte** *zum Herausnehmen*

Nordosten

Der Nordosten gehört zu den malerischsten Regionen der Insel – mit grandiosen Naturschätzen, etwa im Parc Natural de s'Albufera, und mit den spektakulärsten Schauhöhlen Mallorcas. Während die Küste mit einigen der schönsten (und populärsten) Strände sowie wundervollen Hafenorten aufwartet, zeugen im Hinterland Windmühlen und Weingüter von der traditionell großen Bedeutung der Landwirtschaft. Shopping-Fans zieht es in die Hochburgen der Produktion von Lederwaren und Kunstperlen. Einige Wochenmärkte im Nordosten – vor allem in Sineu und Inca – zählen zu den buntesten der Insel, auch weil sie sehr authentisch wirken. In Städten wie Artà und Alcúdia mit ihren alten Bauwerken und geschlossenen Zentren weht der Hauch der Geschichte.

Chocolate con Churros – der spanische Klassiker

Zitrusfrüchte wachsen in Mallorca allerorten

Sehenswürdigkeiten auf einen Blick

❶ *Alcúdia S.118f*
❷ Parc Natural de s'Albufera
❸ Artà
❹ Capdepera und Cala Rajada
❺ Cala Millor
❻ Manacor

❼ *Coves del Drac S.123*
❽ Petra
❾ Sineu
❿ Inca
⓫ Muro
⓬ Can Picafort

Cap des Pínar

Ma-2220

❶ ALCÚDIA
Port d'Alcúdia
Ma-2200 Ma-13A
Platja de Muro
Crestatx
Campanet
Ma-2130
Sa Pobla
Ma-13
Selva
Ermita de Santa Magdalena
❷ PARC NATURAL DE S'ALBUFERA
Badia d'Alcúdia
Cap de Ferrutx
⓬ CAN PICAFORT
Betlem   Cala Mezquida
Ermita de Betlem
Ma-3410
⓫ MURO
Ma-12   Colònia de Sant Pere
CAPDEPERA UND CALA RAJADA
Cala Rajada
❿ INCA
Ma-13A
Binissalem
Llubi
Santa Margalida
❸ Ma-15   Capdepera
ARTÀ   ❹
Ses Païsses
Ma-4040
Coves d'Artà
Ma-3240
Maria de la Salut   Ma-3340
Ma-3330
Canyamal
Ma-15
Son Servera   Port Nou
Ariany
❾ SINEU
Lloret de Vistalegre
Sant Joan
Els Calderers
❽ PETRA
Sant Llorenç des Cardassar
Son Carrió   ❺ CALA MILLOR
Cala Moreia
0 Kilometer   10
❻ MANACOR
Ma-15
Vilafranca de Bonany
Ma-4020   Porto Cristo
Ma-14
Albocàsser
Son Macià
❼ COVES DEL DRAC
Cala Romàntica

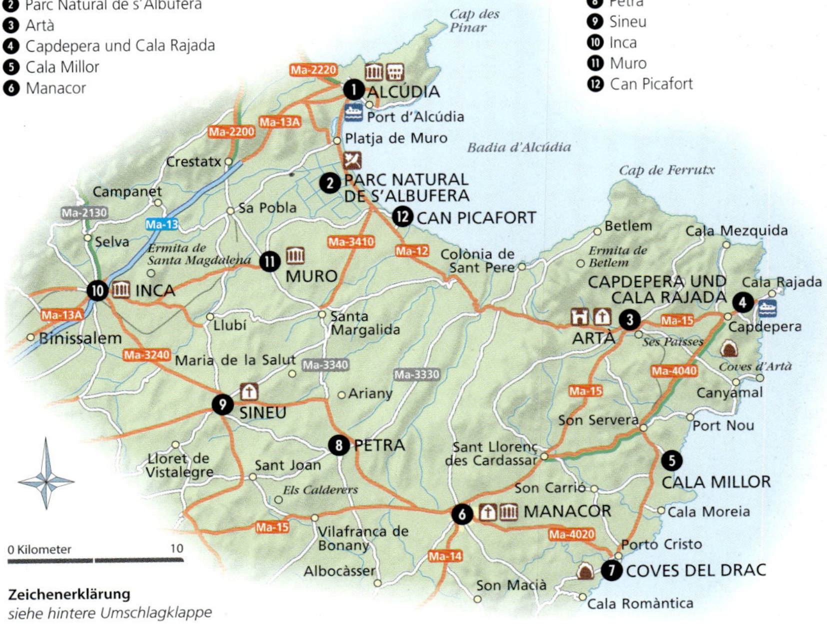

Zeichenerklärung
siehe hintere Umschlagklappe

◀ **Arabische Festung in Artà** *(siehe S. 120)*

Persönliche Favoriten

Der Nordosten Mallorcas ist eine Region der Weite, der Vielfalt und der Inspiration. Abenteuerlustige erleben die Insel aus anderen Sphären – ob aus der Luft oder unter Wasser. Neben Aktivurlaub stehen auch Kultur und Genuss im Vordergrund.

IB Ballooning

Die unvergleichliche Schönheit Mallorcas erlebt man bei einer Ballonfahrt aus luftiger Höhe und faszinierender Perspektive.

An Bord eines Heißluftballons sanft über die Trauminsel zu gleiten, ist sicher für jeden Teilnehmer ein unvergessliches Erlebnis. Das renommierte Luftfahrtunternehmen IB Ballooning bietet diese einzigartige Erfahrung für Paare oder Gruppen an. Das im wahrsten Sinn erhebende Gefühl, über Mallorca zu schweben, wird an Bord mit einer Flasche Champagner entsprechend gefeiert. Die Gläser klingen bei Erreichen einer Fahrthöhe von 500 Metern.

Ballonfahrten werden das ganze Jahr über angeboten und dauern mindestens eine Stunde, gestartet wird je nach Jahreszeit vormittags (7–9 Uhr) sowie nachmittags bzw. am frühen Abend (16–20 Uhr). Die Aussicht ist überwältigend, der Blick schweift auch über entlegene Abschnitte der Insel, die auf dem Landweg nicht erreichbar sind.

Im Heißluftballon über Mallorca schweben

ZWISCHEN HIMMEL UND ERDE

In der Ferne erkennt man die Nachbarinsel Menorca. Die Piloten geben Informationen zu den im Blickfeld gelegenen Dörfern oder Bergen sowie zu Technik und Funktionsweise des Heißluftballons.

IB Ballooning
Apartado de Correos 64, Cala Rajada. ☎ 607 647 647.
🕐 Apr–Okt: 9–18 Uhr. 🆆 ballooningmallorca.net

Unterwegs mit einem Unterwasser-Scooter

Mero Diving

Den Zauber von Mallorcas Unterwasserwelt erlebt man am besten beim Tauchen.

Die renommierte Tauchbasis an der Cala Lliteras bietet Kurse in allen Bereichen – vom Schnorcheln über diverse Standard- und Spezial-Tauchgänge (z. B. zu einem Riff, einer Grotte oder einem U-Boot) bis zum rasanten Scooter-Diving. Das benötigte Equipment kann ausgeliehen werden, auch Video-Ausrüstung für spektakuläre Unterwasseraufnahmen wird gestellt. Beliebt bei Anfängern ist das Schnuppertauchen. Im Beach-Club nebenan gibt es Getränke und Snacks.

Mero Diving
Carrer de Na Lliteras s/n, Cala Rajada. ☎ 971 565 467.
🕐 Apr–Okt: 9–18 Uhr. 🆆 mero-diving.com

Finca-Hotel La Reserva Rotana

Das Finca-Hotel der Extraklasse ist eine Oase des guten Geschmacks für Anspruchs-volle. Nicht nur Golfer und Weinliebhaber verbringen hier unvergessliche Tage.

Das charmante, liebevoll restaurierte Haus aus dem 17. Jahrhundert steht mitten in der Natur auf einem rund 200 Hektar großen Landgut mit Weinbergen, Waldgebieten, Getreidefeldern und Weiden. Das Finca-Hotel ist ein wahres Juwel, dessen exklusiven Stil Stuckarbeiten, Kunstwerke und Antiquitäten prägen.

VERSTECKTES PARADIES

Auch Aktivurlauber kommen auf ihre Kos-ten: Zum Anwesen gehören ein Neun-Loch-Golfplatz (Rotana Greens; Unterricht für alle Niveaus), ein Tennisplatz, ein großer Pool und ein Fitness-Center. Nach der sportlichen Aktivität entspannt man sich in der Sauna. Das Spitzenrestaurant Sa Rotana bietet raffi-niert zubereitete mediterrane Gerichte, die Produkte stammen aus eigener Landwirt-schaft oder frisch vom Markt. Die auf den Weinbergen der Um-gebung reifenden Trauben sind Basis für eine Reihe edler Tropfen. Bestens besucht sind die Barbecue-Abende mit Live-Jazz an der Safari Bar.

Hotel La Reserva Rotana
Camí de Bendris, km 3, Manacor. ☎ 971 845 685.
🌐 reservarotana.com

Idyllische Restaurant-Terrasse des Hotels La Reserva Rotana in Manacor

Son Bauló – ein Ort für Kreativurlauber

Die Magie der Kultur-Finca mit Gästezimmern liegt in ihrer Vielfalt. Das in seiner Art einmalige Anwesen war schon Kulisse für Filmproduktionen und Werbespots.

Gärten mit blühenden Sträuchern, Palmen, Feigen- und Mandelbäumen sowie Terrassen und Patio schaffen den äußeren Rah-men. Bibliothek, Kaminhalle und Werke von Malern, Bildhau-ern und Fotokünstlern prägen das Interieur.

QUELLE DER INSPIRATION

Sportliche widmen sich hier z. B. Tennis, Boule und Tischtennis, Entspannung findet man in Pool und Spa. Das Restaurant bietet mediterrane Küche mit süddeutsch-asiatischem Akzent.

Im Fokus vieler Gäste steht aber das reiche kulturelle Programm von Son Bauló. Es um-fasst u. a. Konzerte und Lesungen sowie einen Reigen an Workshops und Seminaren (von Bronzegießen über Fotografie, Spa-nisch- und Kochkurse bis zu Weinproben).

Son Bauló
Camí de Son Bauló 1, Lloret de Vistalegre.
☎ 971 524 206. 🌐 son-baulo.com

❶ Alcúdia

Der sehr gut erhaltenen Stadtmauer sei Dank: Nirgendwo auf Mallorca findet man ein derart geschlossenes Stadtbild wie in Alcúdia. Beim Anblick der prachtvollen Stadtresidenzen in den autofreien Gassen der Altstadt spürt man noch etwas vom Glanz des Goldenen Zeitalters Spaniens (16./17. Jh.). Die beiden Wochenmärkte (Di, So) sind Attraktionen. Port d'Alcúdia verströmt klassisches Hafenflair. Die Badia d'Alcúdia zählt zu den beliebtesten mallorquinischen Reisezielen für Sonnenhungrige.

Marktstände vor der Porta del Moll, einem Stadttor Alcúdias

Felsiger Abschnitt der
Badia d'Alcúdia

🏛 Römische Fundamente ①

Was für ein Auftakt für eine Besichtigung: Bei der Anfahrt nach Alcúdia passiert man – quasi als historische Einstimmung – ein Ausgrabungsgelände mit Relikten der römischen Siedlung Pollentia (nicht zu verwechseln mit der Stadt Pollença). Das Amphitheater (1. Jh.) birgt noch Reste der Bühne und Sitzreihen.

🏛 Museu Monogràfic ②

Carrer de Sant Jaume 30. 📞 971 897 102. 🕙 Mitte Mai–Sep: Di–Sa 9.30–20.30, So 10–14 Uhr; Okt–Mitte Mai: Di–Fr 10–16, Sa, So 10–14 Uhr. 🎟 🌐 alcudia.net/Pollentia/es/la-ciutat-romana

In dem archäologischen Museum wird die bis zum 5. Jahrhundert dauernde römische Periode lebendig. Die Sammlung präsentiert u.a. Statuen, Haushaltsgegenstände (z.B. Gefäße), Schmuck und Münzen aus der römischen Siedlung Pollentia.

🏛 Stadtmauer ③

Sechs Meter hoch und etwa 1,5 Kilometer lang: Die schon von Weitem sichtbare Stadtmauer (13./14. Jh.) mit ihren wuchtigen Toren (Porta del Moll, Porta de Sant Sebastià) wird schon vor Jahrhunderten jeden Eroberer beeindruckt haben – auch wenn Piraten die Stadt wiederholt plünderten. Der Mauerring ist auf einer Länge von etwa 500 Metern begehbar, die Aussicht über die Stadt und ihre Umgebung ist traumhaft. Vor allem bei tief stehender Sonne ist der Spaziergang ein Erlebnis.

Römische Fundamente: Blick über das Theater

Restaurants im Nordosten siehe Seite 130

⬆ Església de Sant Jaume ④
Plaça Jaume Ques.

Die in die Stadtmauer integrierte Pfarrkirche dominiert die Silhouette von Alcúdia. Das Gotteshaus stammt im Wesentlichen aus dem 19. Jahrhundert, errichtet wurde es an der Stelle eines eingestürzten Vorgängerbaus. Zu den Schmuckstücken des Innenraums zählt der neogotische Altar mit Reliefs biblischer Szenen. Eine prunkvolle Seitenkapelle stammt noch aus dem Barock.

🏛 Biblioteca Can Torró ⑤
Carrer Serra 15. 📞 971 547 311. 🕐 Di–Fr 10–14, 16–20, Sa, So 10–14 Uhr. ♿ 🌐 **cantorro.es**

Mandelblüte auf Mallorca – von Ende Januar bis März ein Erlebnis

Umgebung: Der zwei Kilometer südlich von Alcúdia gelegene Ferienort **Port d'Alcúdia** überzeugt trotz des starken Fremdenverkehrs immer noch mit schöner Hafenatmosphäre (Fährverkehr mit Menorca und Barcelona). Zwischen vielen Fast-Food-Lokalen findet man exzellente Seafood-Restaurants.

Teichralle (*Gallinula*), **Parc Natural de s'Albufera**

0 Meter   100

Infobox

Information
Karte J2. 🏘 20 000. 🛈 Carrer Major 17, 971 897 113. 🚢 Di, So. 🌐 **alcudiamallorca.com**

Anfahrt
🚌 🚌

360°-Panoramafotos
🌐 **mallorca-panorama.de**

Umgebung: Die Fundació Yannick i Ben Jakober, fünf Kilometer östlich von Alcúdia, zeigt eine Sammlung zeitgenössischer Kunst. Im Skulpturenpark entdeckt man Werke des berühmten Mallorquiners Miquel Barceló, der Rosengarten ist prachtvoll (www.fundacionjakober.org).

Die **Badia d'Alcúdia** lockt mit ausgedehnten Stränden (u. a. Platja d'Alcúdia, Platja de Muro; *siehe S.14f*). Die längste zusammenhängende Sandfläche auf Mallorca bietet alles für einen Strandaufenthalt.

Wegen des seichten Wassers kommen viele Familien mit kleineren Kindern gern hierher, für Wassersportler bieten sich jede Menge Optionen, auch Wellness-Angebote sind vorhanden. Lust auf etwas Abwechslung oder ein besonderes Naturerlebnis? Den Parc Natural de s'Albufera *(siehe S. 120)*, ein wahres Vogelparadies, kann man auf Wander- und Radwegen erkunden.

Zentrum von Alcúdia
① Römische Fundamente
② Museu Monogràfic
③ Stadtmauer
④ Església de Sant Jaume
⑤ Biblioteca Can Torró

Die 1990 in einer Stadtresidenz eingerichtete Bibliothek gehört zu den modernsten der Balearen. Sie versteht sich nicht als Büchertempel, sondern als Begegnungs- und Mulitimediastätte mit interaktiven Stationen. Gelegentlich gibt es auch Ausstellungen und Konzerte.

Port d'Alcúdia: professionell gestaltete Sandburg

Zeichenerklärung *siehe hintere Umschlagklappe*

Zinnen der arabischen Festung in Artà

❷ Parc Natural de s'Albufera

Siehe Infobox S.121.

In dem Vogelparadies leben über 200 registrierte Arten. Das mit rund 1650 Hektar größte und artenreichste Feuchtgebiet der Balearen eignet sich auch ideal zur Beobachtung von Zugvögeln. Von Wander- und Radwegen sowie Aussichtsposten sieht man u. a. diverse Reiher- und Greifvogelarten. In der Sonne leuchtet das rosafarbene Gefieder von Flamingos. Am Besucherzentrum Sa Roca gibt es kostenlose Landkarten und eine Liste mit Vogelarten, die Sie vielleicht entdecken.

Das Gelände ist für motorisierte Fahrzeuge gesperrt.

❸ Artà

Karte L4. 🚉 7000. 🛈 Plaça d'Espanya 1, 971 829 595. 🌐 arta.cat

Schon von Weitem sieht man den Burghügel, der die Silhouette von Artà prägt. Die aus arabischer Zeit stammende Festung war ein bedeutendes Machtzentrum. Heute wird die Burganlage von der barocken Wallfahrtskirche Sant Salvador dominiert, die Gemälde mit historischen Szenen birgt. Auf den Hügel führt ein von Zypressen gesäumter Treppenweg.

In Artà wird das alte mallorquinische Kunsthandwerk der Korbflechterei noch heute gepflegt. Schöne Beispiele findet man im Museum ArtArtà, das auch eine Sammlung von Märchenfiguren zeigt (www.artarta.es). Das Museu Regional präsentiert u. a. archäologische Funde (museuarta.com).

Umgebung: Einen Kilometer südlich liegen die Ruinen der Talayot-Siedlung **Ses Païsses**, einer der besterhaltenen prähistorischen Anlagen auf Mallorca.

❹ Capdepera und Cala Rajada

Karte M4. 🚉 11 000 (Capdepera), 6000 (Cala Rajada). 🛈 Carrer Ciutat 20, Capdepera, 971 563 052. 🌐 ajcapdepera.net

Was für ein Ensemble – Capdepera auf einem Bergrücken, Cala Rajada (Cala Ratjada) an der Küste. Capdeperas Kastell (14. Jh.) zählt zu den besterhaltenen mittelalterlichen Festungen der Insel (www.castellcapdepera.com). Die **Villa March** (Casa March), einstige Residenz des Bankiers Juan March *(siehe S. 76)*, kann besichtigt werden.

Unterhalb Capdeperas liegt der Ferienort Cala Rajada mit Yachthafen und Sandstränden. Eine zwei Kilometer lange Straße führt zum Cap de Capdepera, einer Landspitze mit gleichnamigem Leuchtturm *(siehe S. 111)*.

🏛 **Villa March**
Carrer Juan March 2, Capdepera. 📞 971 711 122. 🕐 Feb–Apr: Mi, Sa 11–12.30 Uhr; Mai–Nov: Mi–Fr 10.30–12, Sa, So 11–18 Uhr. ♿ 📷 🌐 fundacionbmarch.es

Umgebung: Die **Coves d'Artà**, sechs Kilometer südlich von Capdepera, gelten als Naturwunder. Höhepunkt der Höhlenführungen ist die spektakuläre Light-and-Sound-Show.

🕳 **Coves d'Artà**
Canyamel, Capdepera. 📞 971 841 293. 🕐 Apr–Okt: tägl. 10–18 Uhr; Nov–März: tägl. 10–17 Uhr. ♿ 📷 obligatorisch. 🌐 cuevasdearta.com

Nostra Senyora de l'Esperança: Kirche in Capdeperas Festung

Naturschutzgebiete

Mallorcas Topografie ist vielfältig: Gebirge, Ebenen, Küsten und andere Landschaften bilden ein Kaleidoskop an Lebensräumen mit einer bunten Fauna und Flora. Die reichen Naturschätze der Insel stehen in einem Nationalpark und einer Reihe von Naturparks unter Schutz. Diese Areale sind über die ganze Insel verteilt. Begeben Sie sich auf spannende Entdeckungstouren – zu Fuß, mit dem Fahrrad oder mit Schwimmflossen.

Infobox

Mehr Informationen zu den Naturschutzgebieten auf Mallorca finden Sie unter
W de.balearsnatura.com

Parc Nacional de Cabrera
Karte CD9–10. **i** Carrer G. Roca s/n, Colònia de Sant Jordi, 971 656 282. **W** cvcabrera.es

Parc Natural de s'Albufera
Karte HJ2–3.
i Sa Roca, 971 892 250.
W mallorcaweb.net/salbufera

Parc Natural de Llevant
Karte L4. **i** Plaça de l'Ajuntament, Artà, 971 829 219.
W mallorcaweb.net/parcllevant

Parc Natural de Mondragó
Karte J9. **i** Parkplatz oberhalb Cala Mondragó, 971 181 022.

Parc Natural Sa Dragonera
Karte A6. **i** am Hafen, 971 971 180 632. **W** consell demallorca.net/dragonera

Parc Nacional Maritimoterrestre de l'Arxipèlag de Cabrera
Taucher kommen in den küstennahen Gewässern des Parks u. a. Delfinen und Meeresschildkröten ganz nahe *(siehe S. 142f).*

Wiedehopf
(Upupa epops)

Parc Natural de la Península de Llevant
Zwergpalmen prägen weite Teile des Naturparks. Noch heute bilden ihre Blätter die Basis für die Korbflechterei in Artà *(siehe S. 120).*

Parc Natural de s'Albufera
Das größte Feuchtgebiet der Balearen ist idealer Standort für Vogelbeobachtungen. Auch Pferde durchstreifen das Areal *(siehe S. 120).*

Parc Natural de Mondragó
Kiefernwälder, Lagunen, Dünen und Strände bieten ein Spektrum an Lebensräumen für Tiere und Pflanzen. In den Feuchtgebieten hört man das Quaken der Frösche *(siehe S. 140).*

Parc Natural Sa Dragonera
Die Dracheninsel vor der Westspitze Mallorcas bevölkern Hunderttausende Dragonera-Eidechsen (»Mini-Drachen«). Der Naturpark ist zudem ein artenreiches Vogelschutzgebiet *(siehe S. 93).*

Iberischer Wasserfrosch *(Rana perezi)*

Karte *siehe Extrakarte zum Herausnehmen*

Für viele der Inbegriff von Mallorca – Cala Millor mit palmengesäumter Promenade hinter einem Sandstrand

❺ Cala Millor

Karte L6. 🏘 6500. 🛈 Plaça
Eureka, 971 585 864.
🌐 visitcalamillor.com

Auch wenn Kritiker Art und
Umfang der touristischen Be-
bauung und fehlende Atmo-
sphäre bemängeln – Cala Millor gehört zu den beliebtesten
Ferienorten an Mallorcas Ostküste. Wie die Nachbarorte
Cala Bona im Norden und Sa
Coma im Süden verfügt es
über einige sehr schöne Strände und lang gestreckte Prome-
naden. Mit vielen Cafés, Bars,
Restaurants und Clubs bietet
der Ort zu allen Tageszeiten
reichlich Unterhaltung.

Umgebung: Fünf Kilometer
nordwestlich von Cala Millor
liegt Son Servera mit bekann-
tem Freitagsmarkt und der
archäologischen Fundstätte
Font des Molins de Son Sard.

❻ Manacor

Karte JK6. 🏘 40 000. 🛈 Plaça
del Convent 3, 662 350 891.
🌐 visitmanacor.com

Autofahrer aus Richtung Palma
werden schon einige Kilometer
vor Manacor durch riesige Pla-
katwände auf den größten
»Schatz« der Stadt aufmerk-
sam gemacht: Kunstperlen
(siehe Kasten). Bei einer Führung durch die seit 1890 betriebene Fabrik von **Perlas Majórica** und das angegliederte
Museum werden die einzelnen
Schritte bei der Produktion von
Halsketten, Armbändern, Ringen, Ohrringen, Anhängern
oder Manschettenknöpfen erläutert. Im Shop gibt es die
Schmuckstücke zu kaufen.

Doch nicht nur wegen der
Perlen ist Manacor eine ge-
fragte Shopping-Destination.
Auch Möbel, Keramiken und
Artikel aus Olivenholz (www.

olivart-mallorca.com) werden
hier produziert. Berühmt sind
zudem einige Delikatessen,
beispielsweise die scharfe
Wurst *sobrasada de cerdo
negro* und die *suspiros* genannten Süßigkeiten.

Eine kulturhistorische Attraktion der nach Palma zweit-
größten Stadt Mallorcas ist die
Kirche Nostra Senyora dels
Dolors (19. Jh.), die an der
Stelle einer Moschee erbaut
wurde. Ihr hoher, einem Mina-
rett ähnlicher Glockenturm ist
ein Wahrzeichen der Stadt.

Weit mehr als ein histori-
sches Museum ist das Museu
Manacor (museu.manacor.
org). Von Münzen über Mosaiken bis Miniaturmöbel – dieser
Streifzug durch die mallorquinische Geschichte hinterlässt
tiefen Eindruck. Allein schon
die Unterbringung in einem
alten Wehrturm (Torre dels
Enagistes) hat Stil. Interessieren
Sie sich für Katalanisch? Dann
sollten Sie das nach dem Verfasser eines Wörterbuchs benannte Museu Alcover (www.
institucioalcover.org) besuchen.

Übrigens: Der Name von
Manacor erschließt sich aus
dem Stadtwappen, in dem
eine Hand ein Herz umfasst
(*man-a-cor*: Hand am Herz).

🏛 **Perlas Majórica**
Via Palma 9. 📞 971 550 900.
🕐 tägl. ab 9 Uhr (Jan, Dez: nur
Mo–Sa; genaue Zeiten auf der Website). 🅿 ♿ frei.
🌐 majorica.com/en/factory-shop

Kunstperlen aus Mallorca

Künstliche Perlen aus der Fabrik des spanischen
Unternehmens Perlas Majórica in Manacor sind
weltberühmt. Die Handwerkskunst besteht
darin, Form und Aussehen echter Perlmuttperlen durch andere Meeressubstanzen wie
Muschelsand oder Fischschuppen nachzu-
ahmen. Die Zugabe farbiger Minerale
ermöglicht vielfältige Tönungen und
Farbschattierungen. Für Laien sind
Natur- und Imitationsperlen kaum zu
unterscheiden. Ein weiterer Produzent auf
Mallorca ist Perlas Orquidea in Montuïri.

Kette aus mallorquinischen Kunstperlen

Restaurants im Nordosten *siehe Seite 130*

❼ Coves del Drac

Magie der Unterwelt: Die gewaltigen Drachenhöhlen (spanisch: Cuevas del Drach) zählen zu den größten Naturschätzen Mallorcas. Wunderschöne Tropfsteinformationen ziehen Besucher in ihren Bann. Beim Anblick der filigranen, wirkungsvoll beleuchteten Stalagmiten und Stalaktiten ist die Stimmung fast andächtig. Musiker auf Booten sorgen für ein einmaliges Konzerterlebnis. Ebenfalls faszinierend, wenn auch eine Nummer kleiner, sind die nahe gelegenen Coves del Hams (www.cuevas-hams.com).

Infobox

Information
Karte L7. Carretera Coves s/n, Porto Cristo. ☎ 971 820 753. 🕐 Mitte März–Okt: tägl. 10, 11, 12, 14, 15, 16, 17 Uhr; Nov–Mitte März: tägl. 10.45, 12, 14, 15.30 Uhr. ⏺ 1. Jan, 25. Dez. 🌐 cuevasdeldrach.com

360°-Panoramafotos
🌐 mallorca-panorama.de

Illuminiertes Gewölbe
Prachtvolle Beleuchtung setzt die Kulisse in Szene.

Mosaik
Mosaik am Eingang der Drachenhöhlen.

Figur am Eingang
Diese drachenförmige Figur bewacht das rund 1200 Meter lange Höhlensystem.

Stalaktiten
Ein Motiv wie aus dem Märchenbuch: Fragil wie Eiszapfen wirken die von der Decke herabhängenden Stalaktiten.

Llac (Lago) Martel
Die Höhle birgt einen der größten unterirdischen Seen der Welt (177 m lang, 40 m breit, bis 12 m tief). Eine Bootsfahrt über das kristallklare Wasser ist ein unvergessliches Erlebnis. Benannt ist der See nach dem französischen Höhlenforscher, der ihn 1896 entdeckte.

Karte *siehe Extrakarte zum Herausnehmen*

Bei der ausgelassenen Festa del Much *(14. Aug)* ist ganz Sineu auf den Beinen

⑧ Petra

Karte J5. 🏠 3000. 🛈 Font 1, 971 830 000. 🌐 ajpetra.net

Im Geburtsort von Junípero Serra *(siehe Kasten)* scheint der berühmte Missionar noch heute allgegenwärtig zu sein. Eindrucksvolle Fliesenbilder, ein Denkmal und das **Museu i Casa Natal Fray Junípero Serra** erinnern an den Missionar und Gründer von San Francisco. Zu den spannendsten Objekten der Ausstellung gehören Holzmodelle seiner neun kalifornischen Missionsstationen.

Petra ist ein beschaulicher Ort, den Radfahrer als Etappenziel nutzen. Die alten Häuser entlang der engen, schachbrettartigen Gassen scheinen sich seit Serras Zeit kaum verändert zu haben.

🏛 **Museu y Casa Natal Fray Junípero Serra** Carrer Barracar Alt 6–8. 📞 971 561 149. 🕐 nur nach Vereinbarung. 🎫 frei (Spende erbeten).

⑨ Sineu

Karte H5. 🏠 3500. 🛈 Carrer Sant Francesc 10, 971 520 027. 🌐 ajsineu.net

Sineu gehört zu den interessantesten Städtchen der Zentralebene (Es Pla). Der geschichtsträchtige Ort war wegen seiner Lage im Zentrum Mallorcas zeitweise Königsresidenz. Der vor allem von Einheimischen besuchte Mittwochsmarkt (mit Viehmarkt) gehört zu den authentischsten der Insel. Vor der ungewöhnlich großen Kirche Nostra Senyora dels Àngels (13. Jh.) mit separatem Glockenturm steht die Statue eines geflügelten Löwen – ein beliebtes Fotomotiv. Ein Erlebnis ist die Festa del Much (14. Aug) zu Ehren der gleichnamigen Fantasiefigur.

CAMPER
Logo der Schuhmarke

⑩ Inca

Karte G4. 🏠 30 000. 🛈 Plaça d'Espanya 1, 871 914 000. 🌐 incaciutat.com

Mallorcas »Lederstadt« Inca ist nach Palma und Manacor drittgrößte Stadt der Insel. Lederwaren wie Schuhe, Jacken und Taschen findet man in vielen Boutiquen. Zudem gibt es ein Outlet des Produzenten Camper. 2010 eröffnete das Schuhmuseum (Av. General Luque 223, Mo–Fr 10–14, 16–20, Sa 10–13 Uhr). Legen Sie Ihren Besuch in Inca am besten auf den Donnerstag, der Wochenmarkt ist ein Besuchermagnet. Noch spektakulärer ist Dijous Bo (3. Do im Nov; www.dijousbo.es), der angeblich größte Markt der Insel. Bekannt ist Inca auch für die vielen Restaurants in ehemaligen Weinkellern.

Umgebung: Sieben Kilometer südwestlich liegt **Binissalem** (8000 Einwohner), Zentrum von Mallorcas bekanntester Weinregion *(siehe S. 127)*. Viele der hiesigen Feste drehen sich um Wein.

Junípero Serra

Junípero Serra (1713–1784) kam in Petra zur Welt und spielte eine wichtige Rolle in der Geschichte der spanischen Kolonisierung Nordamerikas. 1749 ging er als Missionar nach Mexiko und weiter nach Kalifornien, wo er neun Missionen gründete. Einige von diesen entwickelten sich nach Serras Tod zu Städten, u. a. San Diego, Santa Barbara, Los Angeles und San Francisco. Serra starb 1784. Im Jahr 1988 wurde er seliggesprochen, die Heiligsprechung erfolgte 2015.

Statue von Junípero Serra

Wein und Weingüter

Mallorca ist eine Weinregion: Auf etwa 2500 Hektar werden jährlich rund 37 000 Hektoliter produziert (80 % Rotweine). Einen sehr guten Ruf genießen die durch eine D. O. *(denominació de origen)* herkunftsgeschützten Weine aus den beiden wichtigsten Anbaugebieten Binissalem und Pla i Llevant. Bekanntester unter den mallorquinischen Tropfen ist Ànima Negra (ÀN/2; *siehe unten*).

Lange führte Mallorca unter Weinkennern ein Schattendasein. Doch seit den 1990er Jahren kommen Urlauber speziell wegen der florierenden Weinszene. Die Infrastruktur für »Weinurlaube« ist bestens ausgebaut: Viele Weingüter *(bodegas)* stehen Besuchern offen, das Angebot an Weintouren ist groß (www.mallorcawinetours.com).

Infobox

Weingüter (Auswahl)

Ànima Negra
Karte J7. 3a Volta 18, Felanitx.
📷 🍷 🛒
W annegra.com

Finca Son Bordils
Karte G4. Carretera Inca–Sineu, km 4. 📷 🍷 🛒
W sonbordils.es

José L. Ferrer
Karte F5. Carrer Conquistador 103, Binissalem.
📷 🍴 🛒
W vinosferrer.com

Macià Batle
Karte E5. Camí Coanegra s/n, Santa Maria del Camí..
📷 🍷 🛒
W maciabatle.com

Santa Catarina
Karte B6. Carretera Capdellà, km 4, Andratx.
📷 🍷 🛒
W santacatarina.es

Rebsorten
Unter den roten Rebsorten dominieren Manto Negro, Callet und Fogoneu, bei den weißen Moll (Prensal Blanc).

Anbaugebiete
Die beiden herausragenden Weingebiete sind die Region um Binissalem zwischen Palma und Inca sowie Pla i Llevant im Norden und Osten der Insel.

MALLORCA
PLA i LLEVANT
DENOMINACIÓ D'ORIGEN

Binissalem Mallorca
DENOMINACIÓ D'ORIGEN
SENCELLES · SANTA MARIA DEL CAMÍ · BINISSALEM · SANTA EUGÈNIA · CONSELL

Weingüter
Größter Weinhersteller auf Mallorca ist die seit 1931 betriebene Bodega José L. Ferrer: Rund 10 000 Hektoliter werden hier jährlich produziert. Bei so informativen wie unterhaltsamen Führungen durch Weingüter *(siehe Infobox)* werden die Produktionsschritte erläutert, auch Verkostungen gehören zum Programm. In angegliederten Läden kann man die edlen Tropfen erwerben.

Statue in Binissalem –
Hommage an die Weintradition

Karte *siehe Extrakarte zum Herausnehmen*

Orientierungs- und Treffpunkt: Obelisk am Strand von Can Picafort

⓫ Muro

Karte H4. 🏔 7000. 🛈 Plaça Comte d'Empúries, 971 860 036. 🖥 ajmuro.net

Reiche Landbesitzer bauten sich hier einst Herrenhäuser, die dem Ort seinen Charme verleihen. Eines birgt ein kunsthistorisches Juwel: Das **Museu Etnològic de Muro** zählt zu den spannendsten Kulturstätten der Insel. Hier erlebt man mallorquinische Geschichte und Geschichten hautnah. Zu sehen sind Möbel, Trachten und diverse Werkstätten. Das Museum, eine Außenstelle von Palmas Museu de Mallorca *(siehe S. 68)*, zeigt zudem eine Sammlung der berühmten *Siurell*-Tonpfeifen. Ähnlich tiefe Einblicke in heimische Volkskultur bieten auf Mallorca nur Sa Granja *(siehe S. 96f)* und Els Calderers *(siehe S. 138)*.

Blickfang und prägend für die Silhouette von Muro ist die Kirche Sant Joan (16. Jh.) mit farbenprächtigen Bleiglasfenstern und einer schönen Fensterrose.

🏛 **Museu Etnològic de Muro**
Carrer Major 5. 📞 971 860 647. 🕐 Di–Sa 10–15 (Do auch 17–20 Uhr). ⬤ Feiertage; Aug. 🎫 frei. 🖥 museudemallorca.caib.es

Umgebung: Fünf Kilometer nordwestlich von Muro liegt – umrahmt von Windmühlen *(siehe S. 129)* – Sa Pobla. Auf dem Sonntagsmarkt erlebt man hier »das wahre Mallorca«. Die Stadtresidenz Can Pla-

nes zeigt im Museu d'Art Contemporani und im Museu de la Jugueta moderne Kunst und Spielzeug – ein Ort für Kunstinteressierte, Familien und Nostalgiker.

⓬ Can Picafort

Karte J3. 🏔 7000. 🛈 Plaça Enginyer Gabriel Roca 6, 971 851 413. 🖥 canpicafort.es

Der populäre Ferienort an der Badia d'Alcúdia *(siehe S. 118f)* ist ideal für Urlauber, die es bequem haben wollen. Der längste Sandstrand Mallorcas *(siehe S. 15)* bietet alles für unbeschwerte Badeferien. An der kilometerlangen Strandpromenade reiht sich ein Lokal ans andere.

Umgebung: Abwechslung vom Strandleben bietet eine Küstenwanderung zur Punta des Fenicis. An dieser zwei Kilometer südöstlich von Can Picafort gelegenen Landspitze befindet sich die **Necròpoli de Son Real**. Diese prähistorische Totenstadt (ca. 800 m²) mit mehr als 100 Grabstätten in unterschiedlichsten Formen wurde ab dem 7. Jahrhundert v. Chr. als Bestattungsort genutzt. Sie zählt wie Capocorb Vell *(siehe S. 137)* und Ses Païsses *(siehe S. 120)* zu den besterhaltenen Stätten der Talayot-Kultur auf Mallorca. Auch auf der vorgelagerten Insel S'Illot des Porros befindet sich ein Gräberfeld jener Epoche.

Necròpoli de Son Real – jahrtausendealte Begräbnisstätte bei Can Picafort

Restaurants im Nordosten *siehe Seite 130*

Windmühlen

Mallorca ist nicht das Land von Don Quijote und Sancho Panza – man könnte sich beide Romanfiguren aber durchaus zwischen all den Windmühlen vorstellen. Noch heute gibt es auf Mallorca über 3000 Mühlen (spanisch: *molinos*; katalanisch: *molís*) unterschiedlicher Konstruktion. Die Flügel der Getreidemühlen knarren allerdings nicht mehr, nur einige als Wasserpumpen genutzte sind noch in Betrieb. Viele Mühlen überließ man dem Verfall, andere wurden restauriert und beherbergen nun Lokale oder Museen.

Getreidemühle
Auch wenn die meisten Mühlen ihre ursprüngliche Funktion verloren haben, sind sie ein wertvolles Kulturgut. Mallorquinische Getreidemühlen erkennt man noch heute an ihren hölzernen Flügeln und der spitzen Haube.

Infobox

Restaurierte Mühlen (Auswahl)

Es Molí d'en Pau
Karte H5. Carrer de Santa Margarida 25, Sineu.
🔲 Ⓦ molidenpau.es

Es Molí d'es Pou
Karte D6. Carrer Indústria 4, Palma. 🔲
Ⓦ esmolidespou.com

Molí d'en Nofre
Karte G6. Mühlenviertel Es Molinar, Montuïri. 🏛 🔲 🔲
Ⓦ turismemontuiri.com/visita-guiada

Molí des Torrent
Karte E5. Carretera de Bunyola 75, Santa Maria del Camí.
🔲 Ⓦ molidestorrent.de

Molí de Vent
Karte H8. Carrer Norte 34, Campos. 🔲
Ⓦ moli-de-vent.com

Pumpmühlen in der Zentralebene Es Pla: Metallkonstruktionen mit Blechflügeln und pfeilförmiger Windfahne

Pumpmühle
Die Gittermastkonstruktionen fördern Grundwasser aus über 30 Metern Tiefe an die Oberfläche, um dort Agrarflächen zu bewässern.

Moderne Windmühlen
Die Zeiten ändern sich, auch auf Mallorca. In Teilen der Insel wird heute die Windenergie zur Stromerzeugung genutzt.

Karte *siehe Extrakarte zum Herausnehmen*

Restaurants

Abends auf der Terrasse eines Restaurants bei gedämpftem Licht, mit einem Glas Wein in der Hand und zum Zirpen der Grillen den Blick aufs Meer zu genießen – was kann es Schöneres geben. Doch auch abseits der Küstenorte bietet der Nordosten Mallorcas viele stimmungsvolle Plätze für besondere kulinarische Genüsse in wundervollem Ambiente.

La Reserva Rotana – Urlaubsgefühl pur

Restaurants

CALA RAJADA: Del Mar €€
Schweizerisch-mediterran K M4
Avinguda América 31, 07590
☎ 680 133 381 ● Mo
🌐 mallorca-delmar.com
Ein wunderbarer Mix zweier kulinarischer Welten. Neben Köstlichkeiten der Mittelmeerküche gibt es auch Schweizer Spezialitäten wie Zürcher Geschnetzeltes und Rösti. Spezialität des Hauses ist die Fischplatte mit fünf verschiedenen Fischen und buntem Grillgemüse.

CANYAMEL: Vintage 1934 €€
Seafood K M5
Plaça Pins de Ses Vegues 1, 07589
☎ 971 841 157

🌐 capvermellbeachhotel.com/de/restaurant/restaurant-vintage-1934
Das Restaurant des Beach-Hotels Cap Vermell verwöhnt mit Seafood, vor allem Langustengerichten. Das hauseigene Langustenzuchtbecken kann besichtigt werden. Von der Terrasse blickt man auf die Playa de Canyamel.

MANACOR:
La Reserva Rotana €€
Mediterran K J6
Camí de Bendris, km 3, 07500
☎ 971 845 685
🌐 reservarotana.com/restaurante
Die Auswahl raffiniert zubereiteter mediterraner Speisen ist groß: u. a. in Whisky gebeizter Lachs, Jakobsmuscheln mit Litschis oder

Steinbutt mit Gemüsefächer. Mitte Juni bis Mitte September gibt es dienstags ein Grill-Büfett im Freien mit Live-Musik.

ARTÀ: Finca Es Serral €
Mallorquinisch K L4
Camí Cala Torta, km 0,5, 07570
☎ 971 835 336 ● Mo
🌐 fincaesserral.com/Restaurante-Es-Serral
Das Restaurant der Finca bietet einen gelungenen Querschnitt durch die Inselküche, auch Tapas und vegetarische Menüs. Viele Zutaten stammen aus biologischem Anbau der Finca. Und die Desserts? Ein Traum.

PORT VERD:
Port Verd del Mar €€
Europäisch K L5
Ronda del Sol Ixent 23, 07559
☎ 871 949 193
🌐 portverd-delmar.com
Die exklusive Location mit Traumterrasse liegt in einem der nobelsten Orte von Mallorcas Ostküste. Genießen Sie im offenen Pavillon zu Spitzengastronomie und makellos weißer Stoffpracht die grandiose Aussicht aufs blaue Meer. Eine Steintreppe führt zum Wasser, für Gäste stehen dort Liegen (und Digestifs) bereit.

LLUBÍ: DaiCa €€€
Mallorquinisch K H4
Carrer Nou 8, 07430
☎ 971 522 567 ● Mo, Di
🌐 daica.es
Der Patio ist ein Idyll – kaum ein anderer Ort der Insel lädt derart zum Genießen ein. Geboten wird Spitzenküche zu akzeptablen Preisen in wahrhaft anheimelndem Ambiente. Und falls der Wein zu gut schmeckt: Im Haus kann man auch übernachten.

Stilvoll und gemütlich: Speiseraum im Es Serral

Auf der Steinterrasse der Finca Es Serral

Preiskategorien € = preiswert €€ = mittel €€€ = gehoben

Shopping

Der Nordosten Mallorcas ist die Region des traditionsreichen Kunsthandwerks. Städte wie Inca und Manacor sind seit Generationen Hochburgen für Lederwaren und Kunstperlen von besonderer Qualität. Die Produkte werden zwar überall auf der Insel verkauft, hier kann man aber in den Fabriken bei der Herstellung zusehen.

INCA: Lottusse €€
Lederwaren K G4
Carrer dels Pagesos 14c, 07300
📞 931 504 639
W lottusse.com/stores/store/182/espana-mallorca-inca
Haute Couture für die Füße! Das Outlet für hochwertige Lederwaren aus Inca führt eine große Auswahl an Schuhen für sie und ihn zu absolut attraktiven Preisen sowie für jeden Anlass und Geschmack. In dem reichen Sortiment findet man auch Originelles abseits gängiger Massentrends. Neben Schuhen werden u. a. Jacken sowie Accessoires wie Taschen und Gürtel angeboten – jedes Objekt ein Stück Handwerkskunst.

INCA: Finca Son Bordils €€
Wein K G4
Carretera Inca–Sineu, km 4, 07300
📞 971 182 200
W sonbordils.es

Mehr Tradition geht auch auf Mallorca kaum: Seit 1433 werden aus den Trauben des mittlerweile rund 34 Hektar großen Weinguts edle Tropfen produziert – von Manto Negro bis zu Prensal Blanc. Auf dem Anwe-

Edle Schuhe von Lottusse

sen kann man sich bestens mit mallorquinischen Weinen eindecken, die man vor dem Kauf selbstverständlich probieren kann.

MANACOR: Perlas Majórica €€
Schmuck K J6
Via Palma 9, 07500
📞 971 550 900
W majorica.com/en/factory-shop
Kunstperlen *(siehe S. 122)* aus Manacor sind weltberühmt, bei Perlas Majórica kann man die Perlmutt-Imitate (von klassischelegant bis trendy) aus erster Hand erstehen. Viele Besucher bereichern ihr Shopping-Erlebnis mit einer Führung durch die Fabrik. Dabei kann man bei der Produktion von Schmuckstücken wie Halsketten, Ringen, Anhängern etc. zusehen.

ALCÚDIA: Wochenmarkt €
Souvenirs K J2
Altstadt, 07410
In den autofreien Gassen der Altstadt von Alcúdia ist zweimal wöchentlich (Di, So) Markttag. Das Warenangebot zeichnet sich nicht durch außergewöhnliche Qualität aus, ein nettes Souvenir oder Mitbringsel findet man jedoch allemal. Außerdem sind die historische Kulisse vor altehrwürdigem Gemäuer und die Farbenpracht einmalig.

Unterhaltung

Die Nacht durchmachen kann man auf Mallorca nicht nur in Palma, sondern auch in einigen Clubs im Nordosten. Die meisten Locations befinden sich am Strand oder in Strandnähe. Sehr spannend sind einige lokale Feste, an denen auch Besucher der Insel teilnehmen können – ideal, um weitere Facetten der Region zu entdecken.

CALA RAJADA: Coco's Pool €€
Party-Location K M4
Carrer Ramón Franco 4, 07590
📞 971 818 957
W cocospool.com
Coco's Pool ist einer der populärsten Hotspots des Nachtlebens im Nordosten der Insel. Die In-Location überzeugt mit rauschenden Pool-Partys, vier Bars und Lounges, Sound von einheimischen DJs, jeder Menge Party People außer Rand und Band, sehr hohem Promifaktor und Happy Hour all Night long.

SON SERRA DE MARINA:
El Sol – Sunshine Bar €€€
Beach-Bar K K4
Puig de Bonany 1, 07549
📞 971 854 029
W sunshine-bar.net
Der Strand ist bei Wind- und Kitesurfern beliebt, an die Bar zieht es aber nicht nur Wassersportler. Chillige Rhythmen, Lounge-Flair und gute Cocktails machen den Reiz der Sunshine Bar aus. Höhepunkt ist natürlich der Sonnenuntergang mit einem Cocktail in der Hand.

Laut und authentisch: Festa del Much

SINEU: Festa del Much
Volksfest K H5
Zentrum, 07510
W visit-sineu.com/category/fiestas
Ein ganzes Dorf ist auf den Beinen: Jedes Jahr am 14. August herrscht in Sineu Ausnahmezustand, an diesem Tag dreht sich alles um die Fantasiefigur Much. Die Festlichkeiten folgen einer Dramaturgie und dauern den ganzen Tag.

K = Extrakarte *zum Herausnehmen*

Süden

Von schneeweißen Salzbergen bis zu einer Blauen Grotte – der Reiz des Südens liegt in seinen Farben, seiner Vielfalt und Ursprünglichkeit. Einige der schönsten Sandstrände der Insel wechseln sich mit abgeschiedenen, malerischen Buchten ab. Tradition wird in dieser Region großgeschrieben: Alte Handwerkskunst wie Glasbläserei wird ebenso gepflegt wie die althergebrachte Produktion von Salz. Windmühlen prägen in manchen Ecken das Landschaftsbild und dokumentieren eine frühere Agrartechnik. In Schauwerkstätten oder bei Führungen erlebt man die angewandten Methoden hautnah und eindrucksvoll. Zeugnisse der Geschichte des Südens reichen von einer prähistorischen Siedlung bis zum Piratenunterschlupf auf Cabrera, der Ziegeninsel. Einige Kirchen und Klöster – zum Teil in traumhafter Lage – faszinieren als Orte der Besinnung wie als Bauwerke. Naturliebhaber genießen den Aufenthalt in einem Naturpark, einem Nationalpark und einem Kakteengarten.

Sehenswürdigkeiten auf einen Blick

❶ Algaida
❷ S'Arenal
❸ Puig de Randa
❹ Llucmajor
❺ *Megalithkultur: Capocorb Vell S. 137*

❻ Montuïri
❼ Vilafranca de Bonany
❽ Felanitx
❾ *Salinas d'Es Trenc S. 139*
❿ Santanyí
⓫ Parc Natural de Mondragó

⓬ Cala Figuera
⓭ *Botanicactus S. 141*
⓮ *Nationalpark Cabrera S. 142f*

◀ **Alte Windmühle beim Puig de Galatzó** *(siehe S. 92)* – typisch für den Süden Mallorcas

Persönliche Favoriten

Auch abseits der Küste hat Mallorcas Süden viel zu bieten. Sie sollten hier keinesfalls nur »durchfahren«. Begeben Sie sich auf Entdeckungstour. Begegnungen mit Einheimischen bieten Stoff für Geschichten über Menschen, die man nicht vergisst.

Guillermos Gemüse: Alls i melóns

Guillermo Morlá Estrany betreibt in Vilafranca de Bonany den Laden Alls i melóns (Knoblauch und Melonen). So macht Einkaufen Spaß.

Hier leuchtet Mallorcas Sommer in allen Farben: Melonen, Kürbisse, Orangen und andere Früchte quellen aus Kisten, von der Decke hängen Girlanden von Pfefferschoten und Knoblauchzöpfe.

Vor fast 50 Jahren eröffnete Guillermo seinen Gemüse- und Obstladen. Kaum ein Passant oder Autofahrer, der hier nicht anhält – magisch angezogen von Farbenpracht und Frische der satten Früchte.

MALLORCAS FARBEN

Mit Hingabe (und Engelsgeduld) bringt Guillermo Besuchern aus dem Ausland die spanischen Begriffe einzelner Obst- und Gemüsesorten bei – ein idealer Ort, um sein Touristen-Spanisch zu verbessern. Wer da nicht mit einer vollen Einkaufstüte herauskommt ...

Alls i melóns
Carrer Palma 103, Vilafranca de Bonany.
📞 971 560 231. ⏱ tägl. 8.30 – 20.30 Uhr.

Spaziergang um die Cala Figuera – Hafenidylle pur

Der Ort Cala Figuera an der gleichnamigen Bucht ist der Inbegriff von einem malerischen Hafen mit traditioneller Fischerei – auch das ist Mallorca-Feeling.

Einen stimmungsvolleren Fischerhafen gibt es auf Mallorca nicht: Wie ein Fjord reicht die Cala Figuera, eine schmale Bucht, tief ins Land. Umrahmt wird sie von weißen, in der Sonne leuchtenden Fischerhäusern und Bootsschuppen mit bunt angestrichenen Türen, die Boote liegen direkt davor. Ein schmaler Fußweg verläuft um das viel fotografierte Hafenbecken (Hin- und Rückweg: ca. 30 Min.). Von den erhöht gelegenen Tavernen und Bars blickt man auf ankernde Boote. Mehr Postkartenidylle geht nicht.

Fischerboote in der Cala Figuera

360°-Panoramafotos: 🅦 mallorca-panorama.de

Glasfabrik Gordiola

Im Jahr 1719 gründete die Familie Gordiola eine Glasfabrik. Der traditionsreiche Betrieb ist in einem burgähnlichen Bauwerk in Algaida untergebracht, das auch Verkaufsräume und ein Museum beherbergt. Besucher erleben in der ältesten Glashütte der Insel die Strahlkraft einer jahrhundertealten Handwerkstradition.

In Mallorcas ältester Glasfabrik kann man den Glasbläsern über die Schulter schauen. José Jaume Cerda etwa ist hier seit 25 Jahren tätig und gehört damit zu den erfahrensten Kräften. Beim Gespräch blitzt ihm der Stolz auf seine Handwerkskunst aus den Augen. Zu Recht: Der Betrachter kommt aus dem Staunen kaum heraus. Mit unglaublicher Geschicklichkeit und Fingerfertigkeit formen José und seine Kollegen aus glühender, zähflüssiger Rohmasse in kürzester Zeit die kuriosesten Gebilde, jedes einzelne ein Unikat. Trotz der Gluthitze, die den Öfen entweicht, behalten alle jederzeit kühlen Kopf. Jeder Handgriff sitzt – ob beim Glasblasen durch ein Metallrohr *(canya)*, beim Formen des entstandenen Ballons mit Zangen, beim Trennen des mundgeblasenen Stücks vom Rohr mit einem Messer oder beim Abkühlen des Objekts im Wasser. Übrigens: Fotografieren ist hier ausdrücklich erlaubt.

Bunte Glaspracht mit Motiven aus dem Tierreich

Produkte der Werkstatt kann man im Shop nebenan kaufen. Hier nimmt der Zauber des Materials Glas Gestalt an. Auch dies ist eine eigene Welt. Glaswaren in allen Farben stehen gut sortiert in Regalen – Tisch-, Wand- und Deckenlampen, Trinkgläser, Vasen, Schalen, Aschenbecher, Briefbeschwerer, Essig- und Ölfläschchen, Kerzenständer, Schmuck, Tierfiguren in allen erdenklichen Farben und Formen. Auch wenn man nicht vom Fach ist: Den Unterschied zwischen Kunst und Kitsch erkennt auch der Laie. Das Preisniveau ist gehoben. Wenn Sie allerdings ein schönes, typisch mallorquinisches und gleichzeitig praktisches Mitbringsel suchen: Hier finden Sie es garantiert.

Im Obergeschoss befindet sich das Museum. Gezeigt werden Sammlerstücke, die aus aller Welt zusammengetragen wurden. Die Objekte stehen nach Ländern sortiert in Vitrinen.

ZAUBER DER GLASKUNST

José mit glühender Rohmasse an einem Metallrohr

Gordiola-Vase

Vidrios de Arte Gordiola
Carretera Palma–Manacor, km 19, Algaida. ☎ 971 665 046. ⊙ Mo–Sa 9–19 Uhr. ⛟ frei. ⊠ gordiola.com
360°-Panoramafotos: ⊠ mallorca-panorama.de

❶ Algaida

Karte G6. 🚶 5400. ℹ️ Carrer del Rei 6, 971 125 335. 🌐 visitalgaida.com

Hauptattraktion des beschaulichen Städtchens ist die **Glasfabrik Gordiola** *(siehe S. 135).*

❷ S'Arenal

Karte E7. 🚶 17 000. ℹ️ Carrer Terral 23. ☎️ 971 669 162.

Auch wenn es am Strand von S'Arenal (El Arenal) im Sommer hoch hergeht: Der »Ballermann« mit seinen Schunkelschuppen ist an der angrenzenden Platja de Palma *(siehe S. 82f).* Wie auch immer: Der gesamte Strandabschnitt erlebt ein Redesign, soll schicker und anspruchsvoller werden.

Am Ortsrand liegt **Aqualand El Arenal**, Mallorcas größter Wasser-Fun-Park. Im **Palma Aquarium** *(siehe S. 62)* nordwestlich von S'Arenal erlebt man Geheimnisse der Unterwasserwelt.

🏊 **Aqualand El Arenal**
S'Arenal. ☎️ 971 440 000.
🕐 Mai, Juni, Sep: tägl. 10–17 Uhr (Juli, Aug: bis 18 Uhr). 📷 🚫
🌐 aqualand.es/elarenal

🐠 **Palma Aquarium**
Carrer Manuela de los Herreros 21. ☎️ 902 702 902. 🕐 unterschiedliche Zeiten (siehe Website). 📷 🚫 🌐 palmaaquarium.com

Spaß für die ganze Familie bietet der Wasser-Fun-Park Aqualand El Arenal

❸ Puig de Randa

Karte G7. ℹ️ 971 120 260. 🌐 santuaridecura.com

Mitten in der fruchtbaren Ebene Es Pla erhebt sich oberhalb von Randa der Puig de Randa (549 m), von dessen Gipfel man weite Teile Mallorcas überblickt. Der Philosoph und Theologe Ramon Llull gründete hier im 13. Jahrhundert eine Einsiedelei, in der er einige Jahre lebte. Das Santuari Nostra Senyora de Cura erreicht man von Randa über eine kurvenreiche Straße, vorbei an zwei anderen Klöstern. Das Pilgerziel beherbergt heute ein Hotel und ein Restaurant, im Garten steht eine Statue Ramon Llulls.

Ramon Llull (1232–1316)

❹ Llucmajor

Karte FG7. 🚶 35 000. ℹ️ Plaça d'Espanya 12, 971 669 162. 🌐 visitllucmajor.com

Auf dem Weg von Palma in den Süden Mallorcas ist Llucmajor der erste größere Ort. Wenn Sie irgendwo auf Mallorca Schuhe kaufen, stammen diese möglicherweise aus Llucmajor, einem traditionellen Zentrum der Schuhindustrie. Die dreieckige Plaça d'Espanya wird vom Rathaus und der Jugendstil-Markthalle sowie Cafés wie dem Café Colón (1928) flankiert. Ein Denkmal am Passeig de Jaume III erinnert an eine bedeutende Schlacht (1349; *siehe S. 172*). Durch das Zentrum des zwölf Kilometer südöstlich gelegenen Campos weht noch ein Hauch von Mittelalter.

Puig de Randa: Pilgerziel und Aussichtsberg oberhalb von Randa

Restaurants im Süden siehe Seite 144f

❺ Megalithkultur: Capocorb Vell

Capocorb Vell zählt zu den größten und am besten er-
forschten prähistorischen Siedlungen Mallorcas. Weitere
befinden sich verstreut auf der Insel, darunter Ses Païsses
bei Artà im Nordosten, und auf der Nachbarinsel Menorca.
Neben Behausungen umfassen diese Megalithkomplexe
auch Reste von *talayots* genannten Türmen. Nach diesen
wurde die auf den Balearen bedeutende Talayot-Kultur
(13.–2. Jh. v. Chr.) benannt. Die größte Talayot-Anlage der
Inselgruppe befindet sich auf Menorca.

Infobox

Information
Karte F8.
12 km südl. von Llucmajor.
☎ 971 180 155.
⏰ tägl. 10–17 Uhr. 📷 💻
Keine Führungen, am Eingang
erhält man ein Informationsblatt
(auch auf Deutsch).
🆆 talaiotscapocorbvell.com

Bauweise
Kennzeichnend
für Bauten der
Talayot-Kultur ist
das Zyklopenmau-
erwerk. Bei dieser
Technik wurden
große, unregel-
mäßig geformte
Steine ohne Ver-
wendung von Bin-
demitteln aufein-
andergeschichtet.

Gefäße
Während der Talayot-Kultur auf den
Balearen entstanden Tonwaren wie
diese beiden Gefäße. Auch Bronze
wurde zu jener Zeit verarbeitet.

Gedenkstein
Der »Hinkelstein« in der Stätte Ses Païsses *(siehe
S. 120)* ehrt einen mallorquinischen Literaten.

Talayot
Die seinerzeit zwei- bis dreistöckigen *talayots*
haben runde oder viereckige Querschnitte.

Karte *siehe Extrakarte zum Herausnehmen*

Wie ein Spinnennetz: stillgelegte Windmühle in Montuïri

Umgebung: Drei Kilometer nordwestlich liegt das Landgut **Els Calderers** (17. Jh.) – heute ein Museum. Es bietet Einblick in den Lebensstil des mallorquinischen Landadels. Die Salons sind mit Originalmobiliar und Gemälden geschmückt. Weinkeller, Kornspeicher und Werkstätten können ebenfalls besichtigt werden.

🏛 **Els Calderers**
📞 971 526 069. ⬤ Apr–Okt: tägl. 10–18 Uhr (Nov–März: bis 17 Uhr).
🌐 elscalderers.com

❻ Montuïri

Karte G6. 🗺 3000. ℹ Plaça Major 1, 971 644 125.
🌐 turismemontuiri.com

Auch wenn sich die Flügel der Windmühlen nicht mehr drehen: Bei einem gemütlichen Spaziergang durch Montuïris Mühlenviertel Es Molinar erlebt man noch ein Stück ursprüngliches Mallorca. Im höchstgelegenen (und entsprechend windexponierten) Teil Montuïris mahlten die Müller ab dem 17. Jahrhundert in den Windmühlen das Getreide der fruchtbaren Ebene. Im 19. Jahrhundert traten an die Stelle der alten Windmühlen elektrisch betriebene. Acht originale Produktionsstätten sind im Carrer des Molinar (»Mühlenstraße«) erhalten, die zum Museum ausgebaute Mühle d'en Nofre kann man bei einer Führung besichtigen.

Nicht weit ist es zur Plaça Major mit dem Rathaus und der Kirche Sant Bartolomeu. Am anderen Ortsende präsentiert das Museu Arqueològic de Son Fornés Dokumente der Talayot-Kultur (*siehe S. 137*; www. sonfornes.mallorca.museum).

Alljährlich am ersten Sonntag im Dezember wird die Festa de sa Perdiu gefeiert. Die Einheimischen fiebern dabei vor allem dem Rebhuhnwettbewerb entgegen.

Els Calderes, Fliesenbild

❼ Vilafranca de Bonany

Karte H6. 🗺 3000. ℹ Plaça Major 1, 971 832 107.
🌐 vilafrancaterrabona.com

Der Ort an der Straße nach Manacor ist ein Handelszentrum für Obst und Gemüse aus der Umgebung. Entlang den Hauptstraßen reihen sich bunte Marktstände aneinander (*siehe S. 134*). Hier kann man Paprikaschoten, Melonen, Kürbisse, Tomaten, Knoblauch und Obst aus hiesigem Anbau kaufen. Mit ihren farbenprächtigen Auslagen sind diese Läden beliebte Fotomotive. Bei der Festa del Meló Anfang September dreht sich alles um Melonen.

❽ Felanitx

Karte J7. 🗺 17000. ℹ Plaça Constitució 1, 971 580 051.
🌐 visitfelanitx.es

In Felanitx, einer Hochburg der Keramikproduktion, kamen der Baumeister Guillem Sagrera (1380–1456) und der Maler Miquel Barceló (geb. 1957) zur Welt. Die Kirche Sant Miquel (16. Jh.) zählt auch wegen der üppigen Ausschmückung zu den sehenswertesten Sakralbauten der Insel.

Umgebung: Das **Santuari de Sant Salvador** steht vier Kilometer östlich von Felanitx auf dem Puig de Sant Salvador. Das Kloster (14. Jh.) ist ein wichtiger Wallfahrtsort. Genießen Sie die schöne Aussicht.

Zwölf Kilometer südöstlich von Felanitx liegt der Ferien- und Badeort **Portocolom**.

Opulente Fassade und Treppenaufgang von Sant Miquel in Felanitx

❾ Salines d'Es Trenc

Die Salinen von Es Trenc sind mit rund 150 Hektar die größten der Insel. Seit den 1950er Jahren wird hier Salz produziert. Dabei wird Meerwasser vom Strand von Es Trenc über einen Kanal zu den Salinen gepumpt und durchfließt dort mehrere Salzbecken. Hohe Temperaturen, sanfte Brise und geringe Luftfeuchtigkeit lassen das Wasser rasch verdunsten, das enthaltene Salz kristallisiert aus. In ergiebigen Jahren werden hier bis zu 10 000 Tonnen Salz gewonnen. Der Ort Ses Salines verdankt dem Salzwerk seinen Namen.

Infobox

Information
Karte H9.
Carretera Campos–
Colònia de Sant Jordi, km 8.
📞 971 655 306.
🕐 Zeiten der Website entnehmen. 🅿 obligatorisch.
🖼💻📷
🅦 salinasdestrenc.com

Salzberge
Wie schneeweiße Felswände wirken die mehrere Meter hoch aufgetürmten Berge von fabrikfertigem Salz. Bei starker Sonneneinstrahlung ist die Blendwirkung der Salzberge ähnlich wie auf einem Gletscher.

Flor de Sal
Im Laden am Eingang werden in Dosen abgefüllte blütenförmige Salzkristalle verkauft, die aus den Becken abgeschöpft wurden.

Flamingo
In Salzbecken finden Flamingos Nahrung. Ihr rosafarbenes Gefieder erkennt man von Weitem.

Salzbecken in der Dämmerung
Die spiegelglatten Oberflächen der Salzbecken erzeugen spezielle Lichteffekte.

Karte *siehe Extrakarte zum Herausnehmen*

Wie ein gewaltiger Bogen ragt das Felsentor Es Pontàs bei Santanyí aus dem Wasser – ein Traum für Kletterer

❿ Santanyí

Karte J9. ▨ 12 000. **ℹ** Avinguda d'en Perico Pomar 10, Cala d'Or, 971 657 463. **Ⓦ** ajsantanyi.net

Bekannt ist Santanyí vor allem für eine Gesteinsart und eine Orgel. Viele Häuser in dem alten Städtchen bestehen aus dem hier abgebauten ockerfarbenen Sandstein (»Santanyí-Sandstein«). Blöcke von hier wurden in Palma für den Bau der Kathedrale und des Castell de Bellver verwendet.

Treffpunkt und Flaniermeile ist die Plaça Major. An einem Ende des lang gestreckten, von Cafés, Bars und Galerien gesäumten Platzes ragt die Kirche Sant Andreu Apòstol (18./19. Jh.) auf. Sie birgt einen wahren Kunstschatz: Ihre von dem aus Palma stammenden und am Königshof wirkenden Orgelbauer Jordi Bosch geschaffene Orgel (1762) gilt als Meisterwerk. Die Porta Murada erinnert an mittelalterliche Zeiten, als die Stadt eine bedeutende Festung zur Verteidigung des Südostens Mallorcas war.

Mauswiesel im Parc Natural de Mondragó

⓫ Parc Natural de Mondragó

Karte J9. **ℹ** Parkplatz oberhalb der Cala Mondragó, 971 181 022. **◯** tägl. 9 – 16 Uhr. **⌚** Zeiten tel. erfragen.

Der knapp 800 Hektar große Naturpark mit reicher Vogelwelt wird überwiegend von Kiefernwald bedeckt. Die Küste ist hier zerklüftet, man kommt auf den Wanderwegen aber auch an Sandbuchten vorbei, an denen man baden kann – die besten sind Cala Mondragó, Cala S'Amarador und Caló d'es Burgit.

⓬ Cala Figuera

Karte J9. ▨ 800. **ℹ** wie Santanyí.

Der idyllische Ort mit einem authentischen Fischereihafen liegt an einer fjordähnlichen Bucht. Der Blick von einer der erhöht gelegenen Hafentavernen auf den felsumrahmten Fjord und die hier ankernden Boote könnte nicht schöner sein. Ein schmaler Weg verläuft um die Bucht, vorbei an Fischerhäusern und Bootsgaragen – nichts für Strandurlauber, eher für Romantiker.

Die westlich angrenzende, ebenso malerische Bucht von Cala Santanyí verfügt hingegen über einen kleinen Sandstrand. Vor der Küste erhebt sich das imposante Felsentor **Es Pontàs** aus dem Wasser. Das »Tor zum Meer«, ein Werk der Meeresbrandung, ist eine Herausforderung für Extremkletterer und Taucher, Inspirationsquelle für Maler und beliebtes Fotomotiv für Urlauber.

Idylle pur: Cala Figuera an der gleichnamigen Bucht

Restaurants im Süden *siehe Seite 144f*

⓭ Botanicactus

In diesem Botanischen Garten, der mit rund 150 000 Quadratmetern zu den größten Europas zählt, fühlt man sich wie in einer anderen Welt. Neben Kakteen, Agaven und Palmen aus allen Trockengebieten der Erde sieht man hier auch einen bunten Querschnitt durch die mallorquinische Flora, darunter Granatapfel-, Mandel-, Oliven- und Eukalyptusbäume sowie Bougainvilleen. Auf dem dichten Wegenetz gelangt man zu einem künstlichen See und einer Voliere mit einheimischen Vögeln.

Infobox

Information
Karte H9.
Carretera Ses Salines–Santanyí, km 1.
📞 971 649 494.
🕐 März: tägl. 9–18.30 Uhr; Apr–Aug: tägl. 9–19.30 Uhr; Sep, Okt: tägl. 9–19 Uhr; Nov–Feb: tägl. 10.30–16.30 Uhr. ♿
🚻 ♿
🌐 botanicactus.com

Palmfarn mit Frucht
Dichte Wedel mit tiefgrünen Blättern sind Kennzeichen dieser Pflanze der Tropen und Subtropen.

Goldkugelkakteen
Diese Kakteen stehen einzeln oder türmen sich aufeinander – trotz langer Dornen.

Pfau
In der Voliere nahe dem Eingang stolzieren einige Pfauen.

Eine Anmutung wie am Rand einer Wüste: schlanke Kakteen, gedrungene Agaven

Karte *siehe Extrakarte zum Herausnehmen*

⑭ Nationalpark Cabrera

Rund 15 Kilometer vor Mallorca liegt das Naturparadies der Illa Cabrera (Ziegeninsel), offiziell Parc Nacional Maritimoterrestre de l'Arxipèlag de Cabrera genannt. Die unbewohnte Insel (16 km²) war früher ein Piratennest, später Gefängnisinsel. 1991 wurde Cabrera mit dem ganzen Archipel vorgelagerter kleiner Felsinseln zum Nationalpark erklärt. Von Colònia de Sant Jordi werden halb- und ganztägige Bootsausflüge organisiert. Die Unterwasserwelt erlebt man bei einem Tauchgang oder beim Schnorcheln. Die Sichtweite beträgt an vielen Stellen bis zu 50 Meter – einfach ausprobieren!

Es Castell
Auf einem Felsen thront die Burgruine (14. Jh.). Im Museum wird die spannende Geschichte der Insel dokumentiert.

Port de Cabrera
Der Bootsanleger befindet sich in einer geschützten Bucht mit türkisfarbenem Wasser. Die Zahl der Besucher pro Tag ist streng reglementiert. Eine Anreise im privaten Boot ist nur mit Sondergenehmigung erlaubt.

Zackenbarsch
Beim Tauchgang sieht man Fischschwärme in allen Farben. Eher ein Einzelgänger ist der etwas düster dreinblickende Zackenbarsch. Beobachten Sie, wie blitzschnell er beim Beutefang sein Maul aufreißt.

Punta de N'Ensiola
Die Landspitze mit dem Leuchtturm (Far de N'Ensiola) ist Orientierungspunkt für Boote und Aussichtsplatz für Besucher der Insel.

Karte:
Cap de Llebeig
Es Castell · Es Port
Port de Cabrera
Platja S'Espalmador
Caserío Cabrera
Na Picamosques
Monument d'els Francesos
Cap Vermell
Museu Es Celler
Punta de N'Ensiola

0 Kilometer 1

Zeichenerklärung *siehe hintere Umschlagklappe*

CONEJERA

Eleonorenfalke
Mit weiten Schwingen ziehen die Falken über dem Archipel elegant ihre Kreise.

REDONA

Punta
de sa Corda

Cova Blava

CABRERA

Na Bella Miranda

Punta
des Burri

Punta
des Codolar

Cas Garriuer

Infobox

Information
Karte CD 9–10.
🛈 **Besucherzentrum** Carrer Gabriel Roca s/n, Colònia de Sant Jordi. 📞 971 656 282. Boote legen Apr–Okt tägl. am Pier von Colònia de Sant Jordi ab. 📞 971 649 034.
📅 Anmeldung erforderlich.
🔲 cvcabrera.es
🔲 excursionsacabrera.es
🔲 tauchen-mallorca.info

Legende
═══ Straße
••• Fußweg

Sa Cova Blava
Im Zauber des Lichts: Die nur vom Wasser erreichbare »Blaue Grotte« hat ihren Namen von der Farbe des Lichts, das Wasser und Wände reflektieren. Jede Bootsfahrt führt zu dieser Attraktion.

Meeresschildkröte
Beim Tauchen kommt man den sogenannten »Vagabunden der Meere« ganz nahe.

Riesenfenchel
Früher grasten auf der Insel Ziegenherden, die (fast) alles kahl fraßen – nur von dem hochgiftigen Riesenfenchel hielten sie sich fern. Die bis zu drei Meter hohen Pflanzen konnten sich daher gut behaupten.

Korallenmöwe
Diese Möwen besetzen gern Felsspitzen. Ihre korallenroten Schnäbel leuchten in der Sonne.

Karte *siehe Extrakarte zum Herausnehmen*

Restaurants

Viele Restaurants mit inseltypischem Flair und wunderbaren kulinarischen Verführungen tragen zum Charme von Mallorcas Süden bei. Die bunte Palette reicht von bodenständigen Lokalen bis zu Gourmet-Tempeln. Bringen Sie genügend Zeit mit. Und wenn Sie nach einem ausgiebigen, genussvollen Abendessen umdisponieren und nicht mehr weiterfahren wollen: Kein Problem, in den überwiegend eher beschaulichen Orten des Südens findet man oft spontan ein Zimmer für die Nacht.

Deftig: Schweinebraten im Cassai

Restaurants

PORTOCOLOM:
Restaurante Colón €€€
Mediterran K8
Carrer Cristobal Colón 7, 07670
📞 971 824 783 ⬤ Mi
🌐 **restaurante-colon.com**
Haute Cuisine mit mallorquinischem Charme. Das Restaurant an einem der schönsten Naturhäfen Mallorcas ist außergewöhnlich. Großformatige Kunstwerke schmücken die Sandsteinwände, vor der Bar ist ein lebensgroßer metallener Stier platziert. Neben mediterranen Speisen gibt es auch einige aus Österreich, der Heimat des Küchenchefs. Die generösen Portionen relativieren das gehobene Preisniveau.

CALA MURADA:
Sol y Vida €€€
Gourmet K8
Carrer Aragó 32, 07688
📞 971 833 170 ⬤ Mo
🌐 **restaurante-solyvida.com**

Internationale Gourmet-Küche auf einer Klippe mit Blick aufs türkisblaue Meer – einfach Sol y Vida (»Sonne und Leben«). Klassiker der hochgelobten Küche sind Seezunge, Rote Meerbarbe und Filet vom argentinischen Weiderind. Gäste können sich abends nach eigenem Gusto ein Drei- oder Vier-Gänge-Menü zusammenstellen, mittags wird ein täglich wechselndes Menü mit Fleisch oder Fisch im Hauptgang angeboten. Die gemütliche Bar La Cueva gleich nebenan bietet sich für einen Aperitif oder Digestif an.

SANTANYÍ: Es Cantonet €€
Spanisch K J9
Plaça Francisco Bernareggi 2, 07650
📞 971 163 407 ⬤ So
🌐 **es-cantonet.net**
Ein Restaurant mit Konzept: Naturmaterialien und -farben sowie klare Linien und dezente Dekoration schaffen ein heimeliges Am-

Ànima Negra, Rotwein

biente. Im lauschigen Patio ist es ebenso gemütlich wie an kälteren Tagen am Kamin. Die (übersichtliche) Karte wird durch eine stattliche Zahl an Tagesofferten ergänzt. Gefragt sind vor allem gefüllte Goldbrasse mit Gemüse, hausgemachte Ravioli und die Tapas-Variationen. Ein Gedicht zum krönenden Finale ist die Schoko-Mousse.

SES SALINES: Cassai €€
Mediterran K H9
Carrer Sitjar 5, 07650
📞 971 649 721
🌐 **cassai.es**
Pasta und Reisgerichte, Seafood und Steaks, Gemüse und Tapas, Pizzas und Salate – alles köstlich und zudem hübsch angerichtet. So mediterran wie die Küche ist auch das Ambiente. Im Patio sitzt man unter Schatten spendenden Sonnensegeln, im Innenraum überzeugen viele geschmackvoll gesetzte Deko-Details. Die Bar ist allerbestens bestückt, das Angebot an Cocktails und Longdrinks üppig.

FELANITX: Estragon €
Mallorquinisch K J7
Plaça Peralada 14, 07200
📞 971 583 303 ⬤ Di
🌐 **estragon-felanitx.com**
Einfach gemütlich: Fliesenboden, mit Küchenutensilien verzierte Steinwände sowie Holzbalkendecken zaubern ein Ambiente zum Wohlfühlen. Gern empfohlen werden u. a. Lammschulter, Fasan mit Weintrauben und überbackener Kabeljau mit Spinat. Bei

Cassai: legeres Ambiente | **Patio (Innenhof) des Cassai, Ses Salines**

Preiskategorien € = preiswert €€ = mittel €€€ = gehoben

kleinerem Appetit hält man sich an die köstlichen Suppen. Die umfangreiche Weinkarte listet viele mallorquinische Tropfen, darunter auch einige aus weniger bekannten Bodegas.

CAS CONCOS: Viena €€
International **K** J8
Medge Obrador 13, 07208
971 842 290 ● Di
vienamallorca.com
Vintage-Möbel und -Lampen, zeitgenössische Kunst an den

Wänden und ein bunter Mix an Gerichten machen den Reiz des Restaurants aus. Neben dem Viena-Schnitzel (vom Schwein) und (schwäbischem) Kartoffelsalat gibt es auch eine Auswahl spanischer Gerichte – von Seafood bis Tapas – sowie formidable Desserts.

SANTA EUGÈNIA: Sa Torre €€
Spanisch **K** F5
Carretera Santa Maria–Sencelles, 07142

971 144 011 ● So, Mo
sa-torre.com
Das Landgut in traumhaft idyllischer Lage zählt zu den Aushängeschildern für Agrotourismus auf Mallorca. Das stimmungsvolle Restaurant mit den Ausmaßen eines Kirchenschiffs wird von nobel gedeckten Tischen und gigantischen, rund 300 Jahre alten Weinfässern geprägt. Angeboten werden nur wenige, dafür täglich wechselnde Menüs. Auch zum Frühstück geöffnet.

Shopping

Der Süden gilt im Allgemeinen nicht als Shopping-Paradies. Man findet hier jedoch typische Insel-Aromen (von Wein bis Salz) ebenso wie Läden, die von Antiquitäten über Accessoires bis zu Krimskrams alles verkaufen. Ein Bummel über einen Wochenmarkt mit Ständen von Delikatessen bis Kunsthandwerk ist immer ein Erlebnis.

FELANITX: Ànima Negra €€
Wein **K** J7
3a Volta 18, 07200
971 584 481
annegra.com
Rund um Felanitx sowie in anderen Anbaugebieten reifen die Trauben, aus denen die edlen Tropfen des auch über Mallorca hinaus renommierten Weinguts (»Schwarze Seele«) gekeltert werden. Der ÀN/2 gilt als Aushängeschild unter den Weinen der Insel *(siehe S. 127)*. Die Weine kann man selbstverständlich vor dem Kauf in der Bodega kosten.

S´ALQUERIA BLANCA:
Ca's Perillo €
Accessoires **K** J9
Plaça Verge de Consolació 3, 07691
971 163 422
casperillo.jimdo.com
Kerzen und Keramik, Stoffe und Glaswaren, Schmuck und Deko-

Artikel, Leuchten und Kleinmöbel, Geschenke und Souvenirs – in diesem kunterbunten Kleinod findet man auch, was man eigentlich gar nicht gesucht hat. Ein wunderbarer Laden zum Stöbern und Entdecken.

CAMPOS: Tesoro €€
Kuriositäten **K** H8
Plaça 7, 07630
971 652 423
tesoro-campos.com
Sammler aufgepasst! Ob chromblitzende Kühlerfiguren, alte Armbanduhren, plüschige Stofftiere, Zigarettenspitzen, Fotoapparate der ersten Stunde oder – im wörtlichen Sinn – aus dem Rahmen gefallene Bilder: Der von einem aus Deutschland stammenden Weltenbummler betriebene Laden ist eine wahre Schatztruhe. Wer Sinn für das Besondere hat, kommt hier aus dem Staunen

Körbe auf dem Markt in Campos

nicht heraus, dafür vielleicht mit mehreren prall gefüllten Einkaufstaschen.

COLÒNIA DE SANT JORDI:
Flor de Sal d'Es Trenc €€
Salz **K** H9
Carretera Campos–Colònia de Sant Jordi, km 8, 07640
971 653 385
flordesaldestrenc.com
Seit Jahrzehnten wird in den Salinen von Es Trenc Salz produziert *(siehe S. 139)*. Im Laden beim Besucherzentrum wird dieses in Dosen abgefüllt verkauft. Neben klassischem Salz gibt es auch aromatisierte Varianten (z. B. mit mediterranen Kräutern oder Hibiskus). Eine weitere Filiale befindet sich in Santanyí (Plaça Major 15).

Flor de Sal d'Es Trenc

K = Extrakarte *zum Herausnehmen*

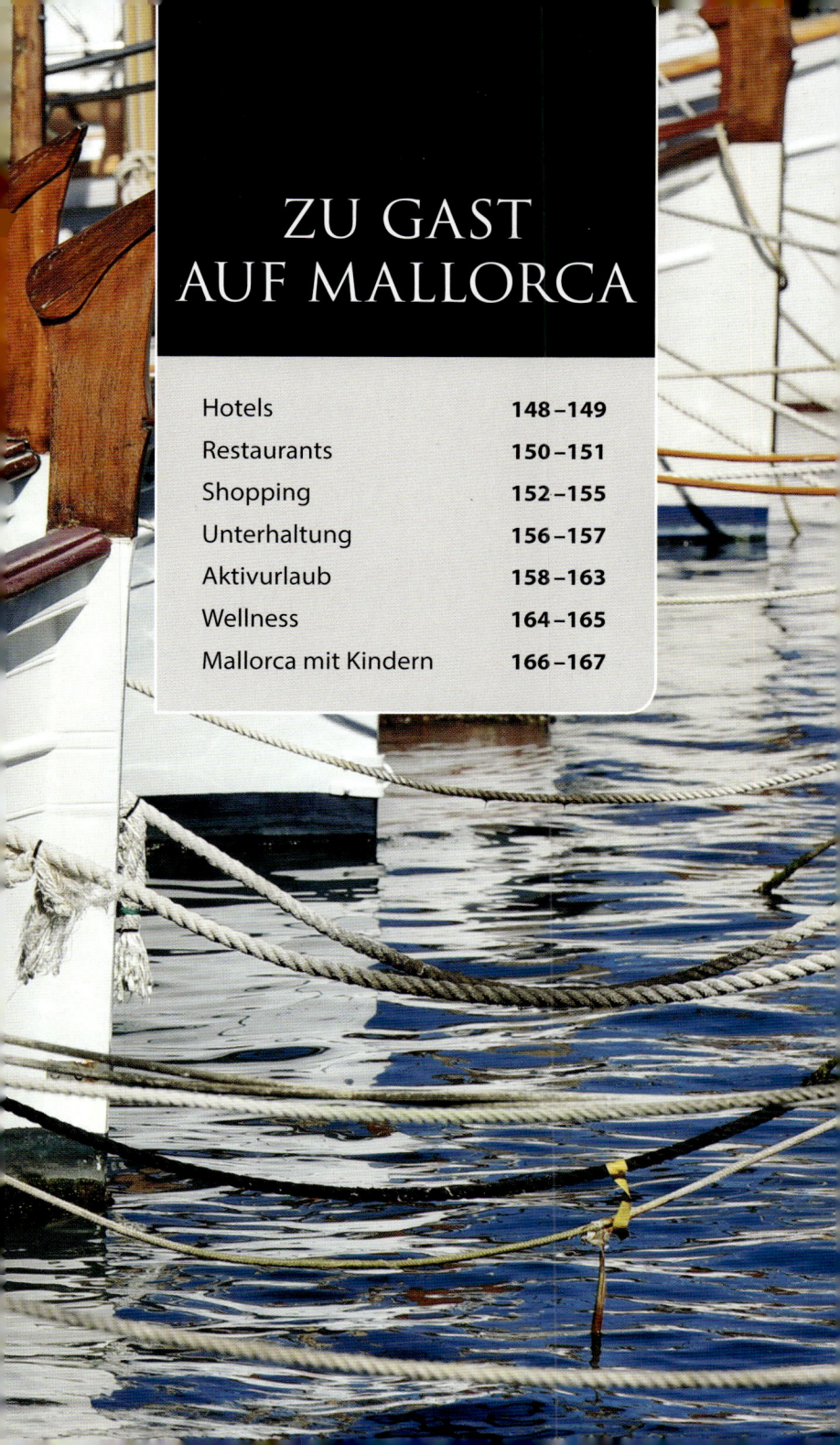

ZU GAST
AUF MALLORCA

Hotels	**148–149**
Restaurants	**150–151**
Shopping	**152–155**
Unterhaltung	**156–157**
Aktivurlaub	**158–163**
Wellness	**164–165**
Mallorca mit Kindern	**166–167**

Hotels

Mallorca zählt seit Jahrzehnten zu den populärsten Ferienzielen in Europa. Neben Strandurlaubern fühlen sich auch Individualreisende scheinbar magisch von der traumhaft schönen Balearen-Insel angezogen. Entsprechend den hohen Besucherzahlen ist auch das Angebot an Hotels und anderen Unterkünften groß und vielfältig. Auf dieser Doppelseite werden vor allem Optionen jenseits der Bettenburgen der großen Ferienorte vorgestellt: Stilvoll eingerichtete Boutique-Hotels wenden sich vor allem an Anspruchsvolle. Urlauber mit dem Wunsch nach Erholung und ländlichem Flair finden im Inneren der Insel diverse Möglichkeiten – von der Finca bis zum Agroturismo.

Zimmer im Finca-Hotel La Reserva Rotana, Manacor *(siehe S. 117)*

Tipps

Grundsätzlich sollte man seine Unterkunft möglichst frühzeitig buchen. In den Sommermonaten ist die Nachfrage besonders groß. Außerhalb der Hauptsaison hingegen ist es relativ leicht, ein Zimmer zu finden, auch kurzfristig. Berücksichtigen Sie, dass viele Hotels über einen längeren Zeitraum – häufig November bis Ostern – schließen.

Fast alle Unterkünfte bieten ihren Gästen auch Frühstück. In den allermeisten Hotels und Fincas können Sie mit Kreditkarte bezahlen, bei kleineren privat geführten Unterkünften ist dies nicht überall möglich.

Falls Sie mit einem Mietwagen unterwegs sind, wählen Sie vor allem in Städten am besten ein Hotel mit eigenem Parkplatz.

Überblick

Genauso facettenreich wie die Insel ist auch das Angebot an Unterkünften für jede Zielgruppe. Die meisten Pauschalurlauber legen besonderen Wert auf kurze Wege und Strandnähe, sie bevorzugen daher Hotels in den Ferienorten an Mallorcas Küste. Die meisten Individualreisenden hingegen favorisieren Naturnähe und Abgeschiedenheit, was bei einem Aufenthalt im Inselinneren oder im Bergland garantiert ist.

Egal, wo man sich niederlässt: In Apartments genießt man ein hohes Maß an Unabhängigkeit und Individualität. Das besondere Etwas bieten Boutique-Hotels, die durchaus luxuriös gestaltet sein können.

Darüber hinaus gibt es auch eher funktional ausgestattete Unterkünfte, die sich an bestimmte Zielgruppen richten – Hostels orientieren sich an eher jungem Publikum, Berghütten an Wanderern, einige Klosteranlagen bieten einfache Übernachtungsmöglichkeiten.

Boutique-Hotels

Der Trend zu Chic und Extravaganz bei den Unterkünften setzt sich auch auf Mallorca durch – nicht nur für designverliebte Gäste. Auch inmitten von Stadtzentren wie etwa der Inselmetropole Palma bieten Boutique-Hotels mit vielen

Puro Hotel Palma: Klare Linien, modernes Design

Stil ist Markenzeichen des Puro Hotel Palma *(siehe S. 87)*

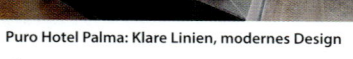

Yachten im Hafen des Ferienorts Port d'Andratx *(siehe S. 92)*

Idyllischer Garten des Boutique-Hotels Ca's Xorc in Deià *(siehe S. 90)*

Agroturismo

Ähnlich charmant wie in Fincas ist das Ambiente in mallorquinischen Landhäusern, die auf landwirtschaftlich genutzten Flächen stehen und – sofern sie Gäste aufnehmen – den Namen *agroturismo* tragen dürfen. Dabei kann es sich um Areale mit Obst- oder Weinbau, Olivenölproduktion oder Tierzucht handeln. Im Unterschied zum herkömmlichen »Urlaub auf dem Land« wurden die Domizile eleganter und mit deutlich mehr Aufwand und Liebe zum Detail restauriert. Die Gäste der meist nur wenigen Zimmer oder Apartments eines Anwesens werden von der Nutzung nicht gestört, sondern profitieren eher vom Angebot an frischen Produkten – von Olivenöl über Wein bis zu Obst. Der persönliche Kontakt zur Gastfamilie gibt darüber hinaus Einblick in eine sehr authentische Seite Mallorcas.

Sternen und dafür nur wenigen Zimmern einen wunderbar stilvollen Rückzugsraum. Oft sind diese durchaus noblen Hotels in historischen Stadtpalais untergebracht. Von deren Erhabenheit zeugen nach der Restaurierung noch heute Holzbalkendecken, Steinböden, Malereien an den Wänden sowie gelegentlich Balkone mit schmiedeeisernen Gittern und Blumenpracht. Das heimelige Flair mit vielen mallorquinischen Stilelementen wird durch Design-Möbel, moderne Kunst und luxuriöse Bäder, vereinzelt auch durch ein Restaurant im begrünten Innenhof noch akzentuiert. Dachterrasse, Salon, Pool, Fitness-Center und Spa-Einrichtungen gehören immer häufiger zur Ausstattung.

Im Inselinneren und im Bergland *(siehe S. 90)* nimmt das Angebot an derartigen charmanten Retreats ebenfalls ständig zu. Auch hier wird großer Wert auf Individualität gelegt. Schon der Gedanke an die Harmonie aus unvergleichlich schöner Landschaft, privilegierter Lage, historischem Flair und modernem Komfort vermittelt Urlaubsgefühl.

Fincas

Für viele Reisende gilt der Begriff *finca* als Zauberwort für Urlaub in idyllischer Lage, fernab großer Touristenströme. In der Regel handelt es sich bei Fincas um historische Anwesen (auch Bauernhäuser) im Inselinneren, die zu sehr gut ausgestatteten Urlaubsdomizilen umgestaltet wurden. Ob Hotel oder Apartmenthaus für Selbstversorger – ein hohes Maß an Komfort garantiert einen entsprechenden Wohlfühlfaktor.

Manche Fincas sind exklusive Hideaways mit luxuriösem Lifestyle-Ambiente, entsprechend hoch ist das Preisniveau. Doch auch wer es bodenständiger mag, findet das Richtige. Beachten Sie: Wer sich für den Aufenthalt in einer Finca entscheidet, ist meist weit entfernt von Stränden und Nachtleben. Dafür wird der Gast mit entsprechender Ruhe, Idylle und Naturnähe belohnt. Oft gehört ein Pool zum Anwesen, der nächste Golfplatz liegt vielleicht ganz in der Nähe.

Fincas werden auch gern für Events wie Hochzeiten, Geburtstage oder andere Familienfeiern gebucht, einige Agenturen organisieren das dafür gewünschte Catering. Auch Frühstücks-Service, Paella-Abende oder Show-Cooking können gebucht werden. Ein besonderer Tipp: kulinarischer Finca-Service *(siehe S. 91)*. In »Kultur-Fincas« wird den Gästen ein abwechslungsreiches Programm präsentiert – von Konzerten bis zu Workshops *(siehe S. 117)*.

Finca-Hotels *(siehe S. 117)* verbinden den rustikal-romantischen Charme einer Finca mit komplettem Service, dem Flair eines Boutique-Hotels sowie vielfältigen Angeboten für Anspruchsvolle.

Auf einen Blick

Überblick

- W airbnb.de
- W expedia.de
- W hotel.de
- W hrs.de
- W mallorica.com
- W visitmallorca.com

Boutique-Hotels

- W greatsmallhotels.com
- W luxuryhotelsguides.com
- W reisdemallorca.com
- W de.escapio.com/ boutique-hotels/mallorca

Fincas

- W fincas4you.com
- W fincaferien.de
- W fincamallorca.de
- W lifestylefincas.com
- W luxury-hideaway.com

Agroturismo

- W agroturismo-mallorca.com
- W casaruralmallorca.net
- W mallorca-agroturismo.com
- W rusticbooking.com

Restaurants

Mallorca hat in der Gastro-Szene einen guten Namen. Neben der Vielfalt überzeugt auch die Qualität der meisten Restaurants – sofern man sich außerhalb der Touristenhochburgen bewegt. Ob im Stadtzentrum, an der Strandpromenade oder im Bergland – das nächste Restaurant ist immer in der Nähe. Auch beim Ambiente haben Sie die Wahl: Wollen Sie eher auf einer strohgedeckten Terrasse, in einem unterirdischen Gewölbekeller oder in einer ehemaligen Windmühle essen? Besonders begehrt ist natürlich ein Platz mit Meer- oder Bergblick. Adressen finden Sie in diesem Reiseführer jeweils am Ende einer Region.

Tast Avenidas: Tapas-Restaurant in der Inselhauptstadt Palma *(siehe S. 84)*

Restaurantauswahl

Das Angebot an Lokalen reicht von eleganten, mit Sternen dekorierten Gourmet-Tempeln über heimelige Weinkeller und urgemütliche Bistros bis zu traditionsreichen Tapas-Bars. Auch beim Essen gilt: Das wahre, authentische Mallorca erlebt man abseits der touristischen Hauptrouten. In vielen abgelegenen Orten entdeckt man wunderbare Speiselokale, in denen traditionelle *cuina mallorquina (siehe unten)* kultiviert wird. Auch viele Einheimische nehmen für ein feines Mahl eine längere Anfahrt in Kauf. Die Mühe lohnt sich in aller Regel. Lassen Sie sich am besten treiben, und begeben Sie sich auf einen kulinarischen Streifzug durch die Insel.

Natürlich finden sich auf Mallorca auch viele Restaurants mit Schwerpunkt auf anderen Küchen Spaniens (z. B. der baskischen) sowie mit mediterraner oder internationaler Küche (auch Fusion). Für Abwechslung ist auf jeden Fall gesorgt. In den großen Ferienorten an der Küste hingegen orientieren sich viele Restaurants an den kulinarischen Gewohnheiten der Urlauber. Auch die meisten Hotelrestaurants servieren überwiegend internationale Küche, seltener bekommt man hier insel- oder landestypische Gerichte.

Wer sich tagsüber am Strand aufhält, kann seinen (kleinen) Hunger an den *chiringuitos* genannten Strandbars stillen.

Cuina mallorquina

Die Zutaten der vielfältigen mallorquinischen Küche stammen von den Feldern und Weiden, Obst-, Gemüse- und Kräutergärten sowie aus den Küstengewässern der Insel. Daraus komponieren die Köche mit Hingabe formidable Köstlichkeiten mit unverwechselbarem Geschmack und Aroma – häufig werden die bodenständigen Speisen innovativ verfeinert und schön angerichtet. Die Zubereitung eines Gerichts kann durchaus einige Zeit in Anspruch nehmen, aber das Warten lohnt sich. Nehmen auch Sie sich beim Genuss ausgiebig Zeit – Sie sind erstens im Urlaub und zweitens im Süden.

Eine Besonderheit der mallorquinischen (und spanischen) Küche sind Tapas – für viele Einheimische quasi ein nationales Kulturgut. Sie werden nicht nur in speziellen Tapas-Bars, sondern auch in einigen

El Náutico: Restaurant mit traumhaftem Blick auf den Hafen von Palma

Spitzenrestaurants angeboten. Je länger die Tapas-Theke, desto größer die Auswahl – aber auch die Qual der Wahl.

Wofür auch immer Sie sich entscheiden: Weinliebhabern wird zu den Gerichten ein passender edler Tropfen empfohlen. Dieser darf gern von der Insel sein *(siehe S. 127)*.

Vegetarische Gerichte

Die mallorquinische Küche ist zwar herzhaft und basiert vor allem auf Fleisch und Fisch, doch Vegetarier haben durchaus einige Optionen – neben diversen Tapas offerieren viele Lokale auch Gemüsesuppen oder -eintöpfe sowie vegetarische Nudel- und Reisgerichte.

Kulinarischer Tagesablauf

Wie im Süden Europas üblich, bedeutet auch für Mallorquiner Essen weitaus mehr als nur satt zu werden. Das Frühstück fällt eher spartanisch aus, doch Mittag- und vor allem Abendessen sind wesentliche Bestandteile des Tagesablaufs, für die man sich entsprechend Zeit und Muße nimmt. Man isst nicht nur, man tafelt.

Folgt man den Gepflogenheiten, dann geht man erst ab 13 oder 14 Uhr zum Mittagessen. Das in vielen Lokalen angebotene *menú del día* ist vor allem fernab der Touristenzentren besser als sein Ruf und eine willkommene Alternative zum Essen *à la carte*. Das meist nur mittags angebotene Tagesmenü zum Festpreis umfasst Vor-, Haupt- und Nachspeise sowie oft auch ein Glas Wein

und Wasser. Je nach Lokalität wird dabei ein kleiner Ausschnitt der reichen Inselküche serviert.

Das Abendessen, die Hauptmahlzeit des Tages, nehmen die meisten Einheimischen nicht vor 21 Uhr zu sich. Hier trifft man sich für mehrere Stunden mit Freunden und Bekannten zu geselliger Runde.

Bezahlen und Trinkgeld

Bei Restaurantbesuchen in Spanien ist getrenntes Zahlen absolut unüblich. Das Auseinanderdividieren des Gesamtbetrags wird als kleinlich angesehen. Trinkgeld gibt man nicht unmittelbar beim Bezahlen, sondern hinterlässt den für angemessen gehaltenen Betrag (5–10 % des Rechnungsbetrags sind üblich) auf dem Tisch bzw. im Wechselgeldschälchen.

Die meisten Restaurants akzeptieren Kreditkarten, nicht auf Urlauber eingestellte Lokale in abgelegeneren Regionen hingegen nicht – fragen Sie besser vorher nach.

Tipps

Beim Betreten eines gehobenen Restaurants wird man meist in Empfang genommen und lässt sich vom Personal einen freien Tisch zuweisen. Vor allem in beliebten Speiselokalen sollte man diesen vorher reservieren. Sofern man nicht in einem bestimmten Restaurant essen möchte, findet sich aber immer irgendwo noch ein freier Tisch.

Die Situation für Gäste mit eingeschränkter Mobilität hat sich auf Mallorca in den vergangenen Jahren deutlich verbessert. Viele Restaurants verfügen mittlerweile über behindertengerechte Eingänge und sanitäre Bereiche. Allerdings stehen die Tische in den Speiseräumen häufig recht nahe beieinander, besser ist die Situation oft im Außenbereich auf größeren Terrassen.

Rauchen

2011 führte Spanien ein verschärftes Rauchverbot in geschlossenen Räumen ein. Es gilt auch für Lokale.

Sushi-Stand im Mercat de Santa Catalina, Palma

Restaurantterrasse im Zentrum von Andratx

Restaurant in Portopetro – essen unter Pinien

Mallorquinische Küche *siehe Seiten 40f* **Mallorquinische Getränke** *siehe Seiten 42f*

Shopping

So bunt wie die Insel, so abwechslungsreich ist auch das Shopping-Angebot. Mit Palma verfügt Mallorca über eine erstklassige Destination, die sich auch in puncto Shopping mit den Metropolen des spanischen Festlands messen kann. Der Besuch einer der beiden großen Markthallen der Hauptstadt, wo man einen Querschnitt durch die mallorquinischen Delikatessen genießen kann, spricht alle Sinne an. Doch auch die farbenprächtigen Wochenmärkte in den vielen kleineren Orten der Insel sind ein Erlebnis. Mallorquinisches Kunsthandwerk wird auf Seite 154f vorgestellt, Souvenirs auf Seite 50f, Shopping-Adressen finden Sie in diesem Reiseführer jeweils am Ende einer Region.

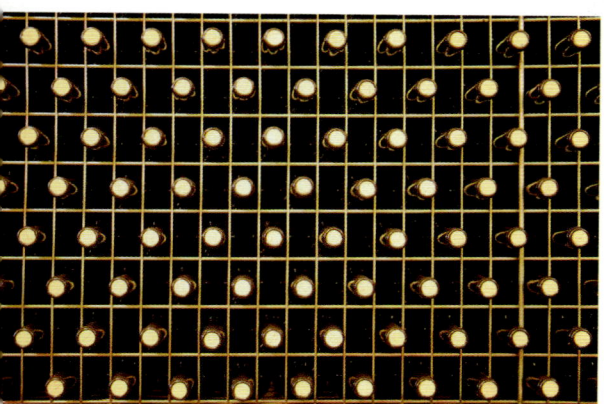

Leuchtender Eyecatcher: Weinregal mit edlen Tropfen der Insel

Angebot

Shopping-Destination Nr. 1 auf Mallorca ist natürlich die Inselhauptstadt Palma. Vom Concept- und Lifestyle-Store für Mode, Deko, Düfte und mehr *(siehe S. 63)* bis hin zum Laden für Krimskrams und Schnickschnack *(siehe S. 62)* – die Bandbreite an ausgefallenen Shopping-Erlebnissen ist überwältigend. Boutiquen präsentieren sich überwiegend an platanengesäumten Boulevards, kleinere Läden vor allem im Gassengewirr der Altstadt. Einige Hotel-Boutiquen bieten ebenfalls ein interessantes Sortiment.

Auch in zahlreichen anderen Orten – ob an der Küste oder im Inselinneren – findet man Läden mit originellem Angebot. Einige Städte wie Inca oder Manacor sind auf ein bestimmtes Kunsthandwerk spezialisiert *(siehe S. 154f)*, in vielen Läden und Werkstätten werden die hochwertigen Objekte angeboten. Läden in praktisch allen Orten der Insel verkaufen Delikatessen der Umgebung. In den meisten Ferienorten reihen sich viele Läden entlang den Strandpromenaden.

Basttasche

Öffnungszeiten

Die Ladenöffnungszeiten sind weitgehend liberalisiert. In größeren Städten sowie in Ferienorten sind Boutiquen und Läden montags bis samstags von 9 bzw. 10 Uhr bis 19 oder 20 Uhr geöffnet, Shopping-Center und Supermärkte bleiben bis 22 Uhr offen. Viele kleinere Läden schließen nachmittags für mehrere Stunden (häufig 14–17 Uhr) sowie am Samstagnachmittag. In touristischen Gebieten kann man oft auch am Sonntag einkaufen.

In kleineren Orten gibt es keine festgelegten Ladenöffnungszeiten. Sie richten sich eher nach dem Bedarf der Einheimischen als nach dem von Urlaubern. Am Wochenende ist dort meist alles geschlossen.

Bezahlen und Steuer

In den großen Shopping-Centern, in Supermärkten, in Boutiquen sowie in immer mehr größeren Stores (z. B. Buchhandlungen) kann man mit Kreditkarte bezahlen. In kleineren Läden, auf Märkten und in ländlichen Regionen ist weiterhin Barzahlung üblich.

Die Mehrwertsteuer in Spanien beträgt für die meisten Waren 21 Prozent. Der ermäßigte Steuersatz von 10 Prozent gilt für Dienstleistungen in Hotels und Restaurants sowie für Tickets in öffentlichen Verkehrsmitteln, der stark ermäßigte von 4 Prozent für einige Nahrungsmittel, Medikamente sowie Bücher und Zeitschriften.

Märkte

Gerade die farbenprächtigen Märkte verströmen reichlich Inselfeeling. In nahezu jedem Ort ist in der Regel einmal in der Woche Markttag (in einigen wie Alcúdia zweimal; *siehe S. 131)*. Die Szenerie – die gesamte Einwohnerschaft des jeweiligen Orts scheint auf

Chocolat Factory, Palma *(siehe S. 86)*

Zum Anbeißen: Obst und Gemüse im Mercat de Santa Catalina, Palma

den Beinen zu sein – ist einmalig und lockt auch zahlreiche Besucher der Insel an (im Kasten unten sind die Markttage vieler Inselorte aufgelistet).

Die meisten Märkte richten sich in ihrem Warenangebot an Einheimische. Neben Haushaltsgegenständen werden an den Ständen vor allem Obst und Gemüse, Käse und Wurstwaren, teilweise auch Marmeladen, Eingelegtes und Kräuter verkauft. Im Umfeld der Ferienorte ist das Sortiment der Märkte auf Touristen ausgerichtet. Qualität ist dann nicht immer oberstes Gebot. Dafür sind die Preise für die meisten Waren nicht fix, Verhandeln gehört zum Ritual.

Der Marktbetrieb fängt frühmorgens an und dauert meist bis in den frühen Nachmittag. Jeden Rahmen sprengt der einmal jährlich in Inca veranstaltete Markt Dijous Bo (3. Do im Nov), der angeblich größte Markt der Insel.

Delikatessen

Einen guten Überblick über das reiche Angebot an kulinarischen Spezialitäten bieten neben den Wochenmärkten vor allem die beiden großen Markthallen in Palma: Mercat de l'Olivar *(siehe S. 86)* und Mercat de Santa Catalina *(siehe S. 9)* sind nicht nur

Oasen des guten Geschmacks, sondern mit ihren Gourmet-Bars auch anspruchsvolle Food Lounges.

Zu den auf Mallorca produzierten Spezialitäten, die man kosten oder mitnehmen sollte, gehören u. a. Flor de Sal *(siehe S. 139)*, Olivenöl, die Streichwurst *sobrassada (siehe S. 40)*, *jamón serrano* (luftgetrockneter Schinken; *siehe S. 40*) oder das »Nationalgebäck« *ensaïmada (siehe S. 41)*. All diese Produkte bekommt man auf Märkten und in Delikatessenläden. Die besten mallorquinischen Weine stammen aus den Anbaugebieten Binissalem und Pla i Llevant *(siehe S. 127)*. Weine kauft man am besten in den Bodegas der Produzenten, wo man die Tropfen auch kosten kann. Zu den gefragtesten Spirituosen gehören die *hierbas* genannten Liköre in diversen Kräutermischungen *(siehe S. 42)*, der Kräuterlikör Palo *(siehe S. 43)* und einige relativ süße Rumsorten.

Keine kulinarische Delikatesse, aber ein wunderbares Aroma: Parfums aus Mandelblüten *(siehe S. 113)* konservieren den Duft der Insel.

Rum Amazona

Märkte

Jeder Besucher der Insel sollte einmal einen typisch mallorquinischen Wochenmarkt erleben. Auf der Insel ist dies jeden Tag möglich, nur eben täglich an jeweils anderen Orten und mit unterschiedlichem Warensortiment. Die folgende Liste zeigt Wochenmärkte, Flohmärkte und Kunsthandwerkermärkte.
Montag:
Caimari, Cala Millor, Calvià, Lloret de Vistalegre, Manacor, Mancor, Montuïri.
Dienstag:
Alcúdia, S'Alqueria Blanca, S'Arenal, Artà, Binissalem, Campanet, Pla de Na Tesa, Llubí, Peguera, Pina, Porreres, Portocolom, Santa Margalida.
Mittwoch:
Andratx, Bunyola, Capdepera, Cas Concos, Colònia de Sant Jordi, Llucmajor, Petra, Port de

Pollença, Sa Ràpita, Santanyí, Selva, Sencelles, Sineu, Vilafranca de Bonany.
Donnerstag:
S'Arenal, Ariany, Campos, Consell, Inca, Pòrtol, S'Illot, Sant Joan, Sant Llorenç, Ses Salines.
Freitag:
Algaida, Alaró, S'Arenal, Binissalem, Can Picafort, Inca, Llucmajor, Maria de la Salut, Pont d'Inca, Portopetro (18–23 Uhr), Son Carrió, Son Ferrer, Son Servera.
Samstag:
Alaró, Búger, Bunyola, Cala Rajada, Cala Millor, Campos, Costitx, Esporles, Lloseta, Magaluf, Palma (8–14 Uhr, ökologische Produkte auf der Plaça Bisbe Berenguer de Palou), Santa Eugènia, Santa Margalida, Santa Ponça, Santanyí, Sóller.

Sonntag:
Alcúdia, Calvià, Consell, Inca, Felanitx, Muro, Pollença, Porto Cristo, Santa Maria des Camí, Valldemossa. Marratxí, Gewerbegebiet (Ökomarkt 9–14 Uhr).
Kunsthandwerk:
Palma: Plaça Major (Sa 10–14 Uhr); S'Hort del Rei unterhalb der Kathedrale (Di–Sa 10–16 Uhr). Selva: Plaça (Fr 17–20 Uhr). Port d'Alcúdia, Promenade (Mi–So 18–23 Uhr).
Flohmarkt:
Alaró (2. Sa im Monat). Cala Rajada (2. So im Monat, am Centre Cap Vermell). Consell (So 9–14 Uhr). Llucmajor (Fr 9–13 Uhr). Palma: Son Fusteret (Sa 9–13 Uhr). Schnäppchenmarkt auf den Avenidas (Sa 8–14 Uhr). Santa Ponça (Sa vormittags). Marratxí, Gewerbegebiet (Sa 9–14 Uhr).

Mehrwertsteuer in Spanien: 21 Prozent, ermäßigt 10 bzw. 4 Prozent

Kunsthandwerk

Auf Mallorca wird sehr viel Wert auf die Kultivierung des traditionsreichen Kunsthandwerks gelegt – von Keramik über Glas-, Korb- und Lederwaren bis zu Kunstperlen und Artikeln aus Olivenholz. Die mit viel Kreativität und Liebe zum Detail produzierten Objekte werden zum Teil noch nach seit Generationen bewährten Techniken angefertigt. Man entdeckt die erlesenen Produkte auf Märkten und in vielen kleinen Läden. Besonders stimmungsvoll ist natürlich der Besuch einer Werkstatt, in der man den Kunsthandwerkern bei ihrer spannenden Tätigkeit zusehen und die Waren aus erster Hand kaufen kann.

Keramik

Die Töpferkunst hat auf Mallorca eine jahrtausendelange Tradition. Überall zu finden sind *siurells*, weiße Tonpfeifen in Statuettenform, die grün und rot bemalt sind. In manchen Fällen haben sie die Gestalt eines Menschen, der auf einem Esel sitzt oder auf einer Gitarre spielt, andere stellen Tiere (z. B. Stiere, Hunde oder Hähne) oder sogar den Teufel dar. Wie die *siurells* entstanden, weiß man nicht mit Sicherheit. Man kannte sie jedenfalls schon zu maurischer Zeit. Der berühmte spanische Künstler Joan Miró war von diesen Pfeifchen aus Ton besonders angetan und ließ sich von ihnen zu einigen seiner Werke inspirieren.

Siurells gehören zu den gefragtesten Souvenirs der Insel, eine Hochburg der Produktion ist Sa Cabaneta. Die seit mehr als 100 Jahren familienbetriebene Töpferei **Ca Madò Bet des Siurells** zählt zu den ältesten Produktionsstätten.

Keramikartikel in vielerlei Stilrichtungen werden in Felanitx produziert. Auf dem Sonntagsmarkt der Stadt kann man sich einen guten Überblick über die hiesige Handwerkskunst verschaffen. Dort findet man Stände mit buntem Sortiment, darunter auch blau-weiße Schüsseln und Krüge mit schönen Blumen- oder Arabeskenmotiven. Zu den anerkanntesten Werkstätten der Stadt gehört **Ceràmiques Mallorca**, deren Tonwaren oft Kombinationen aus traditionellen und aktuellen Designs verbinden.

In Pòrtol, nahe Santa Maria del Camí, gibt es noch ein paar Töpfer, die traditionelle bauchige Suppenschüsseln (*ollas*) aus rotem Ton und flache Schüsseln (*greixoneras*) anfertigen. Erlesene Töpferwaren – von Vasen bis Schalen – bietet auch **Ceràmiques Monti-Sion** in Pollença.

Glaswaren

Die ältesten auf den Balearen gefundenen Glasgefäße stammen aus römischer Zeit. Im 16. Jahrhundert konkurrierten mallorquinische Glaswaren erfolgreich mit venezianischen Produkten. Noch heute sind die auf den Inseln meistverkauften Glasartikel Kopien uralter Kunstwerke.

Auf Mallorca gibt es einige Fabriken für Haushalts- und Kunstgegenstände aus Glas. Am bekanntesten ist **Vidrios de Arte Gordiola** *(siehe S. 135)* bei Algaida an der Straße zwischen Palma und Manacor. Die älteste Glasfabrik der Insel wird seit 1719 von der Familie Gordiola geführt. Besucher können dabei zusehen, wie Glasbläser mithilfe langer, dünner Metallrohre unterschiedlichste Objekte herstellen – von Trinkgläsern über schöne kleine Schmuckstücke bis hin zu großen Vasen. Im angegliederten Shop kann man die Waren kaufen.

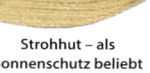

Strohhut – als Sonnenschutz beliebt

Kunstperlen

Bei der Nachbildung von Perlmuttperlen *(siehe S. 122)* konkurrieren auf Mallorca zwei Unternehmen: **Perlas Majórica** in Manacor und **Perlas Orquidea** in Montuïri. Beide produzieren Kunstperlen von derart hoher Qualität, dass wohl kaum ein Laie die Imitationen von echten Perlen unterscheiden kann. Kaufen kann man die Produkte in den Läden bei

Werkstatt der Glasfabrik Gordiola

Shop der Fabrik Gordiola: Glaswaren in bunten Farben

Die rot und grün bemalten *siurells* sind beliebte Mitbringsel

den Produktionsstätten sowie in mehreren Stores, die über die Insel verteilt sind – u. a. in Palma und Valldemossa. Natürlich findet man die kleinen Kunstwerke sowie aus ihnen gefertigte Schmuckstücke auch in vielen Schmuckläden sowie entsprechenden Abteilungen der großen Shopping-Center Mallorcas. Am günstigsten sind die Preise in den fabrikeigenen Läden.

Weiteres Kunsthandwerk

Wie Manacor bei Kunstperlen wird auch Inca in einem Atemzug mit einem traditionsreichen mallorquinischen Kunsthandwerk genannt. Die nach Manacor und Palma drittgrößte Stadt Mallorcas ist für die Produktion von hochwertigen Lederwaren bekannt. **Recamper Inca**, der Outlet-Store des renommierten Herstellers Camper, zählt zu den wichtigsten Adressen. Neben einem riesigen Sortiment an Schuhen für sie und ihn findet man hier u. a. auch Jacken, Taschen und Accessoires wie Gürtel und Brieftaschen aus Leder. Schuhliebhaber werden sehr wahrscheinlich auch bei **Calzados Bestard** fündig.

Weben und Sticken haben auf Mallorca eine lange Tradition. Die *robes de llengües* – in vielen Farben und verschiedenen Designs bedruckte Leinen-, Seiden- oder Baumwollstoffe

– zieren noch heute viele mallorquinische Wohnungen. Sie werden zu Vorhängen, Bettüberwürfen, Wandbehängen, Polsterbezügen und Tischdecken verarbeitet. Zu den renommiertesten Anbietern dieser bemerkenswerten Stoffe gehören etwa **Teixits Vicens** in Pollença und **Artesanía Textil Bujosa** in Santa Maria del Camí.

Kleine Kostbarkeiten aus Olivenholz werden im Atelier von **Oliv-art** in Manacor gefertigt. Schalen, Brotzeitbretter, Pfeffermühlen, Besteck, Figuren, Handschmeichler und vieles mehr – alles mit der einzigartigen Maserung und Farbe dieses widerstandsfähigen Holzes.

Korbwaren werden noch in einigen Werkstätten in Artà produziert. Deren Erzeugnisse – Körbe, Hüte, Matten, Fächer usw. – kann man auf dem Dienstagsmarkt des Städtchens begutachten.

Siurells – traditionsreiche mallorquinische Tonwaren

Auf einen Blick

Keramik

Ca Madò Bet des Siurells
Carrer Jaume I 10,
Sa Cabaneta.
☎ 971 602 156.
🌐 camadobet.com

Ceràmiques Mallorca
Carrer Sant Augustí 50–58, Felanitx.
☎ 971 580 201.
🌐 ceramicasmallorca.com

Ceràmiques Monti-Sion
Carrer Monti-Sion 19, Pollença.

☎ 971 533 500.
🌐 ceramicasmontision.com

Glaswaren

Vidrios de Arte Gordiola
Carretera Palma–Manacor, km 19, Algaida.
☎ 971 665 046.
🌐 gordiola.com

Kunstperlen

Perlas Majórica
Via Palma 9, Manacor.
☎ 971 550 900.
🌐 majorica.com/en/factory-shop

Perlas Orquidea
Carretera Palma–Manacor, km 30, Montuïri.
☎ 971 644 144.
🌐 orquideashop.es

Weiteres Kunsthandwerk

Artesanía Textil Bujosa
Carrer Bernat de Santa Eugènia 53,
Santa Maria del Camí.
☎ 971 620 054.
🌐 bujosatextil.com

Calzados Bestard
Carrer Estación 40–42, Inca.

☎ 971 514 044.
🌐 bestard.com

Oliv-art
Carretera Palma–Manacor, km 47, Manacor.
☎ 971 847 232.
🌐 olivart-mallorca.com

Recamper Inca
Carrer Cuartel 91, Inca.
☎ 971 888 233.
🌐 camper.com

Teixits Vicens
Rotonda de Can Berenguer, Pollença.
☎ 971 530 450.
🌐 teixitsvicens.com

Mehrwertsteuer in Spanien: 21 Prozent, ermäßigt 10 bzw. 4 Prozent

Unterhaltung

Der klangvolle Name der Balearen-Insel gilt als Synonym für Entertainment. Hotspot ist natürlich Palma, aber auch kleinere Dörfer sowie einige Ferienorte an der Küste sind gut dabei. Ob Sie Klassik oder Jazz lieben, Theater oder Tanz, Clubbing und/oder Beachlife – das riesige Angebot lässt keine Wünsche offen. Mit seinem milden Klima ist Mallorca geradezu prädestiniert für Open-Air-Events – zahlreiche Veranstaltungen finden unter freiem Himmel statt, der bei abendlichen Feuerwerken in allen Farben leuchtet. Bis tief in die Nacht kann man in Beach-Clubs und Diskotheken feiern. Für die meisten Besucher eine neue Erfahrung ist der Höhlenzauber mit grandiosen Light-and-Sound-Shows. Einen Überblick über die vielen Feste und Festivals finden Sie auf den Seiten 52 – 55.

Purobeach – ein Traum von Beach-Club

Information

Hinweise zu aktuellen kulturellen Veranstaltungen erhalten Sie im Internet auf den Websites deutschsprachiger Portale wie etwa infomallorca (www. infomallorca.net), die auch Karten und Broschüren zum Download anbieten. Tourismusbüros in den einzelnen Orten bieten ebenfalls vielfältige Informationen zum aktuellen Geschehen.

Das auf der Insel verlegte Lifestyle-Magazin *abcMallorca* (abc-mallorca.de) listet auch Events auf. Über Veranstaltungen informieren mehrere in deutscher Sprache veröffentlichte Print- und Online-Zeitschriften: *Mallorca Zeitung* (www.mallorcazeitung.es) und *Mallorca Magazin* (www. mallorcamagazin.com) erscheinen wöchentlich, die *Inselzeitung* (www.die-inselzeitung. com) monatlich.

Das Online-Portal Mallorca Wheelmap (www.mallorca-wheelmap.com) bietet Infos für behinderte Reisende.

Tickets

Eintrittskarten für Veranstaltungen wie Konzerte und Theatervorstellungen gibt es beim jeweiligen Veranstaltungsort oder bei den Tourismusbüros. Eventuell kann auch das Hotelpersonal bei der Buchung von Tickets behilflich sein.

Kurzentschlossene haben die Möglichkeit, an der Abendkasse noch Restkarten zu erwerben. Allerdings muss man sich dann unter Umständen in lange Warteschlangen einreihen.

Theater und klassische Musik

Bedeutendste Bühne für Oper und klassische Musik ist das Mitte des 19. Jahrhunderts im Stil des Klassizismus errichtete Teatre Principal (www.teatreprincipal.com). Ein breites Publikum spricht das Auditorium (www.auditoriumpalma.com) an, das Spektrum reicht von klassischer Musik über Flamenco, Pop und Weltmusik bis zu Theater, Tanz und Ballett.

Konzerte und Festivals

Jazzfans und andere zieht es in Palmas Jazz Voyeur Club mit Konzerten von Jazz bis Latin *(siehe S. 85)*, ein Highlight ist das Jazz Voyeur Festival. Soul, Funk und Jazz stehen im Fokus des Mallorca Smooth Jazz Festivals in Sa Coma an der Ostküste. Genreübergreifend (von Klassik bis Flamenco) sind die Konzerte beim Festival de Pollença. Beim Festival Chopin im Kloster von Valldemossa stehen Werke des bedeutenden Pianisten *(siehe S. 99)* im Mittelpunkt. Bei Sa Calobra, an der Mündung der Wildwasserschlucht Torrent de Pareis

Teatre Principal – Opernbühne in Palma

Funkenzauber bei der Nit del Foc, Alcúdia

(siehe S. 107) ins Meer, findet alljährlich am ersten Sonntag im Juli ein Open-Air-Konzert statt – Chormusik, Folklore, Weltmusik und mehr. Die Akustik am von hohen Felswänden begrenzten Strand ist einmalig.

Nachtleben

Nachtschwärmer finden in Palma viele Clubs und Bars zum Feiern, Musikhören oder einfach für einen Drink. Ab circa 1 Uhr geht es im Edel-Club Tito's richtig los – tolle Shows, Go-go-Girls und hoher Promifaktor inklusive. Kaum weniger populär für Party und Disco ist das Pacha. Mit Extravaganz hart an der Grenze zum Kitsch (den man aber einmal erlebt haben sollte) lockt die Bar Ábaco (siehe S. 85).

In einigen größeren Ferienorten an der Küste geht das Beachlife nach Einbruch der Dunkelheit an den chiringuitos genannten Strandbars nahtlos ins Nightlife über, das sich etwa ab Mitternacht in die Clubs und Discos verlagert. Mit In-Locations wie dem für seine Pool-Partys bekannten Coco's Pool (siehe S. 131) zählt Cala Rajada zu den Hochburgen der Clubbing-Szene. Etwas rustikaler geht es in den Clubs der Party-Orte S'Arenal und Magaluf an der Badia de Palma (siehe S. 82f) zu.

Die Schwulenszene konzentriert sich auf Palma, die meisten Gay-Bars befinden sich um die Plaça Gomila an der Westseite des Hafens. Infos zu Locations und Veranstaltungen findet man im Internet (www.mallorcagayguide.com).

Fiestas

Partystimmung mit Feuerwerk und die ganze Nacht hindurch leuchtenden Freudenfeuern herrscht vielerorts beim Fest Sant Antoni (16./17. Jan). Besonders ausgelassen wird in Sa Pobla gefeiert. Ein Besuchermagnet ist das gigantische Historienspektakel Es Firó (siehe S. 9) Anfang Mai in Sóller und Port de Sóller. Einige Reiseveranstalter organisieren Shuttle-Busse zu diesem Event.

Masken, Funken und Feuer sind die wesentlichen Elemente der im Juni veranstalteten Nit del Foc (»Feuernacht«) in Alcúdia. Wer einmal eine authentische Traubenschlacht

Frédéric Chopin

erleben möchte: Die Festa des Vermar in Binissalem (letzter So im Sep) ist der geeignete Anlass.

Farbenprächtiges Spektakel mit Musik, Tanz und Shows bieten auch einige Märkte wie etwa der Mercat Medieval (Mittelaltermarkt) Mitte Mai in Capdepera.

Beach-Clubs

Mallorca bietet auch direkt am Wasser wunderbare Hangouts, in denen man je nach Gusto und Tageszeit chillt oder ausgelassen feiert. Strahlend weiß präsentiert sich der Purobeach in Can Pastilla nahe der Hauptstadt Palma, ein Beach-Club mit Lounge, Bar und Pool. In der Hauptsaison kann man hier den ganzen Tag verbringen. Ähnlich paradiesisch ist das Flair in weiteren Beach-Clubs, von denen es vor allem in der Badia de Palma viele gibt – z. B. Anima Beach in Palma oder Nassau Beach Club in Portixol.

Höhlenshows

In mehreren Höhlen (siehe S. 24–27) wird die Unterwelt Mallorcas ausgeleuchtet. Mit großem Aufwand und fabelhaften Effekten werden die spektakulären Light-and-Sound-Shows in den Coves del Drac inszeniert. Auch Besuche der Coves del Hams und der Coves d'Arta sind farbenprächtige, unterhaltsame Erlebnisse.

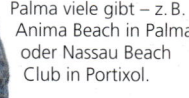
Veranstaltungsplakat für den Mercat Medieval, Capdepera

Aktivurlaub

Ein Paradies für Wassersportler: Ob Sie an Bord einer Yacht, auf einem Surfboard oder in einem Kayak unter blauem Himmel über das blaue Wasser gleiten – »Mallorca-Gefühl« ist garantiert. Vielleicht steuern Sie ja eine abgelegene Bucht an. Die bunte Unterwasserwelt erlebt man bei Tauchgängen, bei denen man auch Schiffswracks oder Höhlen erreicht.

Die entsprechende Ausrüstung für alle vorgestellten Sportarten wird vor Ort verliehen. In Kursen für sämtliche Niveaus kann man eine neue Aktivität ausprobieren oder sein Können verbessern. Oder wie wäre es einfach mit einer Runde Schwimmen im Meer? Für eine Pause locken die Strandbars und Cafés oder einfach ein Liegestuhl.

Beachvolleyball auf weißem Sand

Segeln

Segeln zählt zu den populärsten Wassersportarten auf Mallorca. Zu den hier ausgetragenen auch international renommierten Regatten gehören der Trofeo Princesa Sofía (März/Apr) und die Copa del Rey (Aug) vor Palma *(siehe S. 54f)*.

Fast jede Küstenstadt hat ihre eigene Marina, in der Yachten aus ganz Europa liegen, einige überwintern dort. Doch man muss keine eigene Yacht besitzen, um einen Segeltörn einzulegen. Bei vielen Anbietern wie etwa **Marina Balear** und dem noblen **Real Club Náutico de Palma** kann man komplett ausgestattete hochseetaugliche Boote chartern – mit oder ohne Skipper bzw. Crew. Kleinere Jollen oder Katamarane für die küstennahen Gewässer gibt es an manchen Stränden auch stundenweise zu leihen. Darüber hinaus findet man zahlreiche Clubs oder Schulen, in denen man die Grundtechniken des Segelns erlernen kann.

Segeln ist so beliebt, dass die Marinas in den Sommermonaten oft überfüllt und Liegeplätze schwer zu bekommen sind – obwohl die Gebühren durchaus hoch sind. Manche ankern ihr Boot lieber in geschützten Buchten, die nur vom Meer aus zugänglich sind.

Windsurfen

Bei guten Windverhältnissen sprenkeln bunte Surfsegel das Meer insbesondere vor der Nord- und Ostküste sowie in der Bucht von Palma. An diesen von nahezu endlos langen Sandstränden gesäumten Abschnitten befinden sich die meisten Surfspots. Surfschulen wie **Wind & Friends** und **Sail & Surf** bieten Kurse für Einsteiger und Fortgeschrittene und verleihen Equipment.

Das aufregende Kitesurfen (Windsurfen mit Gleitschirm) findet in den letzten Jahren auch auf Mallorca immer mehr Anhänger. Man ist auf viel kürzeren Brettern unterwegs, erreicht aber durch den Drachen deutlich mehr Speed.

Angeln

Auch wenn das Meer vor Mallorcas Küste voller Fische ist, steht Angeln hier nicht allzu hoch im Kurs. Ein Tipp für ambitionierte Tiefseefischer sind die von den Booten der Agentur **La Nautica** angefahrenen Fischgründe, in denen sich u. a. Zahnbrassen, Doraden und Wolfsbarsche tummeln. Nach dem Einholen des Fangs in den Morgenstunden geht es zum Schwimmen zurück an die Küste und anschließend zum Mittagessen in ein Fischrestaurant. Man kann dort den eigenen Fang zubereiten lassen – Seefahrerromantik pur.

Strandleben

Während Strände in abgeschirmten Buchten vor grandioser Naturkulisse eher von Individualisten aufgesucht werden *(siehe S. 16f)*, zieht es Sportler an die bestens ausgebauten und gepflegten langen Sandstrände *(siehe S. 14f)*. Dort kann meist Equipment für

Ein Hauch von Karibik

Windsurfen – rasanter Sport auf den Wellen vor der Küste

diverse Wassersportarten ausgeliehen werden, in der Hauptsaison achten an den Stränden Rettungsschwimmer auf die Badegäste. Nach dem Aufenthalt im Wasser kann man sich an Bars oder auf Strandliegen entspannen oder auch am Strand sportlich sein – an einigen Stränden gibt es ausgewiesene Beachvolleyballfelder.

Tauchen und Schnorcheln

Mit kristallklarem, sauberem Wasser, einer vielfältigen Unterwasserflora und -fauna sowie zahlreichen Höhlen am Meeresgrund bieten die Küstengewässer vor Mallorca und den vorgelagerten Inseln geradezu ideale Bedingungen zum Tauchen. In jedem Ferienort am Meer gibt es mindestens ein Tauchzentrum (centro de buceo), in dem man Ausrüstung leihen oder gleich einen Kurs buchen kann. Wer Tauchen einmal ausprobieren möchte, wählt einen Schnupperkurs. Die Organisatoren stellen das Equipment. Nur mit Taucherfahrung können Sie an Expeditionen teilnehmen, bei denen z. B. Unterwasserhöhlen erkundet werden.

Scuba Diving organisiert Tauchausflüge zur Insel Sa Dragonera (siehe S. 93), zu den Tauchspots rund um die »Dracheninsel« gehören Höhlen und Schiffswracks. Außerdem kann man bei Scuba Diving »Tauchen mit Haien« im Palma Aquarium (siehe S. 62) buchen. Eines der eindrucksvollsten Tauchreviere des Mittelmeers liegt um die Illa Cabrera (siehe S. 142f) vor der Südostküste Mallorcas. Hier taucht man Auge in Auge mit finster dreinblickenden Zackenbarschen. **Michael's Diving School** bietet Tagesausflüge in das Revier (Voranmeldung nötig). Zu den renommiertesten Tauchbasen im Nordosten gehört Mero Diving (siehe S. 116).

Eine weniger aufwendige, aber ebenfalls spannende Art, einen Blick auf die Unterwasserwelt zu werfen, ist Schnorcheln. Mit Taucherbrille und Schnorchel sehen Sie die Wunder in der Tiefe beobachten. Die interessantesten Plätze mit dem klarsten Wasser sind die kleinen, von Felsen gesäumten Buchten, in die wenige Urlauber kommen. Achtung: Hier kann Schnorcheln auch gefährlich werden, wenn Sie die Strömung gegen die Felsen treibt.

Anderer Wassersport

Die Trendsportart Stand Up Paddling (SUP) ist auch auf Mallorca angekommen. Das **SUP Center Mallorca** und viele Windsurfschulen verleihen Surfboards und Stechpaddel. Ein Genuss ist eine geführte Kayaktour des Anbieters **Mon d'Aventura** entlang der mallorquinischen Küste.

Verleihservice für Tauchequipment

Auf einen Blick

Segeln

Marina Balear
Port Adriano, El Toro.
☎ 971 232 204.
🅦 marina-balear.com

Real Club Náutico de Palma
Plaça de San Pedro, Palma. ☎ 971 726 848.
🅦 rcnp.es

Windsurfen

Sail & Surf
Paseo Saralegui 134, Port de Pollença.
☎ 971 865 346.
🅦 sailsurf.de

Wind & Friends
Apartado de Correos 178, Alcúdia.
☎ 971 549 835.
🅦 windfriends.com

Angeln

La Nautica
Carrer Marina 8, Port de Sóller. ☎ 971 632 902.
🅦 lanauticapuertode soller.com

Tauchen und Schnorcheln

Michael's Diving School
Avinguda de S'Horta 23, Cala d'Or.
☎ 971 643 715.
🅦 mds-mallorca.de

Scuba Diving
Plaça Monseñor Sebastian Grau 7, Sant Elm.
☎ 971 239 102.
🅦 scuba-activa.com

Anderer Wassersport

Mon d'Aventura
Plaça Vella 8, Pollença.
☎ 971 535 248.
🅦 mondaventura.com

SUP Center Mallorca
Carrer dels Pescadors 17, Portocolom.
☎ 648 492 727.
🅦 sup-center-mallorca.com

Von Wandern bis Tennis

Mallorca ist ein Mekka für Outdoor-Sportler – man ist der Natur ganz nahe. Für genussvolles wie ambitioniertes Wandern und Radfahren ist die Insel mit ihrer abwechslungsreichen Landschaft ideal. Den Zauber Mallorcas aus luftiger Höhe erlebt man beim Paragliden oder bei einer Ballonfahrt. Abenteuerlustige finden Spaß am Canyoning. Das benötigte Equipment kann vor Ort geliehen werden.

Paragliding an der Küste

Wandern

Mallorca ist eine Wanderinsel (siehe S. 36). Wer es gemütlich angehen lassen will, findet in der Zentralebene geeignete Routen, anspruchsvollere Touren bietet die Serra de Tramuntana. Zu den größten Herausforderungen für Geübte gehört das Durchqueren der Schlucht Torrent de Pareis (www.torrentdepareis. info; siehe S. 107). Doch auch viele andere Routen durch die Gebirgswelt sind durchaus anspruchsvoll, bieten mit ihrer atemberaubenden Szenerie aber ein wunderbares Erlebnis. Paraderoute der Insel ist ohne Zweifel der ungefähr 150 Kilometer lange Fernwanderweg GR-221, bei dem man auch einzelne Etappen begehen kann. Ein guter Ausgangspunkt für Bergtouren in der Serra de Tramuntana ist Sóller. Organisierte Touren kann man online buchen.

Wichtig: das richtige Schuhwerk

Auch die beiden vorgelagerten, mit dem Boot erreichbaren Inseln Sa Dragonera (siehe S. 93) und Illa Cabrera (siehe S. 142f) sind ein gutes Terrain für Wanderer. Für Wanderungen auf dem steinigen Gelände der Berge benötigt man gutes Schuhwerk und die passende Kleidung. Bedenken Sie, dass sich das Wetter schnell ändern kann.

Radfahren

Radfahrer finden auf Mallorca Optionen in allen Schwierigkeitsgraden – nicht umsonst kommen auch Radprofis zum Trainingslager hierher.

Wie beim Wandern gilt: Für jeden ist die richtige Tour dabei – ob eher gemütlich die Küstenpromenade entlang (Meeresbrise inklusive), Slow-Cycling in der Zentralebene oder sportlich im Bergland (siehe S. 37). Fahrräder (auch Mountainbikes) können in fast jedem Ort ausgeliehen werden. Einen kompletten Radurlaub mit sorgfältig ausgewählten Touren und Hotels organisiert **Philipp's Bike Team**. Das Spektrum an Routen reicht von der Genussstrecke bis zur Bergetappe, zum gebuchten Paket gehören auch Sportmassagen. Ein weiterer Anbieter mit Rundum-Programm ist **Hürzeler Bike Holidays** des ehemaligen Schweizer Radprofis Max Hürzeler.

Canyoning

Die spektakuläre Unterwelt Mallorcas mit ihren so faszinierenden wie bizarren Gesteinsformationen lernt man beim Besuch einer der Schauhöhlen (siehe S. 24–27) kennen. Verborgene Höhlenwelten kann man aber auch auf wesentlich rasantere Art kennenlernen. Mit einer entsprechenden Prise Abenteuerlust begibt man sich auf eine Canyoning-Tour in die Tiefen der Serra de Tramuntana. Für diesen Trendsport, einen Mix aus Wandern, Klettern, Springen, Rutschen, Abseilen und Schwimmen, gibt es in Mallorcas Bergwelt viele Routen mit Steilwänden, Schluchten, Wasserfällen und Wasserbecken. **Experience Mallorca** bietet Canyoning unter professioneller Leitung, die komplette Ausrüstung wird zu Verfügung gestellt. Bei **Rocksport Mallorca** stehen neben Canyoning auch Klettertouren auf dem Programm.

Rennradfahrer bei einem Anstieg

Reiten

Die Naturschönheiten der Insel kann man auch auf dem Pferderücken erkunden. Viele Reitställe, Bauernhöfe und Fincas verleihen Pferde stunden- oder tageweise und organisieren Kurse und Ausritte. Ein Angebot der Finca **Can Paulino** sind Salinenritte zu den Salines d'Es Trenc *(siehe S. 139)*. Reitstunden für sämtliche Niveaus bietet die Reitschule **Hípica Son Gual** an. Das Angebot von **Hípica Formentor** reicht von einstündigen Ausritten in die Umgebung des Reitstalls bis zu mehrtägigen Wanderritten in die Serra de Tramuntana.

Veranstaltungsort für professionelle Pferderennen ist die Trabrennbahn des Hipòdrom Son Pardo in Manacor (www.hipodromsonpardo.com).

Pause beim Reitausflug am Strand

Paragliding

Über Mallorca zu fliegen, ist im wahrsten Sinn ein erhebendes Gefühl. **Paragliding-Mallorca** bietet Flüge vom Puig de Sant Martí, einem Hügel in den nördlichen Ausläufern der Serra de Tramuntana. Auch wer diese Aktivität noch nie ausprobiert hat, kann den Kick eines freien Flugs erleben: Bei einem etwa halbstündigen Tandemflug kümmert sich der mitfliegende Pilot um Start, Steuern und Landung mit dem Gleitschirms. Der Blick über Alcúdia, Port de Pollença und die Küstenlandschaft ist unbeschreiblich.

Ballonfahren

Über den Dingen schwebt man auch an Bord eines Heißluftballons. Der Radius bei einer Ballonfahrt ist jedoch größer als beim Gleitschirmflug, der Blick reicht deutlich weiter – bis in entlegene Bereiche der Insel. Die Piloten geben Informationen zu den überflogenen Landstrichen. Zu den renommiertesten Anbietern für ein derartiges Erlebnis gehören **IB Ballooning** und **Mallorca Ballons**.

Tennis

Auf Mallorca, Heimat von Weltklassespieler und Wimbledon-Sieger Rafael Nadal, besitzen viele Hotel- und Apartmentanlagen ihre eigenen Tennisplätze, auf denen Gäste das Racket schwingen können. Zudem gibt es einige öffentliche Tennis-Center. **Sunshine Tennis** bietet neun Plätze (sechs davon mit Flutlicht), auf denen man auch Tennisstunden nehmen kann. Auf Tennisurlaube spezialisiert ist die **Tennis Academy Mallora**, in der schon Profispieler ihr Können verbesserten. Neben 15 Plätzen mit Flutlicht umfasst Mallorcas führendes Tennis-Resort auch Fitness-Center, Pool und weitere Sportanlagen.

Auf einen Blick

Wandern

- 🅦 camins-mallorca.info
- 🅦 mallorca-wandern.de
- 🅦 mallorca-wandern.eu
- 🅦 mallorca-wandern-trekking.com
- 🅦 senderosdemallorca.com

Radfahren

- 🅦 mallorcabike.info

Hürzeler Bike Holidays
- 🅦 huerzeler.com

Philipp's Bike Team
Port de Pollença.
📞 971 692 233.
📞 +49 (521) 557 71 10 (Deutschland).
🅦 radsport-mallorca.de

Canyoning

Experience Mallorca
Vent-i-Mar, Can Picafort.
📞 687 358 922.
🅦 experience-mallorca.com

Rocksport Mallorca
Port de Pollença.
📞 629 948 404.
🅦 rocksportmallorca.com

Reiten

Can Paulino
Camí Vell d'Algaída s/n, Llucmajor.
📞 664 384 924.
🅦 canpaulino.com

Hípica Formentor
Camino Son Pere s/n, Sa Pobla.
📞 609 826 703.
🅦 hipicaformentor.com

Hípica Son Gual
Carretera Puigpunyent–Establiments, km 6,5, Palma. 📞 608 532 096.
🅦 hipicasongual.net

Paragliding

Paragliding-Mallorca
Nahe Port d'Alcúdia.
📞 633 342 843.
🅦 paragliding-mallorca.com

Ballonfahren

IB Ballooning
Apartado de Correos 64, Cala Rajada. 📞 607 647 647. 🅦 ballooning mallorca.net

Mallorca Balloons
Carrer Farallo 4, Cala Rajada.
📞 971 596 969.
🅦 mallorcaballoons.com

Tennis

Sunshine Tennis
Apartado de Correos 17, Capdepera.
📞 971 841 210.
🅦 sunshinetennis.com

Tennis Academy Mallorca
Carrer Joaquín Blume s/n, Paguera.
📞 971 687 716.
🅦 tennisacademy mallorca.com

Golf

Für viele passionierte Golfspieler ist Mallorca ein beliebtes Reiseziel. Aber auch Hobbygolfer und Einsteiger zieht es auf die 24 Golfplätze der Insel. Die Anlagen sind modern gestaltet und überwiegend auch sehr schön in die Landschaft integriert. Dank des warmen Wetters ist ganzjähriger Spielbetrieb garantiert. Kurse und Unterrichtsstunden werden für sämtliche Niveaus angeboten.

Blick vom Golfplatz Alcanada über die Bahia de Alcúdia

Überblick

In Südeuropa gibt es eine ganze Reihe von Golfzielen mit ganzjähriger Saison. Keines ist von Deutschland aus jedoch so schnell und unkompliziert erreichbar wie Mallorca. Die Balearen-Insel hat sich längst schon zu einer der gefragtesten Destinationen für Golfer entwickelt. Es gibt insgesamt 24 Golfplätze, die sich auf mehrere Regionen verteilen, einige befinden sich in unmittelbarer Nähe der Inselhauptstadt Palma.

Die in der Regel von Golfclubs betriebenen Anlagen sind nach modernsten Kriterien konzipiert, von einigen genießt man den Blick aufs Meer und ins Bergland. Bekannte Golfplatz-Designer wie Robert Trent Jones, Bradford Benz, Falco Nardi und José Gancedo gestalteten hier die Greens.

Viele Golfclubs bieten Restaurants mit Gourmet-Küche, einige auch ein Hotel mit kompletter Versorgung. Man kann hier einen genussvollen Urlaub erleben, ohne sich aus seinem (Golf-)Resort zu bewegen.

Die zu entrichtenden Greenfee-Gebühren reichen auf Neun-Loch-Plätzen von 40 bis 80 Euro, auf 18-Loch-Plätzen von 60 bis 140 Euro. Golfschläger (auch namhafter Hersteller wie etwa Callaway oder TaylorMade) können ausgeliehen werden. Zur schnelleren Fortbewegung zwischen den einzelnen Löchern kann man Buggys mieten.

Information

Die Agentur **Golf in Mallorca** informiert rund ums Golfen auf der größten Balearen-Insel und organisiert darüber hinaus Golfurlaube *(siehe unten)*. Das Online-Portal **Mallorca Golf Island** bietet detaillierte Beschreibungen von Mallorcas Golfplätzen und Übersichten über Turniere. Eine weitere Informationsquelle (auch zu Kursen) ist **Golf Mallorca**.

Die Organisation des Golfsports auf den Balearen obliegt der **Federación Balear de Golf**, die auf ihrer Website umfangreiches Material zu Plätzen, Regularien und Veranstaltungen zur Verfügung stellt.

Golfplätze

Zu den exklusivsten Anlagen der Insel gehört **Golf Son Gual** nordöstlich des Flughafens von Palma. Pracht und Ausmaße des Anwesens erfasst man am besten beim Landeanflug, den besten Blick hat man von der linken Seite des Flugzeugs. Son Gual stellt auch Golfer mit respektablem Handicap vor Herausforderungen. Übrigens: Den Fluglärm nimmt man bei voller Konzentration auf sein Spiel kaum wahr.

Mit drei Plätzen wartet die Anlage **Golf Santa Ponsa** im Südwesten auf. Der sich über rund 73 Hektar erstreckende Platz I ist Austragungsort zahlreicher Turniere und öffentlich zugänglich, die Plätze II und III hingegen sind Mitgliedern vorbehalten. Der Club rühmt sich vieler prominenter Mitglieder aus Politik, Sport und Showbusiness.

Zu den anspruchsvollsten Plätzen am Mittelmeer gehört **Golf de Andratx**. Absolutes Highlight für ambitionierte Golfer ist Loch 6 (»Green Monster«), mit 609 Metern das längste Loch aller spanischen Golfplätze. Mit sieben Teichen ist die Anlage auch gestalterisch bemerkenswert.

Inmitten eines Naturschutzgebiets im Norden Mallorcas liegt die Anlage von **Golf Alcanada**, einer der in Fachkreisen beliebtesten in ganz Spanien. Mit seiner wundervollen Aussicht auf die Bahia de Alcúdia

Golfen mit Blick aufs Meer

Im Buggy über den Golfplatz

ist der Platz auch einer der schönsten. Das Gelände der Fairways ist den Wogen des Meers nachempfunden. **Golf Pollença** westlich davon gehört zu den wenigen Neun-Loch-Anlagen der Insel. Alte Bestände mit Olivenbäumen geben dem Platz sein ganz besonderes Flair.

Wunderschöne Umgebung und abwechslungsreiches Terrain zeichnen **Capdepera Golf** im Nordosten Mallorcas aus. Hügelige Fairways wechseln mit teils engen Spielbahnen. Im Sommer veranstaltet der Club donnerstagabends BBQ mit Live-Musik.

Küstenferner, aber nicht weniger eindrucksvoll als die meisten anderen Anlagen liegt **Golf Son Termens**. Die Nähe zur Serra de Tramuntana vermittelt ein spezielles Ambiente. Wegen seiner eng geschnittenen Bahnen verlangt der Platz präzises Spiel.

Golfurlaub

Für viele Urlauber ist eine Runde Golfen (oder eine Golfstunde) eine willkommene Ergänzung ihres Urlaubsprogramms. Doch auch wer hauptsächlich des Golfsports wegen nach Mallorca kommt, hat diverse Optionen zur Auswahl.

Mit der Eröffnung der nordwestlich von Palma gelegenen Anlage **Son Vida Golf** im Jahr 1964 begann auf Mallorca das Golfzeitalter. War das Vergnügen seinerzeit vorwiegend Gutbetuchten – darunter Mitgliedern des europäischen Hochadels – vorbehalten, ist die Anlage heute öffentlich zugänglich und bietet alles für einen gelungenen Golfurlaub. Um die Wege kurz zu halten, mietet man sich

Golfausrüstung

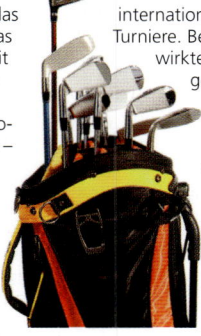

am besten in einem der beiden in Sichtweite des 18-Loch-Platzes gelegenen Hotels Castillo Son Vida oder Sheraton Mallorca Arabella Golf Hotel ein.

Das Finca-Hotel **La Reserva Rotana** *(siehe S. 117)* verfügt auf seinem Gelände über einen privaten Neun-Loch-Golfplatz (Rotana Greens) mit vielen Bunkern und Teichen – für Gäste des Anwesens ohne Greenfee und Tee Times. Man spielt nach eigenem Rhythmus und so oft man möchte.

Golfen und sich verwöhnen lassen: **Pula Golf** nördlich von Cala Millor bietet beides. Die Anlage gehört zu den anspruchsvollsten der Insel und ist Austragungsort international renommierter Turniere. Bei der Gestaltung wirkte Spaniens Golflegende José María Olazábal mit. Das familiengeführte Pula Golf Resort, dessen Haupthaus 1581 erbaut wurde, bietet Zimmer und Suiten (40 – 55 m²). Von Mai bis Oktober sind Whirlpool, Sauna und Dampfbad in Betrieb.

Auf einen Blick

Information

Federación Balear de Golf
Camí Son Vida 38, Palma.
☎ 971 722 753.
w fbgolf.com

Golf in Mallorca
Carrer Ballester 4, Palma.
☎ 620 987 575.
w golfinmallorca.com

Golf Mallorca
Carrer Can Calafat 64, Palma.
☎ 971 222 563.
w golf-mallorca.com

Mallorca Golf Island
w mallorcagolfisland.com

Golfplätze

Capdepera Golf
Carretera Artà – Capdepera, km 3,5, Artà.
☎ 971 818 500.
w golfcapdepera.com

Golf Alcanada
Carretera del Faro s/n, Port d'Alcúdia.
☎ 971 549 560.
w golf-alcanada.com

Golf de Andratx
Carrer Cromlec 1, Camp de Mar.
☎ 971 236 280.
w golfdeandratx.com

Golf Pollença
Carretera Palma – Pollença, km 50, Pollença.
☎ 971 533 216.
w golfpollensa.com

Golf de Poniente
Carretera Cala Figuera s/n, Calvià.
☎ 971 130 148.
w t-golf-poniente.com

Golf Santa Ponsa
Carrer Berenguer de Palou 2, Santa Ponça.
☎ 971 690 211.
w golf-santaponsa.com

Golf Son Gual
Finca Son Gual, Carretera Palma – Manacor, km 11, Palma.
☎ 971 785 888.
w son-gual.com

Golf Son Servera
Urbanización Costa de los Pinos, Son Servera.
☎ 971 840 096.
w golfsonservera.com

Golf Son Termens
Carretera S'Esglaieta, km 10, Bunyola.
☎ 971 617 862.
w golfsontermens.com

Golfurlaub

La Reserva Rotana
Camí de Bendris, km 3, Manacor.
☎ 971 845 685.
w reservarotana.com

Pula Golf
Carretera Son Servera – Capdepera, km 3, Son Servera.
☎ 971 817 034.
w pulagolf.com

Son Vida Golf
Urbanización Son Vida, Palma. ☎ 971 791 210.
w sonvidagolf.com

Wellness

Die sonnenverwöhnte Insel ist ein Ort zum Wohlfühlen und Genießen, zum Kraft- und Energietanken. Allein schon die wundervollen Landschaften und das Klima wirken Wunder. Steigern kann man sein ganz persönliches »Mallorca-Gefühl« noch gezielt durch Wellness und Beauty, Spa und Entspannung. Das Angebot ist reichhaltig, Mallorca setzt in diesen Bereichen Maßstäbe. Immer mehr Hotels bieten wahre Wohlfühl-Oasen, in denen man sich verwöhnen lassen kann. Viele der bei den Anwendungen eingesetzten Produkte wie Mandelöl, Salzkristalle oder Orangenblüten stammen von der Insel. Mallorca hat sich auch als Destination für Yoga- und Ayurveda-Urlaub einen Namen gemacht. Die Retreats auf dem Land überzeugen durch wunderschöne Lage mitten in der Natur.

Wellness-Hotels

Viele Hotels verfügen über perfekt ausgestattete Spa-Bereiche mit vielfältigen Wellness- und Beauty-Angeboten, die auch von Nicht-Gästen genutzt werden können.

Das Arabella Spa des **St. Regis Mardavall Mallorca Resort** in Costa d'en Blanes ist eine rund 4700 Quadratmeter große Wellness-Oase. Nach 90 Minuten Polynesischer Vierhandmassage mit heißen Lavasteinen fühlt man sich (fast) wie neu geboren.

Gesichtsmasken mit Rosenblättern und Honig, Massagen mit Mandelöl, Körperpeeling mit Salz aus den Salines d'Es Trenc oder Meerschlamm – im Verwöhnbereich des **Mon Port Hotel & Spa** in Port d'Andratx legt man Wert auf inseltypische Produkte. Oder wie wäre es mit dem Programm »Antistress« bestehend aus Hydrotherapie mit ätherischen Ölen, Gesichtsbehandlung, Peeling, Massage und Vital-Drink?

Was für eine Lage! Auf einer steilen Klippe über Port de Sóller thront das **Jumeirah Port Sóller Hotel & Spa**. Das Spa-Paradies der Extraklasse verwöhnt mit Massagen (von Entspannungs- über Fußreflexzonen- und Hot-Stone- bis Druckpunktmassagen sowie Lymphdrainagen) mit ausgesuchten Ölen und erlesenen Aromen (u. a. Ingwer, Rosmarin und Lavendel). Weitere Treatments bestehen in Packungen oder Anwendungen mit Ohrkerzen, auch ein Hamam steht zur Verfügung.

Zu Mallorcas angesagtesten Adressen für Beauty- und Wellness-Behandlungen gehört das **PURAVIDA Resort Blau** in Porto Petro. Gezielt eingesetzte Aromen und Lichtspiele machen einen Aufenthalt zu einem Fest für die Sinne – Augen schließen und genießen.

Jeden Urlaubswunsch nach Entspannung bzw. Vitalisierung erfüllt das **Lindner Golf & Wellness Resort** in Portals Nous. Die Anwendungen erfolgen zum Teil in Bambushütten sowie unter freiem Himmel. Wirkstoffe mallorquinischer Produkte wie Salzkristalle, Mandeln, Oliven und Zitrusfrüchte sind wichtige Bestandteile von vielen wohltuenden Rituale. Man kann sich auch sein persönliches Wohlfühlpaket zusammenstellen. Sauna- und Badelandschaft ergänzen das Wellness-Angebot ideal.

Das Finca-Hotel La Reserva Rotana vor den Toren Manacors *(siehe S. 117)* bietet seinen Gästen Massagen und Sauna.

Heiß, warm, kalt: Von Sauna über türkisches Bad bis zur Eisquelle reicht das Angebot im Puro SPA, der Wellness-Insel im Puro Hotel Palma *(siehe S. 87)*. Suchen Sie sich aus der bunten Palette von Massagen die für Sie passende aus.

Auswahl an Aromaölen

Thermalbäder

Im Südosten Mallorcas, zwischen Campos und Colònia de Sant Jordi, befindet sich die einzige natürliche Thermalquelle der Insel: Das leicht radioaktive Wasser der vermutlich schon in der Antike bekannten Banys de Sant Joan hat eine Wassertemperatur

Wohltuende Massage mit Duftöl und Blütenaroma

Yoga am Strand unter blauem Himmel

von konstant 38 °C. Das Quellwasser wirkt nicht nur wohltuend, sondern hat bei diversen Beschwerden (z. B. Atemwegs- und Hauterkrankungen) auch eine heilende Wirkung. Das angegliederte luxuriöse **Font Santa Hotel** offeriert Package-Angebote unter so aussagekräftigen Bezeichnungen wie Wellness Break, Thermal Break oder Detox Experience. Auch Tagesbesucher können sich hier verwöhnen lassen.

Die wohltuende und heilende Kraft von Wasser erfährt man auch bei Anwendungen in angelegten Thermalbädern wie etwa dem Hidrópolis in Palma (siehe S. 87).

Yoga
Für Yoga-Begeisterte ist das Angebot auf Mallorca fantastisch – egal, ob sie auf dieser traumhaften Insel einzelne Stunden nehmen oder einen kompletten Yoga-Urlaub verbringen wollen. Ein Retreat der Extraklasse ist die **Finca Amapola** in Campos. Die einwöchigen Workshops sind ideal, um Energie in die richtigen Bahnen zu lenken.

Zu den Schwerpunkten der **Yoga-Finca** in Manacor (mit großem Yogazelt, terrassiertem Garten, Pool und Massagehäuschen) gehört Ashtanga-Yoga. Neben Einzelstunden stehen auch vier- bis zehntägige Workshops auf dem Programm.

Ideal für Kurzentschlossene: In Palmas Zunray Yoga Studio (siehe S. 87) und bei Earth Yoga (www.earthyoga.es), beliebten Treffpunkten bei Interesse an Yoga und Meditation, kann man auch spontan vorbeischauen und an einer Yogastunde teilnehmen.

Ayurveda
Nachhaltige Heilkonzepte und alternative Gesundheitsstrategien werden in der einzigartigen Ayurveda-Finca **House of Silence** in Montuïri vermittelt. Zentrale Themen der Kurse, Seminare und Workshops sind Stärkung des Immunsystems, Entgiftung, Entschleunigung, Anti-Aging und Aufnahme neuer Energie für Körper, Geist und Seele. Neben den entsprechenden Anwendungen wird insbesondere auf die Ernährung geachtet. Eine wundervolle Ergänzung zu einer Ayurveda-Kur ist ein Kochkurs nach vedischen Prinzipien. Auch Heilfasten mit Ayurveda wird in dem Resort angeboten.

Von Ölmassage über Harmonisierung der Chakren bis Stirnguss: Das Centro de Ayurveda in Palmas Stadtviertel Santa Catalina (siehe S. 87) ist eine Oase der Entspannung. Inspiration und Ruhe bietet der meditative Buddha-Garten.

Wellness-Oase
Ein weiterer Tipp für Palma-Besucher: Eine wohltuende Unterbrechung eines Shopping- oder Sightseeing-Bummels ist ein Aufenthalt bei Reborn Spa (www.reborn-spa.com). Bei vielen Anwendungen des Spa-Centers kommen Aloe-Vera-Produkte zum Einsatz, deren Basis von der Aloe Vera Farm Mallorca stammt (www.aloe-mallorca.com).

Auf einen Blick

Wellness-Hotels

Jumeirah Port Sóller Hotel & Spa
Carrer Belgica s/n, Port de Sóller. ☎ 971 637 888. 🌐 jumeirah.com

Lindner Golf & Wellness Resort
C/Arquitecto Francisco Casas 18, Portals Nous. ☎ 971 707 777. 🌐 lindner.de

Mon Port Hotel & Spa
C/Cala d'Egos, Finca la Noria, Port d'Andratx.
☎ 971 238 623. 🌐 hotelmonport.com

PURAVIDA Resort Blau
Carrer des Far 16, Porto Petro. ☎ 902 648 282. 🌐 blauhotels.com/portopetro

St. Regis Mardavall Mallorca Resort
Carretera Palma–Andratx 19, Costa d'en Blanes.
☎ 971 629 629. 🌐 stregismardavall.com

Thermalbäder

Font Santa Hotel
Carretera Campos–Colònia de Sant Jordi, km 8,2, Campos.
☎ 971 655 016. 🌐 fontsantahotel.com

Yoga

Finca Amapola
Carretera Sa Rapita, km 2,8, Campos.
☎ 971 650 244. 🌐 finca-amapola.com

Yoga-Finca
Buzón 484, Manacor.
☎ 971 183 214. 🌐 yoga-finca-mallorca.com

Ayurveda

House of Silence
Apartado Correos 53, Montuïri.
☎ 971 646 620. 🌐 ayurvedamallorca.eu

Mallorca mit Kindern

Kinder müssen sich auf Mallorca nicht mit dem Bauen von Sandburgen begnügen. Am Strand locken zahllose Wassersportarten – einfach mal ausprobieren. Viele Ferienanlagen bieten ausgewogene Animationsprogramme für die Kleinen. Allerdings sind Entdeckungstouren abseits der Unterkunft nicht nur eine nette Abwechslung, sondern oft deutlich spannender. Riesenspaß pur (für Groß und Klein) bieten die Wasser- und Vergnügungsparks, Tiefsee-Feeling kommt in den Aquarien auf. Die meisten dieser Areale verfügen über ausgewiesene Spielbereiche. Ob Ballonfahrt, Höhlen-Show oder Fahrt mit einem nostalgischen Zug: Auch abseits der Küste haben Kinder die Qual der Wahl.

House of Katmandu – ein schräges Vergnügen

Information
Die meisten Websites deutschsprachiger Internet-Portale und die Tourismusbüros in den einzelnen Orten *(siehe S. 156)* bieten Hinweise zu Attraktionen und Events für Kinder.

Vor allem für die Hochsaison gilt: Wenn Sie die Tickets (z. B. für einen Vergnügungspark) im Voraus online erwerben, sparen Sie sich langes Anstehen. Manche Attraktionen bieten auch Kombi-Tickets, die mehrere Tage lang gültig sind.

Wasser- und Vergnügungsparks
»Kamikaze« heißt eine der rasanten Rutschen im **Hidropark**. Der Wasserpark bietet zudem diverse Pools (teils mit Wellen), Kletterröhren, Trampoline und vieles mehr, was Kinderherzen höherschlagen lässt. Wer Spaß daran hat, kann im transparenten Riesenwasserball übers Wasser gleiten.

Nicht nur für Cowboys: Grandiosen Wasserspaß mit flotten Rutschpartien erlebt man auch im **Western Water Park**. Im Big Hole saust man durch die Dunkelheit ins Nichts – und landet schließlich doch im Wasser. Die 260 Meter lange Rutsche Mega Slide ist der Star des Spaß-Areals, dessen Mix aus Wasser- und Western-Park einmalig ist. Western-Shows bieten ein buntes Programm, dabei darf ein stilechter Saloon nicht fehlen.

Im House of Katmandu, dem wohl ungewöhnlichsten Bauwerk der ganzen Insel, ist der **Katmandu Park** untergebracht. Das »umgedrehte« Haus birgt jede Menge Überraschungen wie lebendige Fantasiewelten, interaktive Erlebnisse und optische Täuschungen. Zu den Highlights gehören ein Spiegellabyrinth, ein verzauberter Musikwald und ein kreisender Farbtunnel. Auch die virtuelle Achterbahnfahrt 4D Experience durch simulierte Landschaften ist ein Höllenspaß. Eine Mutprobe ist der Laserkampf gegen Zombies. Weitere Herausforderungen gibt es im Außenbereich. Hier bieten eine 16 Meter hohe Kletterlandschaft, der KATLANTIS Splash Park und weitere Erlebniswelten Nervenkitzel.

Aquarien und Zoos
Die farbenprächtige Unterwasserwelt erlebt man nicht nur beim Tauchen und Schnorcheln, sondern auch in den Aquarien Mallorcas.

Täglicher Höhepunkt im **Marineland** *(siehe S. 81)* sind die Delfin- und Seelöwenshows. Nahe (aber nicht zu nahe) kommt man den Krokodilen. Außerdem entdeckt man hier auch eine bunte Vogelwelt (z. B. Flamingos und Papageien) sowie Schlangen und Schildkröten.

Das 365 Tage im Jahr geöffnete **Palma Aquarium** *(siehe S. 62)* bietet nicht nur Einblick in den Zauber der Tier- und Pflanzenwelt der Ozeane, sondern hat Attraktionen parat,

Meereswelt im Palma Aquarium

Beim Kindersegeln ist jedes Kind sein eigener Kapitän

bei denen sich Kinder so richtig austoben können. Im Sommer bietet die Wasserschlacht auf einem Piratenschiff willkommene Abkühlung. Die ganz Kleinen haben Spaß daran, ihr Gesicht mit Meeresmotiven schminken zu lassen. Am spektakulärsten ist natürlich Tauchen mit Haien (nur mit Tauchschein; Teilnehmer unter 18 Jahren benötigen das schriftliche Einverständnis der Eltern).

Tiere aus entfernten Kontinenten erlebt man im **Safari Zoo** wie auf einer Safari (im eigenen Auto oder im Safari-Zug). Unterwegs sieht man Giraffen, Zebras, Nashörner, Gazellen und viele weitere Bewohner des Wildnis. Achtung: Die frechen Affen können durchaus neugierig sein, wer da in ihrem Revier auftaucht.

Sport
Am Strand zu sein, ist für viele Kinder das Größte. Je nach Alter begeistern sie sich auch

für manchen Wassersport *(siehe S. 158f)*. Wie wär's mit einem Segel- oder Surfkurs? **Wind & Friends** vermittelt Kindern von sechs bis 13 Jahren Theorie und Praxis in kindgerechter Methodik. Auch Schnuppertauchen mit erfahrenen Lehrern – natürlich auch mit der ganzen Familie – ist für Kinder ein Erlebnis.

Kontrastprogramm: Bei einer gemütlichen Ballonfahrt *(siehe S. 161)* über die wunderschöne Insel werden die Augen der Kleinen sicher ganz groß.

Märkte
In nahezu jedem Ort ist einmal in der Woche Markttag *(siehe S. 153)*. Kinder werden sich dort nicht langweilen, im Gegenteil – inmitten des bunten, lauten Treibens zwischen all den vollgepackten Marktständen gibt es jede Menge zu entdecken. Und ein Süßigkeitenstand oder ein Eisverkäufer findet sich bestimmt an der nächsten Ecke.

Weitere Attraktionen
Von außen erinnert die etwa 14 Meter hohe Metallkuppel des **Mallorca Planetarium** an einen Iglu, innen eröffnet sich ein wunderbarer Blick aufs Sternenfirmament. Rund 6000 Sterne können hier mit höchster Präzision projiziert werden. Nicht nur Hobby-Astronomen sind begeistert.

Auch die Fahrt mit der so historischen wie gemütlichen Eisenbahn von Palma nach Sóller *(siehe S. 153)* lässt Kinderherzen höherschlagen. Für die Bedeutung des Namens »Roter Blitz« haben Eltern sicher eine plausible Erklärung. Von Sóller geht es dann in den ratternden Waggons einer ebenso nostalgischen Tram nach Port de Sóller weiter. Ein Aufenthalt am dortigen Strand macht den Tag perfekt.

Die aufwendig inszenierte Light-and-Sound-Show in den gewaltigen **Coves del Drac** (»Drachenhöhle«; *siehe S. 123*) wirkt schon durch den Namen dieser unterirdischen Welt höchst spannend.

Auf dem Wochenmarkt in Campos

Auf einen Blick

Wasser- und Vergnügungsparks

Hidropark
Avinguda del Tucán s/n, Port d'Alcúdia.
☎ 971 891 672.
🌐 hidroparkalcudia.com

Katmandu Park
Avinguda Pedro Vaquer Ramis 9, Magaluf.
☎ 971 134 660.
🌐 katmandupark.com

Western Water Park
Carretera Cala Figuera a Sa Porrassa, Magaluf.
☎ 971 131 203.
🌐 westernpark.com

Aquarien und Zoos

Marineland
Carrer Garcilaso de la Vega 9, Costa d'en Blanes, Calvià.
☎ 971 675 125.
🌐 marineland.es

Palma Aquarium
Carrer Manuela de los Herreros 21, Palma.
☎ 902 702 902.
🌐 palmaaquarium.com

Safari Zoo
Carretera Porto Cristo–Son Servera, km 5.
☎ 971 810 909.
🌐 safari-zoo.com

Sport

Wind & Friends
Apartado de Correos 178, Alcúdia.
☎ 971 549 835.
🌐 windfriends.com

Weitere Attraktionen

Coves del Drac
Carretera Coves s/n, Porto Cristo.
☎ 971 820 753.
🌐 cuevasdeldrach.com

Mallorca Planetarium
Camí de l'Observatori s/n, Costitx. ☎ 971 513 344. 🌐 mallorca planetarium.com

GRUND-INFORMATIONEN

Daten und Fakten	170–171
Historischer Überblick	172–173
Praktische Hinweise	174–179
Reiseinformationen	180–183

Daten und Fakten

 Geografische Daten

Fläche: 3603,7 km²; einschließlich der vorgelagerten Inseln 3622,5 km² (viermal so groß wie Deutschlands größte Insel Rügen)

Ausdehnung:
West–Ost 95 km, Nord–Süd 80 km

Naturräume: Im Nordwesten Gebirge (Serra de Tramuntana), im Landesinneren weite Ebenen (Es Pla), im Osten Hügelland (Llevant), vielfältige Küstenlandschaften

Höchster Berg: Puig Major mit 1445 m (insgesamt elf »Eintausender«; alle in der Serra de Tramuntana)

Küstenlänge: 550 km

Strände: über 200

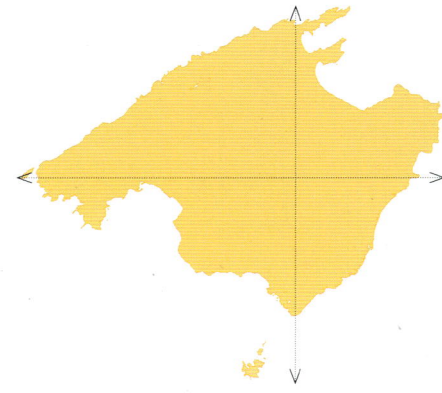

Entfernung von Palma

Barcelona	245 km
Zürich	990 km
München	1190 km
Frankfurt am Main	1265 km
Wien	1456 km
Berlin	1658 km

 Lage

38°16' bis 39°58' nördlicher Breite, 2°21' bis 3°28' östlicher Länge

 Zeitzone

Mitteleuropäische Zeit (MEZ) bzw. Mitteleuropäische Sommerzeit (MESZ; Ende März–Ende Okt)

📄 **Verwaltung**

Flagge von Spanien

Mallorca ist die größte Insel Spaniens, einer parlamentarischen Erbmonarchie, die sich in 17 Autonome Gemeinschaften gliedert.

Mallorca bildet gemeinsam mit den anderen Balearen-Inseln (Menorca im Nordosten sowie Ibiza und Formentera im Südwesten) die Comunitat Autònoma Illes Balears (Autonome Gemeinschaft Balearen).

Wappen der Balearen

Flagge von Mallorca

Palma ist Hauptstadt der Autonomen Gemeinschaft und Sitz von deren Regierung. Die mit Abstand größte Stadt der Balearen ist ein bedeutendes Wirtschafts- und Verkehrszentrum sowie eine gefragte Urlaubsdestination.

👨👧👨👨 **Bevölkerung**

Einwohner: 876 000 (etwa die Hälfte Hamburgs), davon 23 500 Deutsche
Bevölkerungsdichte: 242 Einwohner/km² (etwas höher als in Deutschland)

Hauptstadt: Palma: 400 000 Einwohner (etwa so viele wie Zürich); 46% der Inselbevölkerung

Weitere Städte:
Manacor: 40 000 Einwohner
Inca: 30 000 Einwohner
Alcúdia: 20 000 Einwohner

Sprachen: Katalanisch *(català)* und Spanisch sind auf Mallorca gleichberechtigte Amtssprachen, der katalanische Dialekt Mallorquinisch *(mallorquí)* dient als Verkehrssprache. Die in der Tourismusbranche tätigen Mallorquiner sprechen oft auch Deutsch und Englisch.
Auf Hinweisschildern sind katalanische Bezeichnungen üblich (z.B. *platja* = Strand, *port* = Hafen oder *coves* = Höhlen anstelle der spanischen Begriffe *playa*, *puerto* bzw. *cuevas*).

◀ Anspruchsvolle Panoramastrecke: Serpentinenstraße nach Sa Calobra *(siehe S. 106)*

⊞ Wirtschaft

Beschäftigungsstruktur: 63% Tourismus; 20% weitere Dienstleistungen; 15% Industrie und Gewerbe (vor allem Baubranche); 2% Landwirtschaft.

Exportschlager: Schuhe (und andere Lederwaren), Schmuck (vor allem Perlenschmuck), Wein, Zitrusfrüchte, Autos (von Mietwagenfirmen ausgemusterte Fahrzeuge, die als gebrauchte EU-Reimporte nach Europa gelangen), Olivenöl, Mandeln und Mandelprodukte (u. a. Parfum), Wurstwaren, Meersalz.

Größter Weinhersteller: Bodega José L. Ferrer mit einer Jahresproduktion von rund 10 000 Hektolitern.

Tourismus: Jährlich rund 10 Millionen Urlauber.
Größte Urlaubergruppen nach Nationalität:
Deutschland: 38%
Großbritannien 22%
Spanien: 11%

✈ Verkehr

Flugverkehr: Palmas Flughafen (Aeroport de Son Sant Joan; PMI) ist nach Madrid-Barajas (MAD) und Barcelona-El Prat (BCN) Spaniens drittgrößter Airport. 2015 wurden mehr als 23 Millionen Passagiere abgefertigt.

Kreuzfahrttourismus: Palmas Hafen ist von überragender Bedeutung – auch für den Kreuzfahrttourismus. Ein Landgang in Palma zählt zu den Highlights einer Mittelmeerkreuzfahrt. 2015 legten dort 568 Kreuzfahrtschiffe mit rund 1,6 Millionen Passagieren an. Einige Riesenkreuzer gehören zu den größten der Welt. In der Hochsaison liegen an manchen Tagen bis zu sieben Kreuzfahrtschiffe gleichzeitig vor Anker.

Straßenverkehr: Autobahnen führen von Palma nach Peguera im Westen (Ma-1), Alcúdia im Nordosten (Ma-13), Llucmajor im Südosten (Ma-19). Anspruchsvolle Traumstrecken sind die Panoramastraßen zum Küstenort Sa Calobra im Nordwesten und zum Cap de Formentor im Norden.

Klima

Temperaturen

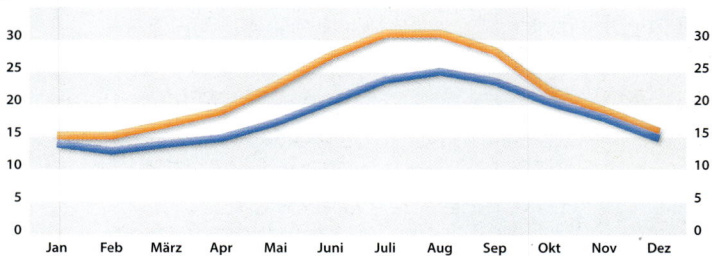

■ Mittlere Tagestemperatur (mittags) in °C
■ Mittlere Wassertemperatur in °C

Sonnenstunden und Regentage

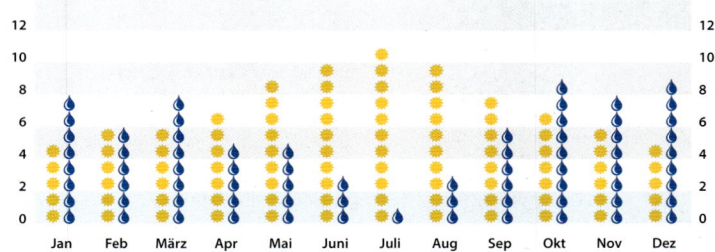

● Durchschnittliche tägliche Sonnenstunden
● Durchschnittliche Regentage pro Monat

Historischer Überblick

Spuren von Mallorcas bewegter Geschichte findet man noch heute überall – von Ruinen prähistorischer Bauten bis zu eindrucksvollen Dokumenten arabischer Gartenkunst. Die katalanische Kultur auf Mallorca blühte nach dem Ende der Diktatur (1975) wieder auf.

Um 3500 v. Chr. Erste prähistorische Spuren von Menschen

3000 v. Chr.

2000 v. Chr.

1300 v. Chr. Talayot-Kultur: prähistorische Siedlungen wie Capocorb Vell

Um 1000 v. Chr. Einfluss von Phöniziern und Griechen (ab etwa 800 v. Chr.) ist von kurzer Dauer. Auch Karthager (654 v. Chr.) bleiben nicht lange

1000 v. Chr.

123 v. Chr. Beginn (Konsul Quintus Metellus, »Balearico«) der fünf Jahrhunderte langen Römerherrschaft: Unter der Pax Romana werden Straßen gebaut, Weinberge angelegt, Wohlstand gemehrt. Namensgebung der Inseln: Balearis Major (-> Mallorca), Balearis Minor (-> Menorca), Ebusus (-> Ibiza). Gründungen von Palmaria Palmensis (-> Palma), Pollentia (heute in Alcúdia)

0

426 Überfall durch Vandalen, **533** Besetzung durch Byzantiner, **8. Jh.** Angriffe von Arabern, **859** Überfall durch Wikinger

902 Die Mauren aus dem Emirat Córdoba beherrschen die Balearen drei Jahrhunderte lang: neue Bewässerungssysteme, Terrassierung der Felder, Anbau von Reis, Baumwolle, Orangen und Oliven. Arabische Bäder in Palma

1000

1100

Alte Weinfässer bei José L. Ferrer

1229 Mit der Eroberung der Inseln durch den katalanischen König Jaume I (»El Conqueridor«) beginnt das Jahrhundert der katalanischen Herren (Jaume I, dann Alfonso III, Jaume II, Sancho, Jaume III): Aufschwung und Blüte der Balearen

1200

1230 Carta de Població: Steuerfreiheit, Gleichheit aller Bürger, Rechte für Juden. Grundsteinlegung der Kathedrale Sa Seu in Palma

1291 Unter Jaume II erleben die Inseln ihr Goldenes Zeitalter: Bau des Castell de Bellver, Palau de l'Almudaina, Wochenmarkt in Palma, Einführung von Gold- und Silbermünzen

1300

1349 Angriff der Aragoniers Pedro IV und Eroberung Mallorcas in nur einer Woche. (Bis zur Autonomie von 1983 wird die Insel nun vom Festland aus regiert.) Niedergang von Wirtschaft und Kultur auf der Insel

1400

1492 Entdeckung Amerikas durch Kolumbus. Dadurch geraten die Balearen in eine wirtschaftliche Randlage

1500

1521 Handwerker- und Bauernrevolte gegen die aragonische Herrschaft

Castell de Bellver, Palma

16./17. Jh. Zahlreiche Piratenüberfälle auf Mallorca

1600

1652 Weiterer Niedergang und Ausbruch der Pest

1708–1802 Engländer und Franzosen streiten um die Nachbarinsel Menorca, die mehrfach die Herrschaft wechselt (1708 Engländer, 1756 Franzosen, 1763 Engländer)

1700

1713 Geburt von Junípero Serra *(siehe S. 126)*

1800

1802 Beginn der spanischen Herrschaft auf den Balearen (bis heute)

1820

1833 Inbetriebnahme der Fährlinie Palma–Barcelona

1838 Besuch von Frédéric Chopin und George Sand in Valldemossa auf Mallorca

1840

George Sand (1804–1876)

Frédéric Chopin (1810–1849)

19. Jh. Wirtschaftlicher Aufschwung und kulturelle Blütezeit der Insel; Beginn des Mandelanbaus, ertragreicher Wein- und Obstanbau; viele *Modernisme*-Gebäude in Palma, u. a. von Antoni Gaudí

1860

1867 Besuch des österreichischen Erzherzogs Ludwig Salvator auf Mallorca

1875 Eröffnung der ersten Eisenbahn auf Mallorca (von Palma nach Inca)

1880

1900

1920

Seit 1912 fahren Züge von Palma nach Sóller

1936–1939 Spanischer Bürgerkrieg: Mallorca steht auf der Seite der Faschisten, Menorca und Ibiza unterstützen die Republikaner

1939–1975 Franco-Diktatur: Unter General Franco werden katalanische Sprache und Kultur unterdrückt

1940

1950er Jahre Erweiterung des Hafens von Palma (1961 Eröffnung des Westhafens)

1960

1960 Eröffnung des Flughafens Palma (2015: über 23 Millionen Passagiere)

1962 Zahl der Urlaubsgäste übersteigt erstmals die Millionengrenze

1975 Nach Francos Tod wird Spanien parlamentarische Demokratie

1980

1983 Comunitat Autònoma Illes Balears (Autonome Region). Wiederbelebung des Katalanischen (Mallorquín)

Flagge von Mallorca

2000

2002 Einführung einer Ökosteuer für alle Besucher (2003–2015 ausgesetzt)

2015 Das Pro-Kopf-Einkommen auf Mallorca gehört zu den höchsten in Spanien

2016 König Felipe VI. und Königin Letizia (mit Leonor und Sofía) machen gern Ferien auf Mallorca

2020

König Felipe VI und Königin Letizia (mit Leonor und Sofía)

Praktische Hinweise

Mallorca gehört zu den beliebtesten Urlaubszielen in Europa und ist das ganze Jahr über eine Reise wert. Natur & Kultur, Genuss & Wellness, Sport & Shopping, Fun & Nightlife: Das touristische Angebot ist schier grenzenlos. Viele Airlines fliegen den Flughafen von Palma täglich an. Die Infrastruktur ist bestens ausgebaut, das Angebot an Mietwagen groß.

Ob an der Küste oder im Inselinneren: Die Straßen sind in sehr gutem Zustand, mit Bussen erreicht man auch abgelegene Orte, mit einem Mietwagen ist man natürlich flexibler. In vielen Orten gibt es ein Tourismusbüro, schon am Flughafen kann man sich mit Informationen eindecken. Die medizinische Versorgung ist gut, WLAN vielerorts verfügbar.

Mandelblüte zum Winterausklang

Einreise und Zoll

Für Bürger aus EU-Staaten und der Schweiz gibt es bei der Ein- und Ausreise keinerlei Grenzkontrollen. Sie benötigen für Ihren Aufenthalt auf Mallorca dennoch einen gültigen Personalausweis oder Reisepass, um sich jederzeit ausweisen zu können. Auch Kinder jeden Alters benötigen einen eigenen Ausweis.

EU-Bürger dürfen alle Waren für den persönlichen Gebrauch zollfrei ein- oder ausführen. Mengenbegrenzungen gelten für Alkohol und Tabak.

Information

In allen größeren Orten der Insel gibt es ein Tourismusbüro (*Informació turística*). Hier bekommt man gratis Karten und Broschüren sowie Infos über kulturelle Veranstaltungen.

Die meisten Orte verfügen über eine eigene Website. Zudem lohnt sich schon vor der Reise ein Blick in touristische Internet-Portale (*siehe Kasten*).

Sprache

Seit 1983 ist Katalanisch (*català*) neben Spanisch (Kastilisch) gleichberechtigte Amtssprache auf den Balearen. Der katalanische Dialekt Mallorquinisch (*mallorquí*) dient als Verkehrssprache.

Auf Hinweisschildern sind katalanische Begriffe üblich (z. B. *platja* = Strand, *port* = Hafen oder *coves* = Höhlen anstelle der spanischen Begriffe *playa*, *puerto* bzw. *cuevas*).

In Feriengebieten wird oft Deutsch und Englisch verstanden und gesprochen, Schilder und Speisekarten sind meist mehrsprachig. Selbst in abgelegenen Orten sprechen viele Einheimische eine Fremdsprache.

Auf den Seiten 189–191 dieses Buchs finden Sie einen Sprachführer Katalanisch mit wichtigen Wörtern und Redewendungen.

Mit Kindern reisen

Kinder sind auf Mallorca überall herzlich willkommen. Die meisten Hotels bieten Kinderbetten, Babysitting und spezielle Animation für Kinder unterschiedlichen Alters. Erkundigen Sie sich vor der Buchung nach den Gegebenheiten der Unterkunft.

Hotelrestaurants und Lokale in Städten kommen ihren kleinen Gästen ebenfalls entgegen. Sie haben Kinderstühle und extra Kindermenüs bzw. Kinderkarten.

Reisende mit besonderen Bedürfnissen

Seit einigen Jahren müssen auf Mallorca neu errichtete öffentliche Gebäude (auch Hotels) barrierefrei sein und u. a. über Lift und behindertengerechte Toiletten verfügen. Ältere Gebäude werden allmählich umgerüstet. Auch in Restaurants hat sich die Situation mittlerweile verbessert (*siehe S. 151*). Einige Internet-Portale – u. a.

Hinweis für Behinderte

Fundación HandicapNet – stellen behindertengerechte Hotels und Fincas vor. Reisen für Menschen mit Behinderungen organisiert **quertour**, zu den Reisezielen gehören Cala Rajada und Can Picafort.

Öffentliche Verkehrsmittel sind für Rollstuhlfahrer oft ungeeignet, sodass es schwierig wird, auf der Insel umherzufahren. Das städtische Verkehrsunternehmen EMT auf Mallorca hat seine Busse jeweils an der mittleren Tür mit einer Einstiegsrampe für Rollstühle ausgestattet.

Studenten
Mallorca ist für junge Leute das ideale Reiseziel. Gutes Wetter, tolle Strände und Clubs ziehen viele Tausende aus ganz Europa an. Besitzer des Internationalen Studentenausweises (ISIC; www.isic.de) erhalten Ermäßigungen auf Fähren, in Museen und anderen Attraktionen.

Öffnungszeiten
Viele Museen und historische Monumente sind dienstags bis sonntags geöffnet. In der Regel schließen sie ab Mittag für einige Stunden und bleiben sonntagnachmittags zu. Anders ist die Situation in Palma. Dort sind einige kulturelle Attraktionen auch montags zugänglich und verzichten auf die Siesta. Dies gilt auch für einige der bedeutendsten Sehenswürdigkeiten im Inselinneren, u. a. Sa Granja *(siehe S. 96f)* und Els Calderers *(siehe S. 138)*.

Bunte Wolle in der Museumswerkstatt, Sa Granja

Die Öffnungszeiten von Läden, Supermärkten und Kaufhäusern sind weitgehend liberalisiert *(siehe S. 152)*. Große Shopping-Center und viele Supermärkte haben durchgehend bis 22 Uhr geöffnet. Außerhalb touristischer Areale ist sonntags Ruhetag.

Vergnügungsparks *(siehe S. 166f)* sind sieben Tage die Woche durchgehend geöffnet, einige jedoch nur von Frühling bis Herbst. Die Türen der Clubs sind von spätabends bis frühmorgens offen. Viele Fremdenverkehrsämter auf Mallorca haben im Winter zu oder sind dann kürzer geöffnet.

Religion
Die meisten Mallorquiner sind römisch-katholisch. Überall auf der Insel begeht man die kirchlichen Feiertage mit Festen.

Dann sind viele Läden geschlossen, die öffentlichen Verkehrsmittel fahren seltener.

Die Öffnungszeiten der Kirchen sind nicht einheitlich geregelt. Für die Besichtigung der Kathedrale in Palma *(siehe S. 72f)* wird Eintritt erhoben, andere Gotteshäuser erwarten eine Spende. Eine Selbstverständlichkeit beim Kirchenbesuch sollte angemessene Kleidung sein.

Öffentliche Toiletten
Öffentliche Toiletten sind dünn gesät. Bars und Restaurants erlauben meist auch Nicht-Gästen, ihr WC zu benutzen, man sollte jedoch vorher nachfragen. Toiletten heißen *servicios* oder *aseos*. Herrentoiletten sind mit *señores* oder *caballeros* beschriftet, Damentoiletten mit *señoras* oder *damas*.

Internationaler Studentenausweis

Auf einen Blick

Botschaften in Spanien

Deutschland
Calle Fortuny 8, 28010 Madrid.
📞 +34 91 557 90 00.
🌐 madrid.diplo.de

Österreich
Paseo de la Castellana 91, 28046 Madrid.
📞 +34 91 556 53 15.
🌐 bmeia.gv.at/botschaft/madrid.html

Schweiz
Calle de Núñez de Balboa 35A, 28001 Madrid.
📞 +34 91 436 39 60.

🌐 eda.admin.ch/madrid

Konsulate auf Mallorca

Deutschland
Carrer Porto Pi 8, 07015 Palma.
📞 +34 971 707 737.
🌐 palma.diplo.de

Österreich
Avinguda Jaume III 29, 07012 Palma.
📞 +34 971 425 146.

Schweiz
Carrer Antonia Martínez Fiol 6, 07010 Palma.
📞 +34 971 768 836.

Information

Aeroport de Son Sant Joan, Palma.
📞 971 789 566.
Hafen (Estació Marítima), Palma.
📞 971 707 400.
Plaça d'Espanya, Palma.
📞 902 102 365.
Plaça de la Reina 2, Palma.
📞 971 173 990.
🌐 infomallorca.net
🌐 mallorca.de
🌐 mallorca-explorer.de
🌐 masmallorca.de
🌐 palmademallorca.es
🌐 spain.info

Reisende mit besonderen Bedürfnissen

Bundesverband Selbsthilfe Körperbehinderter
🌐 bsk-ev.org

COCEMFE
Carrer Luis Cabrera 63, 28029 Madrid.
📞 917 443 600.
🌐 cocemfe.es

Fundación HandicapNet
🌐 handicapnet.com

quertour
🌐 quertour.de

Sicherheit und Gesundheit

Mallorca ist eine sichere Urlaubsinsel, die Kriminalitätsrate ist niedriger als in anderen Regionen Europas. Dennoch sollte man auch hier die üblichen Sicherheitsvorkehrungen treffen. Vor allem an stark frequentierten Orten wie Stadtzentren, Bahnhöfen, Fährhäfen, Strandpromenaden und touristischen Attraktionen ist Vorsicht angebracht. Lassen Sie vor allem auf unbewachten Parkplätzen keine Wertsachen im Auto. Die medizinische Versorgung ist gut, in jedem Ort gibt es mindestens eine Apotheke. Bei Notfällen wendet man sich an ein Krankenhaus.

Lifeguard am Strand von Sant Elm

Polizei

Die Inselpolizei ist Besuchern gegenüber freundlich und steht immer mit Rat und Tat bereit. Gesetzesübertretungen von Urlaubern werden aber streng bestraft. Sie sollten nicht versuchen, mit Polizisten zu diskutieren.

Wie in ganz Spanien gibt es auch auf Mallorca drei Arten von Polizei: die *Policía Nacional* (Staatspolizei), die *Policía Municipal*, auch als *Policía Local* (Ortspolizei) bekannt, und die *Guardia Civil* (Landpolizei). Für die meisten Belange von Urlaubern ist die *Policía Municipal* zuständig, deren Beamte in kleinen Städten und Ferienorten patrouillieren. Die *Policía Nacional* hat braune Uniformen und beschäftigt sich mit gravierenden Vorfällen und mit allen Fällen, die Ausländer betreffen. Außerdem bewacht sie wichtige Gebäude in Städten wie Palma. Die *Guardia Civil* trägt grüne Uniformen und patrouilliert in ländlichen Gegenden. Man sieht sie z. B. an den Straßen, wenn man durchs Innere der Insel fährt.

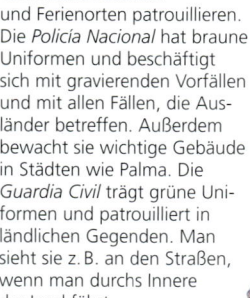

Infotafel am Strand von Cala Millor

Persönliche Sicherheit

Es empfiehlt sich, vor Reiseantritt eine Reiseversicherung abzuschließen, um finanzielle Schäden – etwa durch Diebstahl oder Verlust von Wertsachen – zu vermeiden. Natürlich sollten Sie auch im Urlaub die übliche Vorsicht walten lassen und auf Ihre Sachen achten. Falls Sie mehrere Kredit- und Debitkarten haben, bewahren Sie diese getrennt voneinander auf, die Telefonnummern zur Sperrung der Karten *(siehe S. 178)* verwahren Sie ebenfalls anderswo.

Achten Sie jederzeit – ob beim Shoppen, beim Flanieren oder am Strand – auf Ihre Handtasche, legen Sie Ihre Brieftasche nie auf den Tisch in einem Café. Wenn Sie einen Verlust oder Diebstahl bemerken, melden Sie ihn sofort der Polizei. Sie erhalten eine schriftliche Anzeige *(denuncia)*, die Sie Ihrer Versicherung vorlegen müssen. Vermissen Sie Pass oder Ausweis, sollten Sie Ihr Konsulat oder die Botschaft *(siehe S. 175)* informieren.

Am Strand

An den meisten Stränden sind im Sommer Rettungsschwimmer im Einsatz. An den kleineren Stränden ist dies zwar nicht der Fall, aber normalerweise kann man sicher baden, da die Strände meist in kleinen Buchten mit ruhigem Wasser liegen. Vielerorts gibt es durch Bojen markierte Schwimmbereiche, die man aber durchaus auch verlassen darf. Tafeln informieren über die Einrichtungen am Strand wie Duschen, Erste-Hilfe-Station, Toiletten oder Rampen für Rollstühle *(siehe Abbildung links)*.

Neben Sand- und Kiesstränden gibt es an der Küste von Mallorca auch einige felsige Strandabschnitte. Wenn Sie dort schwimmen, ist Vorsicht vor Felsen im Wasser angebracht – insbesondere beim Schnorcheln. Strandschuhe aus Gummi schützen auch im Wasser vor Verletzungen.

Unterschätzen Sie nie die Sonnenbrandgefahr. Mittags und nachmittags sollte man sich nicht lange in der Sonne aufhalten. Vor allem Kinder können schon nach kurzer Zeit Sonnenbrand bekommen. Benutzen Sie Sonnencreme mit hohem Lichtschutzfaktor und einen Sonnenschirm. Gegen Gebühr kann man an vielen Stränden Liegestühle und Schirme ausleihen *(siehe Tabellen auf S. 15 und 17)*. Trinken Sie viel Wasser, um einer Dehydrierung vorzubeugen.

Wagen der Ortspolizei, der *Policía Local* bzw. *Policía Municipal*

Medizinische Versorgung

Bürger der EU und der Schweiz haben in Spanien Anspruch auf kostenlose Behandlung in staatlichen Krankenhäusern, von denen es auf Mallorca vier gibt *(siehe Kasten)*. Sie müssen dann lediglich die Europäische Krankenversicherungskarte (European Health Insurance Card, EHIC) vorlegen.

Allerdings ist in Spanien nicht jede medizinische Versorgung kostenfrei. Zahnbehandlungen etwa muss man selbst bezahlen. Hier lohnt sich der Abschluss einer Privatversicherung. Dies ist auch für den Fall eines Krankenrücktransports sinnvoll.

Bei schwerer Krankheit oder nach einem Unfall suchen Sie ein Krankenhaus *(hospital)* auf. Nachts ist die Notfallambulanz *(urgencia)* zuständig.

Adressen und Öffnungszeiten aller Krankenhäuser und Gesundheitszentren *(centros de salut)* mit Arztpraxen sind auf der Website der Gesundheitsbehörde der Balearen zu finden (www.ibsalut.es). Außerdem gibt es auf Mallorca eine Reihe von Privatkliniken *(clínicas)*.

Apotheken

Bei kleineren Beschwerden wenden Sie sich an eine Apotheke. Man erkennt sie an einem grünen oder roten Kreuz und an der Aufschrift *farmàcia*, manchmal auch *apotecaria*. Die Adressen der Apotheken mit Nacht- oder

Privatklinik in Port d'Andratx

Wochenenddienst sind an jeder Apotheke vermerkt. In Städten sprechen die Apotheker meist Deutsch oder Englisch. Auf Mallorca werden viele anderswo verschreibungspflichtige Medikamente über den Ladentisch verkauft.

Brandgefahr

Auf Mallorca herrscht Mittelmeerklima mit milden Wintern und heißen Sommern. Die Sommerhitze verursacht oftmals Dürren, da Niederschläge über viele Wochen ausbleiben können *(siehe Klimadiagramme S. 171)*. Dies schafft Bedingungen, in denen sich Brände extrem schnell ausbreiten können. Außerdem erschweren trockenes Waldland und unwegsames Gelände (vor allem im Bergland) die Feuerbekämpfung. Häufig kommen deshalb Löschflugzeuge und -hubschrauber zum Einsatz, die große Wassermengen abwerfen. Lassen Sie bei Fahrten über die Insel und beim Benut-

zen von Picknickplätzen immer besondere Vorsicht walten, um Brände zu vermeiden. Überprüfen Sie, ehe Sie wieder aufbrechen, ob irgendwo noch glimmende Reste von Lagerfeuern oder auch Glasflaschen herumliegen (Lichtbrechung durch Glas kann leicht Feuer verursachen!). Dass Sie Zigaretten immer sorgfältigst ausdrücken sollten, versteht sich von selbst.

Für den Ernstfall: Die Feuerwehr, hier *bomberos* genannt, hat eine einprägsame Notrufnummer *(siehe unten)*.

Auf einen Blick

Notrufnummern

Euro-Notruf (Polizei, Feuerwehr, Notarzt)
📞 112.

Staatliche Krankenhäuser

Hospital Comarcal d'Inca
Carretera Vella de Llubí s/n, Inca. 📞 971 888 500.
🌐 ibsalut.es/hcin

Hospital de Manacor
Carretera Manacor–Alcúdia s/n, Manacor.
📞 971 847 000.
🌐 fundacion.hospital manacor.org

Hospital Son Llàtzer
Carretera de Manacor, km 4, Palma. 📞 871 202 000.
🌐 hsll.es

Hospital Universitari Son Espases
Carretera Valldemossa 79, Palma. 📞 871 205 000.
🌐 hospitalsonespases.es

Löschflugzeug im Einsatz

Banken und Währung

Die Währung auf den Balearen-Inseln wie in ganz Spanien ist der Euro (€), für Besucher aus Ländern der Eurozone entfällt damit jeder Geldwechsel. Der Zahlungsverkehr mit Kredit- und Debitkarten ist auch auf Mallorca weitverbreitet. Man kann damit in den meisten Hotels, Restaurants, Shopping-Centern und größeren Läden bezahlen.

Logos der Banken Banca Marcha, Sa Nostra und la Caixa

Kreditkarten sind auf
Mallorca weitverbreitet

Banken und Geldautomaten

Banken sind in der Regel montags bis freitags von 8 bis 14 Uhr geöffnet, einige haben längere Öffnungszeiten bzw. – im Rotationssystem mit anderen Banken – auch nachmittags Schalterstunden. Die Zeiten können von Ort zu Ort etwas variieren. Nach der Einführung des Euro schlossen die meisten Wechselstuben. Bürger aus Staaten, die nicht Mitglied der Eurozone sind, wenden sich zum Geldwechsel an den Devisenschalter *(cambio)* der Bank. Man benötigt dafür einen Ausweis und muss eine Gebühr bezahlen.

Alle Banken verfügen über Geldautomaten, an denen man – unabhängig von den Öffnungszeiten der jeweiligen Filiale – Geld abheben kann. Ist dies nicht der Fall, geht man an einen der Schalter. Geldautomaten findet man auch in den Zentren größerer Städte, in kleineren Orten ist dies nicht unbedingt der Fall. Die Automaten akzeptieren alle gängigen Kredit- und Debitkarten. Die dafür anfallenden Gebühren variieren zwischen den einzelnen Banken zum Teil erheblich.

Die spanische **Banca March** hat ihren Firmensitz in Palma.

Geldautomaten sind an dem
Schriftzug Telebanco erkennbar

Kredit- und Debitkarten

Die gängigsten Kreditkarten sind **Visa** und **MasterCard**, auch **American Express** und **Diners Club** werden immer häufiger akzeptiert.

Auch Debitkarten eignen sich zum Bezahlen. Am bekanntesten ist die **girocard** (früher EC- bzw. Maestro-Karte). Sie gibt es in zwei Ausführungen – mit Maestro- oder VPay-Logo. Beide funktionieren gleichermaßen.

Beim Verlust Ihrer Kredit- oder Debitkarte(n) sollten Sie diese unverzüglich sperren lassen. Die entsprechenden Telefonnummern finden Sie im Kasten rechts.

Reiseschecks sind praktisch nicht mehr in Gebrauch.

SEPA-Überweisung

In manchen Fällen macht es auch Sinn, eine Überweisung nach den neuen SEPA-Regeln in Betracht zu ziehen, etwa bei der Reservierung eines Hotels oder einer Ferienwohnung. Bei dieser Art der Bezahlung können Sie Beträge in beliebiger Höhe innerhalb der Europäischen Union überweisen. Für eine SEPA-Überweisung benötigen Sie die IBAN (International Bank Account Number) und die BIC (Bankleitzahl) des Empfängers.

Auf einen Blick

Banken

Banca March
Carrer Sant Miquel, Palma.
971 724 805.

Plaça Constitució, Alcúdia.
971 546 162.

Carrer Joan Carles I, Andratx.
971 235 740.

Carrer Major 8, Inca.
971 500 450.

Carrer Major 21, Manacor.
981 552 200.

Carrer Jeroni Estades 4, Sóller.
971 630 150.
bancamarch.es

Kartenverlust

Allg. Notrufnummer
+49 116 116.
116116.eu

American Express
+49 69 9797 2000.

Diners Club
+49 69 900 150 14.

MasterCard
900 971 231.

Visa
900 991 124.

girocard
+49 69 740 987.

Filiale der Banca March in Palma

Kommunikation

Das Mobilfunknetz funktioniert auf den Balearen nahezu flächendeckend. Öffentliche Telefonzellen der Telekommunikationsgesellschaft Telefónica, die in Spanien als Movistar firmiert, sind leicht zu finden, im Zeitalter des Mobilfunks aber rückgängig. Die Post *(correos)* erkennt man an der Krone auf gelbem Hintergrund. In den größeren Städten findet man Internet-Cafés. Die wichtigsten deutschsprachigen Zeitungen und Zeitschriften erhält man in der Regel mit etwas Zeitverzögerung.

Pablo und Lucía telefonieren wie alle Jugendlichen mobil

Telefonieren

Mobiltelefone sind auch auf Mallorca aus dem Alltag nicht mehr wegzudenken. Man findet aber immer noch öffentliche Telefone. Münzfernsprecher gehören weitgehend der Vergangenheit an. An vielen öffentlichen Telefonen kann man mit Kreditkarte, an fast allen mit einer Telefonkarte bezahlen. Diese werden in Postämtern, Kiosken und Tabakläden verkauft. Ein Gespräch von einem öffentlichen Telefon kostet deutlich mehr als von einem Privatanschluss, ist aber immer noch wesentlich günstiger als vom Hotelzimmer.

Beim Wählen müssen Sie in Spanien immer die ganze **neunstellige Nummer** eingeben, auch bei Ortsgesprächen. Die Vorwahl der Balearen ist die 971. Für Anrufe aus dem Ausland wählen Sie die spanische Landesvorwahl 0034, dann die Anschlussnummer samt der Vorwahl 971.

Logo von Movistar, der Mobilfunkmarke von Telefónica

Auch wenn Sie ein spanisches Handy anwählen, müssen Sie die Landesvorwahl voranstellen. Für Gespräche nach Deutschland wählen Sie 0049, nach Österreich 0043, in die Schweiz 0041, danach die Ortsvorwahl (ohne 0) und die Teilnehmernummer. Die Nummer von **Deutschland Direkt** lautet: 900 99 0049.

Mobiltelefone

Alle in Europa gängigen Handys und Smartphones funktionieren auf den Balearen-Inseln problemlos. Die EU begrenzt seit 2007 die Roaming-Gebühren in ihren Mitgliedsstaaten. Ab Mitte 2017 entfallen diese Gebühren für die zeitweilige Nutzung von Mobiltelefonen im EU-Ausland, es gelten dann die jeweils nationalen Tarife.

Internet

Vor allem in Palma und in touristischen Gebieten finden sich Internet-Cafés. Einige Hotels und Resorts bieten ihren Gästen kostenloses WLAN. Es gibt zudem immer mehr öffentliche WLAN-Hotspots, erkennbar an gelben Schildern mit der Aufschrift »WiFi« (Hotspot-Liste auf: www.islawifi.com).

Post

In Palma sind die meisten Postämter werktags bis abends geöffnet, u. a. auch das **Hauptpostamt** (*siehe Kasten*; Mo–Fr 8.30–20.30, Sa 9.30–13 Uhr). Auf dem Land sind die Öffnungszeiten deutlich kürzer (oft Mo–Fr 8.30–14.30, Sa 9.30–13 Uhr). Briefmarken erhalten Sie in Postämtern, Kiosken oder Hotels (Porto für Briefe/Karten nach Deutschland: 1,15 €). Sendungen wirft man in einen der gelben Briefkästen. Eine Alternative zur Post sind Kurierdienste wie **DHL**.

Medien

Viele Pubs und Cafés auf Mallorca haben Fernseher mit Satellitenempfang, damit die Gäste Sportveranstaltungen verfolgen können. Auch im Hotel können Sie unter zahlreichen Programmen wählen.

Auf Mallorca erscheinen einige deutschsprachige Zeitungen und Magazine, u. a. die *Mallorca Zeitung* und *abcMallorca* (*siehe S. 156*). In vielen Orten verkaufen Kioske und Hotels deutsche und internationale Zeitungen (oft mit einer kleinen Verspätung).

Logo der spanischen Post *(correos)*

Auf einen Blick

Postämter

Carrer Constitució 6, Palma.
☎ 971 228 610.

Avinguda Pollentia 62, Alcúdia.
☎ 971 545 440.
🌐 correos.es

Kurier

DHL
Aeroport de Son Sant Joan, Palma.
☎ 902 122 424.

Carrer d'es Teixidors, Marratxi.
☎ 902 123 030.
🌐 dhl.es

Reiseinformationen

Die meisten Besucher reisen mit dem Flugzeug an – das ist nicht nur die schnellste, sondern auch die bequemste und preiswerteste Art, nach Mallorca zu kommen. Auf dem internationalen Flughafen der Insel landen in der Regel Chartermaschinen, es gibt aber auch Linienflüge. Zumeist handelt es sich um Direktflüge ohne Zwischenlandung auf dem spanischen Festland. Palmas Flughafen Son Sant Joan ist in der Hauptsaison einer der verkehrsreichsten Europas. Auch über das Meer – von der spanischen Küste – gelangt man nach Mallorca. Die meisten Urlauber aus Mitteleuropa nehmen für die Anreise die (Auto-) Fähre von Barcelona aus. Palma ist Highlight jeder Kreuzfahrt auf dem Mittelmeer.

Palmas Flughafen Son Sant Joan

Wer in seinem Urlaub auch andere Balearen-Inseln kennenlernen möchte, hat reichlich Gelegenheit. Iberia bietet regelmäßig Flüge zwischen den Inseln. Von Mallorca nach Menorca ist man nur 30 Minuten in der Luft – ein Grund, warum diese Form des Inselhüpfens recht beliebt ist.

Ein Flug von einer Insel auf die andere spart – im Vergleich zu Fährverbindungen – Zeit und gibt Ihnen auch die Möglichkeit, den Archipel aus der Vogelperspektive zu sehen.

Flugreisen

Von zahlreichen Flughäfen in Deutschland, Österreich und der Schweiz bestehen Direktverbindungen mit Mallorcas Aeroport de Son Sant Joan in der Nähe von Palma *(siehe unten)*. Viele Fluggesellschaften aus Spanien, Deutschland und anderen Ländern bieten Flüge auf die Sonneninsel nicht nur in der Hochsaison (dann von vielen Airports sogar mehrmals täglich), sondern zu allen Jahreszeiten. Den überwiegenden Teil wickeln Low-Cost-Airlines wie **airberlin**, **Eurowings** und **Vueling** ab, Linienfluggesellschaften wie **Iberia** und **Lufthansa** spielen demgegenüber eine untergeordnete Rolle.

Am bequemsten ist die Abwicklung per Internet. Alle Fluglinien haben Websites, über die Sie direkt einen Flug buchen können. Wegen des großen Angebots an Flügen ist man bei der Buchung in Bezug auf Abflugort und -zeit sowie gegebenenfalls auf die Wahl der Airline überaus flexibel.

Für den Fall, dass Sie nicht individuell reisen möchten: Zahlreiche europäische Reiseveranstalter haben als Urlaubsziel das Inselparadies Mallorca im Programm – fragen Sie in Ihrem Reisebüro nach Pauschalangeboten, die Flug und Unterkunft umfassen. Bei dieser in der Regel vergleichsweise günstigen Lösung wird einem die durchaus zeitaufwendige Suche nach einem Hotel abgenommen, was viele Strandurlauber schätzen. Allerdings sollte man sich vorher über Lage und Ausstattung der Unterkunft informieren.

Die Flugzeit nach Mallorca bei Anreise aus Deutschland, Österreich und der Schweiz dauert bei einem Direktflug zwischen zwei und zweieinhalb Stunden. Da man so schnell auf die Ferieninsel gelangt, ist Mallorca nicht nur für den Jahresurlaub beliebt, sondern auch für Kurzaufenthalte zwischendurch. Viele Besucher reisen außerdem nur für ein verlängertes Wochenende dorthin.

Flughafen

Palmas Flughafen (Aeroport de Son Sant Joan; PMI) ist der einzige Flughafen der Insel und das Eingangstor für die meisten Mallorca-Urlauber. Er ist nach Madrid-Barajas (MAD) und Barcelona-El Prat (BCN) Spaniens drittgrößter Airport. 2015 wurden hier mehr als 23 Millionen Passagiere abgefertigt. Zu Spitzenzeiten in der sommerlichen Hochsaison landen die Maschinen scheinbar im Minutentakt.

Der Flughafen befindet sich etwa acht Kilometer östlich von Palmas Stadtzentrum. Über die Autobahn ist man mit Mietwagen, Taxi oder Linienbus (Linie 1) recht schnell in der Stadt. Die Fahrt führt entlang der Strandpromenade. Am Flughafen gibt es zahlreiche Läden, einen Duty-free-Shop, Mietwagenfirmen und Informationsschalter.

In den letzten Jahren hat man den Flughafen vergrößert, um dem Passagieraufkommen gerecht zu werden. Trotz der Größe findet man sich aber leicht zurecht. Die einzelnen Bereiche sind gut ausgeschil-

Blick über die Strandpromenade auf Kreuzfahrtschiffe im Hafen von Palma

dert – machen Sie sich allerdings auf längere Märsche gefasst, um von einem Sektor in den anderen zu kommen.

Beim Anflug hat man einen wunderbaren Blick auf Mallorca, teilweise auch auf die anderen Balearen-Inseln. Die tolle Aussicht ist ein wunderbarer Start in den Urlaub.

Fähren

Wenn Sie Ihr eigenes Auto oder Motorrad nach Mallorca mitnehmen wollen, müssen Sie mit einer Fähre anreisen. Bei dieser Variante ist ein deutlich längerer Anfahrtsweg einzuplanen. Bei Anreise aus Norddeutschland muss man auf jeden Fall eine Übernachtung einkalkulieren. Die zeitaufwendige Fahrt lohnt sich meist nur bei einem mehrwöchigen Aufenthalt auf Mallorca bzw. auf den Balearen-Inseln.

Wenn es das Zeitbudget jedoch zulässt, genießt man auf der Fähre natürlich eine – im Vergleich zum Flug – deutlich stimmungsvollere Anreise. Für die meisten Urlauber eignet sich Barcelona am besten zum Übersetzen nach Mallorca. Die Fahrt von Barcelona nach Palma dauert ungefähr 7:30 Stunden, nach Alcúdia rund 5:30 Stunden. Nur wer auch das spanische Festland weiter bereisen möchte, sollte für die Überfahrt südlich gelegenere Häfen wie etwa Valencia in Erwägung ziehen.

Zu den wichtigsten Fährgesellschaften, die Strecken zwischen dem spanischen Festland und Mallorca bedienen, gehören **Trasmediterránea** und **Baleària**.

Urlauber, die genügend Zeit mitbringen, können bei ihrem Aufenthalt auf Mallorca auch andere Balearen-Inseln besuchen. Der regelmäßig bestehende Fährverkehr zwischen den Inseln ist vielfältig: Sie haben die Wahl zwischen einem schnellen Katamaran und gemütlicheren Fähren. Die Fahrt mit der Fähre von Palma nach Maó auf Menorca im Nordosten dauert ungefähr 5:30 Stunden, nach Eivissa auf Ibiza im Südwesten rund vier Stunden. Auf fast allen Schiffen gibt es Bars für die Passagiere. Inselhüpfen auf dem Meer ist günstiger als die Flugvariante und zudem ein schönes Erlebnis.

Die Mallorca vorgelagerten Inseln Cabrera *(siehe S. 142f)* und Sa Dragonera *(siehe S. 93)* sind ausschließlich mit der Fähre zu erreichen.

Logo der Fährlinie Baleària

Auf einen Blick

Flughafen

Aeroport de Son Sant Joan
☎ 902 404 704.
🌐 aena.es

Fluglinien

airberlin
☎ 01806 334 334.
🌐 airberlin.com

Eurowings
☎ 01806 320 320.
🌐 eurowings.com

Iberia
☎ (069) 500 738 74 (D).
☎ 901 111 500 (E).
🌐 iberia.com

Lufthansa
☎ (069) 86 799 799 (D).
☎ 902 883 882 (E).
🌐 lufthansa.com

Vueling
☎ 01806 661 166 (D).
☎ 902 808 022 (E).
🌐 vueling.com

Fährlinien

Baleària
☎ 902 160 180.
🌐 balearia.com

Trasmediterránea
☎ 902 454 645.
🌐 trasmediterranea.es

Palma ist eines der beliebtesten Ziele von Kreuzfahrten im Mittelmeer. In der Hochsaison liegen im Hafen der Stadt bis zu sieben Kreuzfahrtschiffe gleichzeitig vor Anker.

Taxi an einem Taxistand im Zentrum von Palma

Auf Mallorca unterwegs

Ein Auto ist ideal, um auch abgeschiedenere Regionen der Insel zu bereisen. Das effiziente Netz an Überlandbussen ist auf Palma fokussiert. Zentraler Verkehrsknotenpunkt der Inselhauptstadt ist die Plaça d'Espanya mit Bahnhof und Busbahnhof. Mit Ausnahme der nostalgischen Bahnlinie zwischen Palma und Sóller sind Zugverbindungen für Urlauber kaum relevant. Die vorgelagerten Inseln erreicht man mit Fähren *(siehe S. 181)*. Für Stadtbesichtigungen in Palma eignen sich Hop-on-Hop-off-Doppeldeckerbusse, eine beschauliche Variante sind Pferdekutschen.

Serpentinenstraße nach Sa Calobra, Serra de Tramuntana

Auto fahren

Viele Individualreisende nehmen sich nach Ankunft am Flughafen von Palma einen Mietwagen *(siehe unten)*. Die Trauminsel Mallorca mit dem Auto zu erkunden, ist ein Erlebnis. Man genießt größtmögliche Flexibilität, erreicht auch abgelegene Orte und macht bei jeder Fahrt neue Entdeckungen. In diesem Reiseführer werden auf der Extrakarte zum Herausnehmen einige der eindrucksvollsten Autotouren ausführlich beschrieben.

Straßen und Straßenbeschilderung sind auf Mallorca im Allgemeinen gut – nur Standspuren sind eine Seltenheit. Anzuhalten, um die Landschaft zu bewundern, kann entsprechend gefährlich sein. Die Benutzung der Autobahnen ist gebührenfrei, nur für die Strecke zwischen Alfàbia und Sóller, die durch einen Tunnel unter der Serra de Tramuntana führt, muss man Maut zahlen.

In Stoßzeiten am Morgen und am späten Nachmittag sind in Palma und Umgebung sowie in Städten wie Inca oder Manacor Staus durchaus keine Seltenheit.

Fahren Sie vorsichtig, wenn Sie zu einem Strand oder einer Sehenswürdigkeit unterwegs sind, die etwas abseits liegen. Die Straßen sind mitunter eng, steil und kurvenreich, bei Gegenverkehr kann es Probleme geben. Einige Strände und

auch Attraktionen im Inselinneren sind nur über unbefestigte, holprige Straßen zu erreichen, die man am besten mit Vierradantrieb bewältigt. Trotz des insgesamt guten Straßenzustands sollte man Entfernungen und Bergstrecken nicht unterschätzen. Die **ADAC-Notrufnummer** lautet +49 89 222 222. Den spanischen ADAC-Partnerclub **Real Automóvil Club de España (RACE)** erreichen Sie unter der Nummer 900 100 992.

Autovermietung

Alle gängigen Mietwagenfirmen wie **Avis**, **Europcar**, **Hertz** und **Sixt** sowie kleinere einheimische Firmen betreiben an Palmas Flughafen Son Sant Joan einen Schalter. Vergleichen Sie die Angebote und Preise am besten schon vor der Reise. Auch sollte die Buchung eines Mietwagens – vor allem bei Reisen während der Hochsaison – möglichst frühzeitig erfolgen.

Zum Mieten eines Autos müssen Sie Ausweis, Führerschein und eine Kreditkarte vorlegen.

Wenn Sie auch abgelegenere Regionen bereisen wollen, ist das Anmieten eines Navigationsgeräts zu erwägen. Aktuelle Straßenkarten bekommt man an Tankstellen und an Kiosken.

Verkehrsregeln

Die Straßenverkehrsregeln auf Mallorca entsprechen europäischen Normen, aus Mitteleuropa unbekannte Verkehrszeichen sind selbsterklärend. Die Höchstgeschwindigkeiten

Pferdekutsche im Zentrum von Palma

In Palma kann man an vielen Stellen ein Fahrrad ausleihen

betragen innerorts 50 km/h, auf Landstraßen 90 km/h, auf Schnellstraßen 100 km/h und auf Autobahnen 120 km/h. Die Bußgelder für Geschwindigkeitsübertretungen sind hoch, ebenso die Strafen für Fahren unter Alkoholeinfluss (die Promillegrenze in Spanien liegt bei 0,5).

Tanken
Das Netz an Tankstellen ist dicht, einige sind jedoch sonntags geschlossen. An Tankstellen werden Sie in der Regel bedient. Es gibt nur wenige Selbstbedienungstankstellen, die rund um die Uhr offen haben. Bedenken Sie, dass Sie in bergigem Gelände mehr Sprit brauchen, tanken Sie unbedingt voll, bevor Sie sich auf eine Tour in die Berge begeben.

Stadtverkehr
Vermeiden Sie nach Möglichkeit, mit dem Auto ins Zentrum von Palma zu fahren. Die Straßen in der Altstadt sind häufig sehr eng, nur in eine Richtung zu befahren oder überhaupt für den Autoverkehr gesperrt. Die Tiefgarage am Parc de la Mar unterhalb der Kathedrale Sa Seu ist der ideale Platz, um das Auto abzustellen. Auch in großen Ferienorten herrscht vor allem in der Hochsaison viel Verkehr, was die Suche nach Parkplätzen mühsam macht.

In blau markierten Zonen ist zeitlich begrenztes Parken mit einem Ticket aus dem Auto-

Logo für Parkautomat

maten erlaubt. Eine gelbe Linie am Straßenrand bedeutet: Parken verboten.

Busse
Das mallorquinische Busnetz ist gut ausgebaut, jedoch stark auf Palma ausgerichtet. Von der Inselmetropole erreicht man fast jeden Ort mit einem der modern ausgestatteten Überlandbusse, Querverbindungen zwischen kleineren Orten existieren hingegen kaum. Infos zu Streckennetz, Fahrplänen und -preisen bietet die Website von **Transport de Illes Balears (TIB)**.

Von den Großstädten hat nur Palma ein eigenes städtisches Busnetz, das von der **Empresa Municipal de Transports de Palma (EMT)** organisiert wird.

Zum Sightseeing in Palma eignen sich die Hop-on-Hop-off-Doppeldeckerbusse (www.city-sightseeing.com/tours/spain/palma-de-mallorca.htm).

Züge
Die wenigen Bahnverbindungen werden vor allem von Pendlern genutzt und sind für Urlauber kaum von Interesse. Eine Ausnahme bildet der »Rote Blitz« genannte Nostalgiezug, der zwischen Palma und Sóller verkehrt. Vom eigenen Bahnhof an Palmas Plaça d'Espanya führt die rund einstündige Fahrt über mehrere Brücken und durch 13 Tunnel.

Von Sóller fährt eine Nostalgietram zum fünf Kilometer entfernten Hafenort Port de Sóller (*siehe S. 103*).

Taxis
In den meisten größeren Orten sind Taxis im Einsatz. In der Regel wird nach Taxameter abgerechnet, für längere Touren kann man den Fahrpreis aushandeln. Mit Taxis kann man sich auch vom Endpunkt einer Wandertour abholen lassen. Uhrzeit und Treffpunkt sollten bei der Vorbestellung ausgemacht werden.

Fahrräder
Mallorca ist ideal für einen Radurlaub. Das Bergland der Serra de Tramuntana bietet für Radsportler viele anspruchsvolle Strecken. Im flacheren Inselinneren kommt man gemütlicher vorwärts. Verleihstellen gibt es in vielen Orten. Neben Fahrrädern (von Trekking- über Rennräder bis zu Mountainbikes) kann man dort auch das benötigte Equipment wie Helm und Radtaschen mieten.

Eine von Radfahrern stark frequentierte Strecke ist die Strandpromenade von Palma.

Auf einen Blick

Mietwagen

Avis
W avis.com

Europcar
W europcar.com

Hertz
W hertz.com

Sixt
W sixt.com

Spain Car Rental
W rentspain.com

Busse

Empresa Municipal de Transports de Palma
W emtpalma.es

Transport de Illes Balears
W tib.org

Züge

Tren de Sóller
W trendesoller.com

Textregister

Seitenzahlen in **fetter** Schrift
verweisen auf Haupteinträge.

A
ADAC 182
Aeroport de Son Sant Joan
(Palma) 180f
Aktivurlaub **34–37**, 158–163
Angeln 158
Ballonfahren 116, 161
Canyoning 160
Golf **162f**
Helikopterflug 8
Kinder 167
Kitesurfen 158
Paragliding 160f
Radfahren 36f, 160
Reiten 161
Schnorcheln 159
Segeln 158
Stand Up Paddling 159
Strandleben 158f
Tauchen 62, 116, 159
Tennis 161
Wandern 36f, 160
Windsurfen 158
Alaró **100**, 153
Alcúdia **118f**, 131, 153, 157
Algaida 49, 135, 153
Andratx **92**, 94, 153
Anreise **180f**
Apotheken 177
Aqualand El Arenal 136
Aquarien 166f
Arabische Herrschaft 172
Aragonier 172
Architektur **22f**
Ariany 153
Artà 49, 54, **120**, 130, 153
Ärzte 177
Auto fahren 182f
Autovermietung 182
Nordwestküste **94f**
Parken 183
Serpentinenstraße nach Sa
Calobra 106
Tanken 183
Tunnel (Sóller) 102
Ayurveda 47, 165

B
Badia d'Alcúdia **118f**
Badia de Palma 37, 61, 80, **82f**,
157
Balearen 58f
Ballonfahren 116
Banken **178**
Banyalbufar 16, **92**, 95
Banys Àrabs (Palma) 64, 67, **68**,
172
Barceló, Miquel **21**, 72, 76f, 119,
138

Bars *siehe* Kneipen, Bars und
Clubs
Bayeu, Miguel 98
Beach-Clubs 157
Behinderte Reisende *siehe*
Reisende mit besonderen
Bedürfnissen
Bezahlen 151, 152
Biniaraix 36
Binissalem 49, 55, 126, **127**, 153,
157
Blancafort, Gabriel 72
Blanquer, Jaume 108
Bosch, Jordi 140
Botanicactus **141**
Botschaften 175
Brandgefahr 177
Búger 153
Bunyola 103, 153
Burgen und Befestigungsanlagen
Castell d'Alaró **100**
Castell de Bellver (Palma) **79**,
140, 172
Castell de Capdepera 120
Castell de Sant Carles (Palma)
79
Busse 183

C
Cabrera 29, 30, 121, **142f**, 159,
160
Caimari 153
CaixaForum (Palma) 66
Cala Bona 122
Cala Deià 16, 37, 58, 101
Cala Figuera 17, 134, **140**
Cala Major 61, **80**, 83
Cala Millor 15, **122**, 153
Cala Murada 144
Cala Rajada **120**, 130f, 153, 157
Cala Santanyí 17, 140
Cala Tuent 106
Calvià 92, 153
Campanet 106, 153
Campos 136, 145, 153
Can Pastilla 157
Can Picafort 36, **128**, 153
Canyamel 130
Cap de Formentor 37, 91, **110**,
111, 124f
Capdepera 111, **120**, 153, 157
Capocorb Vell **137**, 172
Cas Concos 145, 153
Castel *siehe* Burgen und
Befestigungsanlagen
Català *siehe* Katalanische Sprache
Chillada, Eduardo 76
Chiringuitos 150, 157
Chopin, Frédéric 21, 95, 98, **99**,
173
Festival Chopin 20, 53, **55**, 98,
156

Clubs *siehe* Kneipen, Bars und
Clubs
Colònia de Sant Jordi 142, 145,
153
Consell 153
Consolat de Mar (Palma) 77
Costitx 153
Coves *siehe* Höhlen
Cuina mallorquina 150f

D
Dalí, Salvador 76
Debitkarten 178
Deià (Künstlerdorf) 20f, 37, 90,
101, 112
Delacroix, Eugène 99
Delikatessen 153
Domènech i Montaner, Lluís 23
Drachenhöhle *siehe* Höhlen
Dracheninsel *siehe* Sa Dragonera

E
EHIC 177
Einreise 174
Einwohnerzahl 170
El Calvari 110
Els Calderers 138
Els Blauets 109
Embalse de Gorg Blau 106
Entertainment *siehe*
Unterhaltung
Es Firó **9**, 53, 54, 157
Es Jonquet (Palma) 78
Es Pla 37, 136
Escorca 106f
Esporles 95, 153
Essen und Trinken **38–43**
Bezahlen 151
Getränke **42f**
Mallorquinische Küche **40f**,
150
Restaurants 150f
Trinkgeld 151
Vegetarische Gerichte 151
siehe auch Märkte; Restaurants;
Tapas; Wein
Estellencs **92**, 94

F
Fähren **181**
Fahrräder 183
Feiertage 54f
Felanitx 49, 55, **138**, 144f, 153,
154
Fernsehen 179
Fernwanderweg GR-221 36, 160
Ferrer, Jaume 77
Festivals 156f
Fiestas **52–55**, 157
Film 21
Fincas 22
Fischerei 134

Flor de Sal 139, 145
  Salines d'Es Trenc 139
Flora und Fauna **30f**
Flughafen 180f
Fluglinien 180
Flugreisen 180
Formentera 58
Formentor, Halbinsel **110**, 124f
Fornalutx 36
Fremdenverkehrsämter 175
Frühling auf Mallorca 54

G
Galilea 92
Gaudí, Antoni **20**, 72, 73, 102, 108, 173
Geld 178
Gènova 80
Geschichte siehe Historischer Überblick
Gesundheit **176f**
Getränke **42f**
girocard 178
Glasfabrik Gordiola 51, **135**, 154
Glaswaren 50, 154
Golf **162f**
Graves, Robert 20, **21**, 101
Gris, Juan 76

H
Haciendas 22
Handys 179
Helikopterflug 8
Herbst auf Mallorca 55
Herrera, Francisco de 76
Historischer Überblick **172f**
Höhlen **24 – 27**
  Cova de Sant Antoni (Alaró) 100
  Coves d'Artà 20, **27**, 120, 157
  Coves de Campanet 26, **106**
  Coves del Drac (Porto Cristo) 27, **123**, 157, 167
  Coves de Gènova (Gènova) **26**, 80
  Coves del Hams (Porto Cristo) 20, **27**, 123, 157
  Sa Cova Blava (Parc Nacional Maritimoterrestre de l'Arxipèlag de Cabrera) 143
Holzobjekte 50, 155
Hotels **148f**
  Agroturismo 149
  Apartments 148
  Boutique-Hotels 148f
  Fincas 149
  Wellness-Hotels 46, 164f
Hubschrauberflug 8

I
Ibiza 58
Illa Cabrera siehe Cabrera

Inca 49, 50, 55, **126**, 131, 152f, 155
Information 156, 166, 174
Internet 179
Isabella II, Königin 100

J
Jaume I, König 55, 66, 69, 72, 76, 172
Jaume II, König 68f, 73, 79, 172
Jaume III, König 73, 172

K
Karneval 53, **55**
Karten
  Alcúdia: Zentrumskarte 118f
  Höhlen 26
  Mallorca 58f
  Nordosten: Regionalkarte 115
  Nordwestküste 94f
  Palma: Detailkarte 66f
  Palma: Zentrumskarte 64f
  Parc Nacional Maritimoterrestre de l'Arxipèlag de Cabrera 142f
  Serra de Tramuntana: Regionalkarte 89
  Süden: Regionalkarte 133
  Zugfahrt von Palma nach Port de Sóller 103
Katalanische Sprache 173, 174, 189 – 191
Kathedralen
  Catedral de Mallorca (Sa Seu) Palma 20f, 22f, 55, 64, 66, 68, **72f**, 75, 76f, 140, 172
Keramik 50, 154
Kinder **166f**, 174
Kirchen und Klöster
  Cartoixa (Kartäuserkloster; Valldemossa) **98**, 99
  Església de Sant Jaume (Alcúdia) 119
  Nostra Senyora de l'Esperança (Capdepera) 120
  Sant Bartomeu (Sóller) 102
  Sant Francesc (Palma) 67, **69**
  Sant Miquel (Felanitx) 138
  Sant Miquel (Palma) **76**
  Santa Eulàlia (Palma) **69**
  Santuari de Lluc 20, **108f**
  Santuari Nostra Senyora de Cura (Puig de Randa) 136
  Santuari de Sant Salvador (Felanitx) 138
Klee, Paul 102
Kneipen, Bars und Clubs
  Nordosten 131
  Palma 85, 157
  Serra de Tramuntana 113
Kommunikation **179**
Konsulate 175

Korbwaren 51, 155
Krankenhäuser 177
Kreditkarten 178
  Notrufnummern 178
Krekovic, Kristian 79
Kultur **18 – 23**
Kunsthandwerk 50f, **154f**
Künstler **20f**
Kunstperlen 51, **122**, 131, 154f

L
Landschaft, Flora und Fauna **30f**
Lederwaren 50, 155
Leuchttürme **111**
Lloret de Vistalegre 153
Lloseta 153
Lluc 108f
Llubí 130, 153
Llucmajor **136**, 153
Llull, Ramon 69, 136

M
Magaluf 82, 153, 157
Mallorquí siehe Katalanische Sprache
Mallorquinische Küche **40f**
Manacor 49, **122**, 130f, 152f
Mancor 153
Mandelblüte 29, 55
March, Bartolomé 76
March, Juan 76, 120
Maria de la Salut 153
Marineland **81**, 82, 166
Märkte 152f, 167
  Mercat d'Olivar (Palma) 61, 74, 86, 153
  Mercat de Santa Catalina (Palma) **9**, 78, 91, 153
Marratxí 113, 153
Mauren siehe arabische Herrschaft
Medizinische Versorgung 177
Megalithkulturen 137
Mehrwertsteuer 152
Menorca 58
Mir, Joaquim 77
Mirador de Ricardo Roca 94
Mirador de Ses Ànimes 94
Mirador Pujol d'en Banya 103
Miró, Joan 21, 64, 68, 76f, **80**, 98, 101, 102, 154
Mobiltelefone 179
modernisme 23
Modeschmuck 51
Mondragó siehe Parks und Gärten
Moneo, Rafael 80
Monestir de Miramar 100
Montuïri **138**, 153
Moore, Henry 76
Moros i Cristians siehe Es Firó
Muro **128**, 153

Museen und Sammlungen
  ArtArtà (Artà) 120
  Biblioteca Can Torró (Alcúdia)
  119
  Can Prunera Museu Modernista
  (Sóller) 102
  Centro Cultural Andratx 92
  Els Calderers 138
  Es Baluard Museu d'Art Modern
  i Contemporani (Palma) **77**
  Fundació Pilar i Joan Miró 20,
  80
  Fundació Yannick i Ben Jakober
  (Alcúdia) 119
  Fundación Bartolomé March
  (Palma) **76**
  Museu Alcover (Manacor) 122
  Museu d'Art Contemporani
  (Sa Pobla) 128
  Museu Balear de Ciències
  Naturals (Sóller) 102
  Museu y Casa Natal
  Fray Junípero Serra (Petra) **126**
  Museu del Casal de Cultura
  (Sóller) 102
  Museu Diocesà (Palma) **68**
  Museu Etnològic de Muro 128
  Museu Fundación Juan March
  (Palma) 74, **76**
  Museu d'Història de la Ciutat
  (Palma) 79
  Museu Històrico Militar de Sant
  Carles (Palma) 79
  Museu de la Juagueta (Sa Pobla)
  128
  Museu Krekovic (Palma) **79**
  Museu de Lluc 108
  Museu de Mallorca (Palma) 67,
  68, 128
  Museu Manacor 122
  Museu Martí Vicenç (Pollença)
  110
  Museu Monogràfic (Alcúdia)
  118
  Museu Municipal d'Art
  (Valldemossa) 98
  Museu Regional (Artà) 120
  Sa Granja 95, **96f**
  Villa March (Capdepera) 120
Musik
  Festivals 156f
  Jazz 85, 156
  Klassik 156
  Oper 156

N
Nationalpark Cabrera **142f**
Natur **28 – 33**
Naturparks 121
Naturschutzgebiete **121**
Necròpoli de Son Real 36, **128**
Nisart, Pere 68
Nordosten **114 – 131**
  Persönliche Favoriten **116f**
  Regionalkarte 115

  Restaurants 130
  Shopping 131
  Unterhaltung 131

O
Öffentliche Toiletten 175
Öffnungszeiten 175
  Banken 178
  Läden 152
Ökosteuer 173

P
Paläste und Palais
  Palau Ayamans (Palma) 68
  Palau Episcopal (Palma) **68**
  Palau Marivent (Cala Major) 80
  Palau del Rei Sanç
  (Valldemossa) 98
  Palau Reial de l'Almudaina
  (Palma) 66, **68**, 76
Palma 22f, 54f, **60 – 87**, 103
  Abstecher **78 – 81**
  Detailkarte 66f
  Hafen **78**
  Kneipen, Bars und Clubs 85
  Persönliche Favoriten **62f**
  Restaurants und Cafés 84f
  Shopping 49, 62f, 86f, 152
  Spaziergang: Ein Tag in Palma
  74f
  Stadtrundfahrten 183
  Strände **82f**
  Verkehrsmittel 183
  Wellness 87
Palma Aquarium **62**, 136, 159,
  166
Parks und Gärten
  Botanicactus **141**
  Geschützte Natur **121**
  Jardí Botànic (Sóller) 102
  Jardines de Alfàbia **100**
  Parc Nacional Maritimo-
  terrestre de l'Arxipèlag de
  Cabrera 121, **142f**
  Parc Natural de la Península de
  Llevant 121
  Parc Natural de Mondragó 121,
  140
  Parc Natural de s'Albufera 119,
  120, 121
  Parc Natural Sa Dragonera 121
  S'Hort del Rei (Palma) 68, 75
Parque Nacional del Archipiélago
  de Cabrera **142f**
Pass 174
Peguera 153
Pere-Joan Campins, Bischof 108
Perlas Majórica (Manacor) 122,
  131, 154f
Persönliche Sicherheit 176
Petra 55, **126**, 153
Peyronnet, Juan Bautista 72
Picasso, Pablo 76f, 98
Pina 153
Pla de Na Tesa 153

Pla i Llevant 127
Planetarium 167
Poble Espanyol (Palma) **78**
Polizei 176
Pollença 55, **110**, 112f, 153
Pollentia 118
Pont d'Inca 153
Pont Verd 130
Porreres 153
Port d'Alcúdia **118f**, 153
Port d'Andratx **92**, 112
Port d'es Canonge 94f
Port de Pollença 14, 110, 153
Port de Sóller 9, 54, **102**, 103,
  106f, 112f, 157
Port de Valldemossa 94f
Port Portals 80, 82
Portixol 157
Porto Cristo 153
Portocolom 138, 144, 153
Pòrtol 153, 154
Portopetro 153
Post 179
Puig d'Alaró 100
Puig Cornador Gran 36
Puig de Galatzó 92
Puig de Randa **136**
Puig Major 106
Puig de Sant Martí 161
Puig de Santa Maria 110
Puigpunyent 92

R
Radfahren **36f**, 183
Ramis, Juli 98
Randa 136
Rauchen 151
Reisende mit besonderen
  Bedürfnissen **174**
  Restaurants 151
  Unterhaltung 156
Religion 175
Restaurants **150f**
  Bezahlen und Trinkgeld 151
  Cuina mallorquina 40f, 150f
  Nordosten 130
  Palma 84f
  Rauchen 151
  Restaurantauswahl 150
  Vegetarische Gerichte 151
  Serra de Tramuntana 112
  Süden 144f
  siehe auch Essen und Trinken
Reynés i Font, Guillem 76, 108
Rodin, Auguste 76
Rosselló Llorenç 68
Rubió i Bellver, Joan 23, 102
Rusiñol, Santiago 77

S
S'Alqueria Blanca 145, 153
S'Arenal 82f, **136**, 153, 157
Sa Cabaneta 154
Sa Calobra 17, 54, **106**, 107, 156
Sa Coma 122, 156

Sa Dragonera 29, 33, 36, 59, 92, **93**, 121, 159, 160
Sa Foradada 100
Sa Granja 22, 95, **96f**
Sa Llotja (Palma) 66, **76f**
Sa Pobla 128, 157
Sa Ràpita 153
Sa Seu (Palma) *siehe* Catedral de Mallorca (Sa Seu; Palma)
Sagrera, Guillem 72, 76, 138
Salines d'Es Trenc **139**, 145, 161
  Flor de Sal 139, 145
Salvà Pere 79
Salvator, Ludwig 20, 100, **101**, 173
Salz *siehe* Salines d'Es Trenc
Sand, George 21, 98, **99**, 173
Sant Elm 16, **92**
Sant Joan 55, 153
Sant Llorenç 153
Santa Catalina (Palma) 9, 78
Santa Catalina Thomàs 98
  Festa 54
Santa Eugènia 145, 153
Santa Margalida 153
Santa Maria del Camí 113, 153
Santa Ponça 153
Santanyí **140**, 144, 153
Santuari de Lluc 20, 55, **108f**
Schwule 157
Segeln 54f
Selva 153
Sencelles 153
SEPA-Überweisung 178
Serra, Juníper 69, **126**, 172
Serra de Alfàbia 102
Serra de Tramuntana 36f, **88–113**, 160f
  Persönliche Favoriten **90f**
  Regionalkarte 89
  Restaurants 112
  Shopping 113
  Unterhaltung 113
Sert, Josep María 76
Ses Fonts Ufanes **106**
Ses Païsses 120, 137
Ses Salines 139, 144, 153
Setmana Santa (Karwoche) 54
Shopping **48–51**, 152f
  Delikatessen 153
  Glaswaren 50, 154
  Keramik 50, 154
  Kunsthandwerk 154f
  Kunstperlen 51, **122**, 131, 154f
  Märkte 152f
  Nordosten 131
  Palma 49, 62f, 86f, 152
  Serra de Tramuntana 113
  Souvenirs **50f**
  Süden 145
  siehe auch Märkte
Sicherheit und Gesundheit **176f**
  Am Strand 176
  Apotheken 177
  Brandgefahr 177

Krankenhäuser 177
Notrufnummern 177
Polizei 176
Versicherungen 176f
S'Illot 153
S'Illot des Porros 128
Sineu 55, **126**, 131, 153
Sóller 9, 23, 36, 90, **102**, 103, 112f, 153, 157, 160
Sommer auf Mallorca 54f
Son Carrió 153
Son Ferrer 152
Son Marroig **100**
Son Serra de Marina 131
Son Servera 122, 153
Sonnenschutz 177
Sorolla, Joaquín 77
Spanischer Bürgerkrieg 173
Spas 46f
Sport *siehe* Aktivurlaub
Sprache 173, 174
Sprachführer Katalanisch **189–191**
Strände **12–17**, 59
  Badia de Palma 61, 80, **82f**
  Beliebte Strände **14f**
  Es Trenc 15, 139
  Gefahren 176
  Platja de Formentor 14f, 91, 110
  Platja de Palma 82f, 136
  S'Arenal 82f, **136**
  Strände für Individualisten **16f**
  Strandleben 158f
Studenten 175
Süden **132–145**
  Persönliche Favoriten **134f**
  Regionalkarte 133
  Restaurants 144f
  Shopping 145

T
Talayot-Kultur 120, 128, **137**, 138, 172
Tapas 8, 41, 150f
Tàpies, Antoni 98
Tauchen 62
Taxis 183
Telefonieren 179
Theater 156
Tickets 156
Tiere **30f**
  Unterwasserwelt 32f
Torrent des Gorg Blau 107
Torrent de Lluc 107
Torrent de Pareis 106, **107**, 156
Tosquella, Llorenç 109
Touren
  Nordwestküste **94f**
  Palma: Spaziergang **74f**
  Schlucht Torrent de Pareis **107**
  Zugfahrt von Palma nach Port de Sóller **103**
Tourismusbüros 175

U
UNESCO-Welterbe
  Serra de Tramuntana 106
Unterhaltung **156f**
  Nordosten 131
  Palma 85, 156f
  Serra de Tramuntana 113
Unterwasserwelt **32f**

V
Valldemossa 54, 94f, **98**, 99, 112, 153, 156
  Frédéric Chopin 99
  George Sand 99
  Port de Valldemossa 94f, 98
  Santa Catalina Thomàs, Heilige 98
Vergnügungsparks 166
Verkehrsmittel **180–183**
Versicherungen 176f
Vilafranca de Bonany 55, 134, **138**, 153

W
Währung 178
Wandern **36f**
  Fernwanderweg GR-221 36
  Schlucht Torrent de Pareis **107**
Wasserparks 166
Wassersport 158f
Wein 42f, **127**, 153
  Bodega Santa Catarina (Andratx) 90, 92
  Weingüter 43, **127**
Wellness **44–47**, 164f
  Aloe Vera 47, 165
  Ayurveda 47, 165
  Palma 87
  Thermalbäder 164f
  Wellness-Hotels 46, 164f
  Wellness-Oase 165
  Yoga 47, 165
Windmühlen 22, **129**, 132
  Montuïri 138
  Palma 78
Winter auf Mallorca 55
WLAN 179
Wochenmärkte *siehe* Märkte

Y
Yoga 47, 165
  siehe auch Wellness

Z
Zeitungen und Zeitschriften 156, 179
Ziegeninsel *siehe* Cabrera
Zoll 174
Zoo 167
Züge 183
  Zugfahrt von Palma nach Port de Sóller **103**

Danksagung und Bildnachweis

Dorling Kindersley bedankt sich bei allen, die bei der Entstehung dieses Buchs mitgewirkt haben.

Programmleitung
Dr. Jörg Theilacker

Projektleitung
Stefanie Franz

Projektassistenz
Sonja Baldus, Antonia Wiesmeier

Fotografien
Gerhard Bruschke, Jürgen Roß

Illustrationen
Michał Burkiewicz, Maltings Partnership, Bohdan Wróblewski, Monika Żylinska

Kartografie
Mohammad Hassan, Suresh Kumar, Animesh Kumar Pathak

Redaktion
Dr. Elfi Ledig

Bildredaktion, Kartenregister
Sonja Baldus

Gestaltung und Umschlag
Ute Berretz

Schlussredaktion
Philip Anton, Petra Zanner

Bildnachweis

o = oben, m = Mitte, u = unten, l = links, r = rechts, d = Detail.

Leider konnten nicht alle Urheber der Abbildungen ermittelt werden. Wir bitten dies zu entschuldigen. Bitte melden Sie sich gegebenenfalls beim Verlag.

Sprachführer Katalanisch

Notfälle

Hilfe!	Auxili!	[əwˈksili]
Stopp!	Pareu!	[pəˈrew]
Rufen Sie einen Arzt!	Telefoneu un metge!	[tələfuˈnew un ˈmedʒə]
Rufen Sie einen Krankenwagen!	Telefoneu un ambulància!	[tələfuˈnew un əmbuˈlansiə]
Rufen Sie die Polizei!	Telefoneu la policia!	[tələfuˈnew lə puliˈsiə]
Rufen Sie die Feuerwehr!	Telefoneu els bombers!	[tələfuˈnew əl bumˈpes]
Wo ist das nächste Telefon?	On és el teléfon més proper?	[on es əl tələˈfun mes pruˈpe]
Wo ist das nächste Krankenhaus?	On és l'hospital més proper?	[on es l'uspiˈtal mes pruˈpe]

Grundwortschatz

Ja	Si	[si]
Nein	No	[no]
Bitte	Si us plau	[si us plaw]
Danke	Gràcies	[ˈgrasiəs]
Entschuldigung	Perdoni / perdó	[pərduˈni / pərdu]
Hallo	Hola	[ˈɔlə]
Auf Wiedersehen	Adéu	[əˈðew]
Gute Nacht	Bona nit	[buˈna nit]
Vormittag	El matí	[əl maˈti]
Nachmittag	La tarda	[lə ˈtardə]
Abend	El vespre	[əl ˈbesprə]
gestern	ahir	[əˈi]
heute	avui	[əˈβuj]
morgen	demà	[dəˈma]
hier	aquí	[əˈki]
dort	allà	[əˈʎa]
Was?	Què?	[kɛ]
Wann?	Quan?	[kwan]
Warum?	Per què?	[pər ˈkɛ]
Wo?	On?	[on]

Nützliche Redewendungen

Wie geht es?	Com està?	[kɔm əstˈa]
Danke, gut.	Molt bé, gràcies.	[mol be ˈgrasiəs]
Erfreut, Sie zu sehen.	Molt de gust.	[mol də gust]
Bis bald.	Fins aviat/ fins pret	[fins əβiˈat/ fins ˈprət]
Das ist gut.	Està bé.	[əstˈa ˈbe]
Wo ist/sind ...?	On és/són ...?	[on es/son]
Wie weit ist es bis ...?	Quants metres/ quilòmetres hi ha d'aquí a ...?	[kwan ˈmɛtrə/ kiˈlɔmɛtrə i a dˈaˈki ə]
Welches ist der Weg nach ...?	Per on es va a ...?	[pər on es ba ə]
Ich suche ...	Cerc ...	[ˈsərk]
Sprechen Sie Deutsch?	Parla aleman?	[pərˈla ələˈman]
Ich verstehe nicht.	No l'entenc.	[no lˈənˈten]
Könnten Sie etwas langsamer sprechen?	Pot parlar més a poc a poc?	[pɔt pərˈla mes ə pək ə pək]
Tut mir leid.	Ho sento.	[o səntə]
Einverstanden!	D'acord!	[daˈkord]

Nützliche Wörter

groß	gran	[gran]
klein	petit	[pəˈtit]
heiß	calent	[kəˈlen]
kalt	fred	[frɛt]
gut	bo/bé	[bɔ/be]
schlecht	dolent	[duˈlen]
genug	bastant	[basˈtan]
geöffnet	obert	[uˈβərt]
geschlossen	tancat	[təŋˈkat]
links	esquerra	[əsˈkɛra]
rechts	dreta	[ˈdrɛtə]
geradeaus	recte	[ˈrɛktə]
nah	a prop	[ə prɔp]
weit	lluny	[ˈʎuɲ]
auf/über	a dalt	[ə dal]
hinunter/unter	a baix	[ə baʃ]
früh	aviat	[əβiˈat]
spät	tard	[tart]
Eingang	entrada	[ənˈtraðə]
Ausgang	sortida	[surˈtiðə]
Toilette	lavabos/serveis	[ləβaβus/sərbɛj]
mehr	més	[mes]
weniger	menys	[ˈmɛɲs]

Shopping

Wie viel kostet das?	Quant costa això?	[kwan ˈkusta əˈʃɔ]
Ich hätte gern ...	M'agradaria ...	[mˈəɣrəðariə]
Haben Sie ...?	Tenen ...?	[tɛnən]
Ich schaue mich nur um, danke.	Només estic mirant, gràcies.	[nuˈmes əstik miˈrant ˈgrasiəs]
Akzeptieren Sie Kreditkarten?	Accepten targes de crèdit?	[əkˈsəptən tərʒɛs də ˈkrɛðit]
Wann öffnen Sie?	A quina hora obren?	[ə ˈkinə ɔrə ˈuβrən]
Wann schließen Sie?	A quina hora tanquen?	[ə ˈkinə ɔrə ˈtaŋkən]
Dies hier.	Aquest	[əˈkɛt]
Das da.	Aquell	[əˈkɛʎ]
teuer	car	[kar]
billig	barat	[bəˈrat]
Größe (Kleidung)	talla/mida	[ˈtaʎə/ˈmiðə]
Größe (Schuhe)	número	[ˈnuməru]
weiß	blanc	[blaŋ]
schwarz	negre	[ˈneɣrə]
rot	vermell	[bərˈmɛʎ]
gelb	groc	[grɔk]
grün	verd	[bərt]
blau	blau	[blaw]
Antiquitätenladen	antiquari/botiga d'antiguitats	[əntiˈkwari/buˈtiɣə dˈəntiɣiˈtat]
Apotheke	la farmàcia	[lə fərˈmasiə]
Bäckerei	el forn	[əl forn]
Bank	el banc	[əl baŋ]
Buchhandlung	la llibreria	[lə ʎiβrəˈriə]
Fischgeschäft	la peixateria	[lə pəʃətəˈriə]
Friseur	la perruqueria	[lə pəruˈkəˈriə]
Gemüseladen	la fruiteria	[lə frujtəˈriə]
Konditorei	la pastisseria	[lə pəstisəˈriə]

Lebensmittelgeschäft	la botiga de	[lə buˈtiɣə də
	queviures	kəˈβiwrəs]
Markt	el mercat	[əl mərˈkat]
Metzgerei	la carnisseria	[lə karniˈsəɾiə]
Postamt	l'oficina de correus	[lufiˈsinə də
		kuˈɾɛw]
Reisebüro	l'agència de	[ləˈʒɛnsiə də
	viatges	biˈadʒə]
Schuhgeschäft	la sabateria	[lə səβətəˈɾiə]
Supermarkt	el supermercat	[əl
		supərmərˈkat]
Tabakladen	l'estanc	[ləsˈtaŋ]
Zeitungskiosk	el quiosc de	[əl kiˈɔsk də
	premsa	ˈpremsə]

Sehenswürdigkeiten

Bahnhof	l'estació de	[ləstəsiˈo də
	tren	tɾɛn]
Bibliothek	la biblioteca	[lə biβliuˈtɛkə]
Busbahnhof	l'estació	[ləstəsiˈo
	d'autobusos	dawtuˈβusəs]
Eintrittskarte	el bitllet	[əl bitˈʎet]
Fremdenverkehrsamt	l'oficina de	[lufiˈsinə də
	turisme	tuˈɾizmə]
Garten	el jardí	[əl ʒərˈdi]
Kathedrale	la catedral	[lə kətəˈðɾal]
Kirche	l'església/	[ləzˈɡlɛziə/
	la basílica	lə bəˈzilikə]
Kunstgalerie	la galeria d'art	[lə ɡələˈɾiə d'art]
Museum	el museu	[əl muˈzɛw]
Rathaus	l'ajuntament	[ləʒuntəˈmen]
Wegen Ferien	Tancat	[taŋˈkat pər
geschlossen	per vacances	bəˈkansəs]

Im Hotel

Haben Sie ein freies	¿Tenen una	[tɛnən unə
Zimmer?	habitació lliure?	əβitasiˈo
		ˈʎiwrə]
Doppelzimmer mit	habitació doble	[əβitasiˈo ˈdob-
Doppelbett	amb llit de	blə əm ʎit
	matrimoni	də mətɾiˈmoni]
Doppelzimmer mit	habitació amb dos	[əβitasiˈo əm
zwei Betten	llits/amb llits	dos ʎit/əm ʎit
	individuals	indiβiðuˈal]
Einzelzimmer	habitació	[əβitasiˈo
	individual	indiβiðuˈal]
Zimmer mit Bad	habitació amb	[əβitasiˈo əm
	bany	baɲ]
Dusche	dutxa	[ˈdutʃə]
Schlüssel	la clau	[lə klaw]
Ich habe reserviert.	Tinc una habitació	[tiŋk unə
	reservada.	əβitasiˈo
		rəzərbaˈðə]

Im Restaurant

Haben Sie einen Tisch	Tenen taula	[tɛnən ˈtawlə
für …?	per …?	pər]
Ich möchte einen	Voldria reservar	[bulˈdɾiə rəzərˈba
Tisch reservieren.	una taula.	unə ˈtawlə]
Die Rechnung, bitte.	El compte, si us	[əl ˈkomtə si us
	plau.	plaw]
Ich bin Vegetarier.	Sóc vegetarià.	[sok bəʒətəɾiˈa]
Kellnerin	cambrera	[ˈkambɾəɾə]
Kellner	cambrer	[ˈkambɾə]

Trinkgeld	la propina	[lə ˈpropina]
Speisekarte	la carta	[lə ˈkartə]
Tagesmenü	menú del día	[məˈnu dəl ˈdiə]
Weinkarte	la carta de vins	[lə ˈkartə də
		bins]
ein Glas Wasser	un got d'aigua	[un ɡɔt
		dˈajɣwə]
ein Glas Wein	una copa de vi	[ˈuna ˈkopə
		də bi]
Flasche	una ampolla	[ˈuna əmˈpoʎə]
Tasse	la tassa	[lə ˈtaˈsə]
Messer	un ganivet	[un ɡəniˈβɛt]
Gabel	una forquilla	[ˈuna furˈkiʎə]
Löffel	una cullera	[ˈuna kuˈʎəɾə]
Frühstück	el esmorzar	[əl əzmurˈza]
Mittagessen	el dinar	[əl diˈna]
Abendessen	el sopar	[əl suˈpa]
Hauptgericht	el primer plat	[əl priˈme plat]
Vorspeise	entremesos	[əntɾəˈmɛzus]
Tagesgericht	el plat del día	[əl plat dəl ˈdiə]
Suppe	la sopa	[lə ˈsopa]
Dessert	les postres	[ləs ˈpostɾəs]
Saft	el suc	[əl ˈsuk]
Kaffee	el cafè	[əl kəˈfɛ]
blutig	poc fet	[pɔk fet]
medium	al punt	[əl pun]
durchgebraten	molt fet	[mol fet]

Auf der Speisekarte

l'aigua mineral	[lˈajɣwə minəɾal]	Mineralwasser
sense gas/amb gas	[ˈsensə gas/əm gas]	still/sprudelnd
al forn	[əl forn]	gebacken
l'all	[lˈaʎ]	Knoblauch
l'arròs	[ləˈrɔs]	Reis
la botifarra	[butiˈfaɾə]	Wurst
la carn	[lə karn]	Fleisch
la ceba	[lə ˈsɛβə]	Zwiebel
la cervesa	[lə sərˈbezə]	Bier
l'embotit	[lˈəmbuˈtit]	kalter Braten
el filet	[əl fiˈlet]	Filet
el formatge	[əl furˈmadʒə]	Käse
fregit	[frəˈʒit]	gebraten
la fruita	[lə ˈfɾujtə]	Obst
els fruits secs	[əls frujt sɛk]	Nüsse
la gamba	[lə ˈgambə]	Garnele
el gelat	[əl ʒəˈlat]	Eiscreme
la llagosta	[lə ʎəˈɣostə]	Hummer
la llet	[lə ʎət]	Milch
la llimona	[lə ʎiˈmonə]	Zitrone
la llimonada	[lə ʎimuˈnaðə]	Limonade
la mantega	[lə mənˈtɛɣə]	Butter
el marisc	[əl məˈɾisk]	Meeresfrüchte
la nata	[ˈnatə]	Sahne
l'oli	[lˈɔli]	Öl
la oliva	[lə uˈliβə]	Oliven
l'ou	[lˈɔw]	Eier
el pa	[əl pa]	Brot
el pastís	[əl pasˈtis]	Kuchen
les patates	[les pəˈtatəs]	Kartoffeln
el pebre	[əl ˈpeβɾə]	Paprika
el peix	[əl peʃ]	Fisch
el pernil salat serrà	[əl pərˈnil səˈlat sɛɾə]	roher Schinken
el plàtan	[əl ˈplatən]	Banane
el pollastre	[əl puˈʎastɾə]	Hühnchen

la poma	[lə ˈpomə]	Apfel	70	setanta	[səˈtantə]
el porc	[əl pɔrk]	Schwein	80	vuitanta	[bujtantə]
les postres	[les ˈpɔstrəs]	Desserts	90	noranta	[nuˈrantə]
rostit	[rusˈtit]	gegrillt	100	cent	[sen]
la sal	[lə sal]	Salz	101	cent un	[sen un]
la salsa	[lə ˈsalsə]	Sauce	102	cent dos	[sen dos]
la salsitxa	[lə salˈsitʃə]	Würstchen	200	dos-cents (mask.)	[dos-sents
sec	[sɛk]	getrocknet		dues-centes (fem.)	dues-sents]
la sopa	[lə ˈsopə]	Suppe	300	tres-cents	[trɛs-sents]
el sucre	[əl ˈsukrə]	Zucker	400	quatre-cents	[ˈkwatrə-sents]
la taronja	[lə təˈrɔnʒə]	Orange	500	cinc-cents	[siŋ-sents]
el te	[əl tɛ]	Tee	600	sis-cents	[sis-sents]
la torrada	[lə tuˈaðə]	Toast	700	set-cents	[sɛt-sents]
la vedella	[lə bəˈðeʎə]	Rindfleisch	800	vuit-cents	[bujt-sents]
el vi blanc	[əl bi blaŋ]	Weißwein	900	nou-cents	[nɔw-sents]
el vi negre	[əl bi ˈnɛɣrə]	Rotwein	1000	mil	[mil]
el vi rosat	[əl bi ruˈzat]	Roséwein	1001	mil un	[mil un]
el vinagre	[əl biˈnaɣrə]	Essig	erste/-r	primer/-a	[priˈmər/-a]
el xai/el be	[əl ʃaj/əl bɛ]	Lamm	zweite/-r	segon/-a	[səˈɣon/-a]
el xerès	[əl ʃəˈɛs]	Sherry	dritte/-r	tercer/-a	[terˈʒer/-a]
la xocolata	[lə ʃukuˈlatə]	Schokolade	vierte/-r	quart/-a	[ˈkart/-a]
el xoriço	[əl ʃuˈrisu]	scharfe	fünfte/-r	cinque/cinquena	[sinˈkə/sinˈkena]
		Wurst	sechste/-r	segon/-a	[seˈgon/-a]
			siebte/-r	setè/setena	[seˈté/seˈténa]

Zahlen

			achte/-r	vuitè/vuitena	[bujˈté/bujˈtəna]
0	zero	[ˈzɛru]	neunte/-r	novè/novena	[noˈwé/noˈwena]
1	un (mask.)	[un/una]	zehnte/-r	desè/desena	[dəˈsé/dəˈsena]
	una (fem.)				

Zeit

2	dos (mask.)	[dos/dues]	eine Minute	un minut	[un miˈnut]
	dues (fem.)		eine Stunde	una hora	[una ˈɔrə]
3	tres	[trɛs]	halbe Stunde	mitja hora	[midˈʒa ˈɔrə]
4	quatre	[ˈkwatrə]	ein Tag	un dia	[un ˈdiə]
5	cinc	[siŋ]	ein Monat	un mes	[un məs]
6	sis	[sis]	ein Jahr	un any	[un anʎ]
7	set	[sɛt]	ein Jahrhundert	un segle	[un səgl]
8	vuit	[bujt]	Montag	dilluns	[diˈʎuns]
9	nou	[nɔw]	Dienstag	dimarts	[diˈmars]
10	deu	[dɛw]	Mittwoch	dimecres	[diˈmekrəs]
11	onze	[ˈonzə]	Donnerstag	dijous	[diˈʒɔws]
12	dotze	[ˈdodzə]	Freitag	divendres	[diˈβɛndrəs]
13	tretze	[ˈtredzə]	Samstag	dissabte	[diˈsaptə]
14	catorze	[kaˈtɔrzə]	Sonntag	diumenge	[diwˈmenʒə]
15	quinze	[ˈkinzə]	Januar	gener	[ʎeˈnər]
16	setze	[ˈsedzə]	Februar	febrer	[feˈbrər]
17	disset	[diˈset]	März	març	[ˈmarʒ]
18	divuit	[diˈbujt]	April	april	[ˈapril]
19	dinou	[diˈnɔw]	Mai	maig	[maiʒ]
20	vint	[bin]	Juni	juny	[ʎuni]
21	vint-i-u	[bin-i-u]	Juli	juliol	[ʎuliˈol]
22	vint-i-dos	[bin-i-dos]	August	agost	[agost]
30	trenta	[trɛntə]	September	setembre	[səˈtambre]
31	trenta-un	[trɛntə-un]	Oktober	octubre	[octubre]
40	quaranta	[kwəˈrantə]	November	novembre	[noˈvəmbre]
50	cinquanta	[siŋˈkwantə]	Dezember	desembre	[deˈʒembre]
60	seixanta	[səˈʃantə]			

Mallorca in Literatur und Film

Literatur

Mallorca ist nicht nur ein beliebter Ferienort, sondern auch eine Inspirationsquelle für Filmemacher und Schriftsteller. Das erste berühmte Werk über Mallorca und seine Bewohner schrieb 1839 die französische Autorin George Sand, die mit Frédéric Chopin einige Zeit auf Mallorca verbrachte. *Ein Winter auf Mallorca* (1839) zeichnet allerdings ein etwas düsteres Bild von der Insel. Einen fröhlicheren Einblick erhält man in *Mallorca – Die Insel der Ruhe* (1912) des katalanischen Künstlers Santiago Rusiñol. Es ist zugleich eines der meistgelesenen Werke über Mallorca. Wer sich der Literatur Mallorcas einmal anders nähern möchte, dem sei die App »Walking on Words« empfohlen. Sie nutzt Augmented Reality und führt auf verschiedenen Spaziergängen durch die Literaturgeschichte Mallorcas.

Bedeutende Schriftsteller

Ramon Llull (1232 –1316): *Blanquerna* erzählt die Geschichte eines Mönchs, der Papst wird und schließlich als Einsiedler lebt. Llull gilt als Begründer der katalanischen Literatur.

Miquel Costa i Llobera (1854 – 1922): *El Pi de Formentor* ist eines der berühmtesten Gedichte aus dem Band *Poesies* von 1885.

Llorenç Villalonga (1897 –1980): *Das Puppenkabinett des Senyor Bearn* beschreibt ein verlorenes Paradies und das Ende der Aristokratie Mallorcas.

Baltasar Porcel (1937 – 2006): *Verstorbene unter blühenden Mandelbäumen* ist eine Sammlung skurriler Anekdoten aus Andratx.

Allgemeine Porträts

Ludwig Salvator: *Die Balearen. Geschildert in Wort und Bild, Volume 1–2* (1897) ist das erste mehrbändige Werk zur Landeskunde Mallorcas.

Stefan Keller: *Papa ante Palma. Mallorca für Fortgeschrittene* (2011) erzählt humorvoll, aber auch tiefsinnig vom Leben als Aussteigerfamilie.

Robert Graves: *Geschichten aus dem anderen Mallorca* (2012) skizziert mit wohlwollender Ironie die mallorquinischen Lebensverhältnisse zur Zeit des Autors.

Geschichte und Kultur

Janis Mink: *Joan Miró* (2009) beschreibt Leben und Wirken des berühmten Malers Joan Miró, der jahrelang auf Mallorca lebte.

Thomas Freller: *Die Geschichte Mallorcas* (2013) vermittelt eine umfangreiche historische Darstellung der Insel.

Antony Beevor: *Der spanische Bürgerkrieg 1936–1939* (2016): erzählt die Geschichte des spanischen Bürgerkriegs und seiner Folgen aus der Perspektive des 21. Jahrhunderts.

Romane und Krimis

Agatha Christie: *Eine mörderische Teerunde* (1991) ist eine Krimi-Kurzgeschichtensammlung mit Inspirationen von Agatha Christies Aufenthalt in Mallorca.

Roderic Jeffries: *Labyrinth der Leichen* (1998) behandelt einen Fall des Inspektors Alvarez auf Mallorca. Alles beginnt mit dem Tod auf einem Motorboot.

Michael Böckler: *Sturm über Mallorca* (1999) handelt von einem deutschen Wirtschaftskriminellen, der auf Mallorca untertauchen will. Das Buch ist eine Mischung aus Roman und Reiseführer.

Peter Kerr: *Im Tal der Orangen* (2000) ist der Beginn einer Serie, die mit Augenzwinkern von den unerwarteten Freuden und Leiden eines Aussteigers berichtet.

Carme Riera: *Ins fernste Blau* (2000) erzählt von der Verfolgung mallorquinischer Juden im 17. Jahrhundert.

Antònia Vicens: *39 Grad im Schatten* (2001) zeigt die Schattenseiten des aufkommenden Tourismus in Mallorca in den 1960er Jahren.

Maria de la Pau Janer: *Im Garten der Finka* (2002) beschreibt eine mysteriöse Familien- und Liebesgeschichte, welche drei Generationen in Atem hält.

Wilhelm R. Frieling: *Marsmenschen auf Malle* (2008) erzählt in der Tradition von Robert Graves satirische Geschichten aus Mallorca.

Kinder- und Jugendbücher

Christof Heil: *Der Zauber der Zypressen. Märchen und Mythen aus Mallorca* (1992) ist eine interessante Sammlung von 18 Märchen und Mythen aus Mallorca, ergänzt durch Illustrationen.

Britta Benke: *Wer ist eigentlich dieser Miró? Kinder entdecken Kunst* (2006) ist ein Buch, das kleine Leser ab sechs Jahren in die bunte Welt Mirós mitnimmt – mit vielen Anregungen zum Selbermachen.

Dagmar Chidolue: *Millie auf Mallorca* (2012) erzählt von den lustigen Tücken einer Familienreise nach Mallorca. Für Kinder von sechs bis acht Jahren.

Filme

Mallorca erfreut sich als Drehort international steigender Beliebtheit. Seit über 100 Jahren dient die Insel als Kulisse für Spielfilme, TV-Produktionen und Werbespots. Zu den bekanntesten auf Mallorca spielenden Filmen gehört sicherlich die Verfilmung des gleichnamigen Krimis *Das Böse unter der Sonne* (1982) von Agatha Christie. Schlagzeilen machte *Cloud Atlas* (2012) – der bis dahin mit Abstand teuerste deutsche Film.

Sindbads siebte Reise (1958) ist ein Abenteuerfilm mit damals beeindruckenden Spezialeffekten von Ray Harryhausen. Er wurde großteils auf Mallorca gedreht.

Die Putzfraueninsel (1996) erzählt vom Leben der Putzfrau Irma, die die eingesperrte Schwiegermutter ihrer Arbeitgeberin entdeckt. Sie planen gemeinsam Rache und landen schließlich auf der »Putzfraueninsel« Mallorca.

Tödliches Rendezvous – die Spur führt nach Palma (2002) ist ein Thriller von Regisseur Wolf Gremm über einen Starfotografen, der einem Mädchenhändlerring auf Mallorca auf der Spur zu sein glaubt.

Cloud Atlas (2012) ist die Verfilmung des Romans *Wolkenatlas* von David Mitchell unter der Regie von Lana und Andy Wachowski und Tom Tykwer. Der Film behandelt sechs miteinander verbundene Schicksale über einen Zeitraum von mehreren 100 Jahren. Drehort war Port de Sóller.

Mad Dogs (2016) ist eine Serie über vier alte Freunde mittleren Alters, die gemeinsam auf Mallorca Urlaub machen, als alles eskaliert.

VIS-À-VIS-REISEFÜHRER

Ägypten · Alaska · Amsterdam · Apulien · Argentinien
Australien · Bali & Lombok · Baltikum · Barcelona &
Katalonien · Beijing & Shanghai · Belgien & Luxemburg
Berlin · Bodensee · Bologna & Emilia-Romagna
Brasilien · Bretagne · Brüssel · Budapest · Chicago
Chile · China · Costa Rica · Dänemark · Danzig
Delhi, Agra & Jaipur · Deutschland · Dresden
Dublin · Florenz & Toskana · Florida
Frankreich · Gardasee · Gran Canaria
Griechenland · Großbritannien · Hamburg
Hawaii · Indien · Irland · Istanbul · Italien · Italienische
Riviera · Japan · Jerusalem · Kalifornien · Kambodscha & Laos
Kanada · Karibik · Kenia · Korsika · Krakau · Kreta · Kroatien
Kuba · Las Vegas · Lissabon · Loire-Tal · London · Madrid · Mailand
Malaysia & Singapur · Mallorca · Marokko · Mexiko · Moskau
München & Südbayern · Myanmar · Neapel · Neuengland · Neuseeland
New Orleans · New York · Niederlande · Nordspanien · Norwegen
Österreich · Paris · Peru · Polen · Portugal · Prag · Provence & Côte d'Azur
Rom · San Francisco · St. Petersburg · Sardinien · Schottland
Schweden · Schweiz · Sevilla & Andalusien · Sizilien · Slowenien
Spanien · Sri Lanka · Stockholm · Straßburg & Elsass · Südafrika
Südtirol & Trentino · Südwestfrankreich · Teneriffa
Thailand · Thailand – Strände & Inseln · Tokyo
Tschechien & Slowakei · Türkei · Umbrien ·
USA · USA Nordwesten & Vancouver · USA Südwesten &
Las Vegas · Venedig & Veneto · Vietnam & Angkor
Washington, DC · Wien · Zypern

www.dorlingkindersley.de